BOGOTÁ

EXPERIENCIAS Y LUGARES AUTÉNTICOS

Lonely Planet

DIEGO GARZÓN CARRILLO

Sumario

Puesta a punto
Mes a mes 4
En busca de... 18
Itinerarios 20
Lo esencial 28
Lo nuevo 30
Gratis 31
Viajar en familia 32

Las mejores experiencias 34
Descubrir La Candelaria 36
Plaza de Bolívar 40
Manzana Cultural del Banco
de La República 44
Biblioteca Luis Ángel Arango 48
Subir a Monserrate 50
En bicicleta por la Ciclovía 54
Recorrer San Felipe, el distrito
artístico 58
Usaquén, un pueblo en la ciudad 60
Parque Simón Bolívar 62
Una fiesta en Andrés Carne de Res .. 64
La Catedral de Sal 68
Zona T 70
Zona G 72
Parque de la 93 74
Museo del Oro 78
Museo Nacional 80
El Septimazo 82
Escapada a Zipaquirá, epicentro
de la sabana 84
Museo de Arte Moderno de Bogotá
(MAMBO) 86
Parque de El Virrey 88
Arte urbano 89
Arquitectura del ladrillo 90
Visitar las plazas de mercado 92
La Macarena 94
Cinemateca de Bogotá 96
Jugar al tejo 97
Quinta de Bolívar 98
Laguna del Cacique Guatavita 100

Dónde comer 102
Lo mejor 106
La Candelaria 108
Centro Internacional y Las Nieves ... 109
La Macarena 110
Chapinero 111
Quinta Camacho 114
San Felipe 116
Rosales 116
La Cabrera y El Nogal 120
Chicó 125
Usaquén 128
Chía 129

De compras 131
Lo mejor 134
La Candelaria 136
Chapinero 136
Quinta Camacho 137
San Felipe 137
Rosales 138
La Cabrera y El Nogal 138
Chicó 144
Usaquén 145

Dónde beber 146
Lo mejor 150
La Candelaria 152
Centro Internacional y Las Nieves ... 152
La Macarena 152
Chapinero 152
Quinta Camacho 153
San Felipe 154
Rosales 154
La Cabrera y El Nogal 154
Chicó 158
Usaquén 159

Espectáculos 160
La Candelaria 164
Centro Internacional y Las Nieves 164
La Macarena 165
Chapinero 165
Quinta Camacho 166
Rosales 166
La Cabrera y El Nogal 166
Chicó 167
Usaquén 167
San José de Bavaria 167

Deportes y actividades 168
Deportes 172
Al aire libre 172
Parques de atracciones 173

Dónde dormir 176
Tipos de alojamientos 180
Dónde alojarse 181

De cerca
Bogotá hoy 184
Historia 186
Comida y bebida 191
Arte y arquitectura 193
Cultura pop 197
Hablar como un bogotano 199

Guía práctica
Datos prácticos A-Z 202
Transporte 206
Índice 210
Planos de Bogotá 217
Símbolos y leyenda
de los mapas 229

COVID-19
Hemos revisado los contenidos de este libro antes de su publicación para asegurarnos de su vigencia tras el brote de la COVID-19 del 2020. Sin embargo, algunos establecimientos podrían cerrar temporalmente o alterar sus horarios y precios. Otros, lamentablemente, pueden haber cerrado de forma permanente. Recomendamos a los viajeros que se informen antes para obtener información actualizada y siempre consulten las últimas recomendaciones de viaje del gobierno.

Puesta a punto
Mes a mes

Bogotá

No importa en qué época del año se visite Bogotá, siempre hay mucho por hacer en festivales y eventos de primer nivel. Con la pandemia, algunos han cambiado de fecha y otros se han acoplado a un esquema mixto entre virtual y presencial.

En sentido horario desde la izda.: Festival Iberoamericano de Teatro, Feria del Libro y Semana del Arte.

MES A MES **PUESTA A PUNTO** 5

> ♥ **Los mejores festivales y eventos**
> **Estéreo Pícnic,** septiembre (p. 14)
> **Festival Iberoamericano de Teatro,** abril cada dos años (p. 9)
> **Semana del Arte,** octubre (p. 15)
> **Rock al Parque,** agosto (p. 13)
> **Feria del Libro,** abril o agosto (p. 13)

Puesta a punto
Mes a mes

Enero 01

El año comienza con días soleados, la ciudad respira aire más puro y el tráfico disminuye. Desde la segunda semana del mes, Bogotá recupera su ritmo frenético.

✥ Posesión de alcaldes y gobernadores   1 ene
Cada cuatro años, este día se celebra la toma de posesión del alcalde de Bogotá tras las elecciones que se llevan a cabo normalmente en octubre del año anterior.

✥ Puente de Reyes   primer lu ene
Colombia es un país laico, pero con una fuerte tradición católica; el primer lunes después de las fiestas de Navidad y fin de año se celebra la llegada de los Reyes Magos. El lunes siguiente es día festivo.

🛍 Rebajas   ppios ene
Enero es un buen momento para visitar los centros comerciales y las tiendas en general, pues comienzan los saldos de los productos que no se vendieron en Navidad. Se encuentran muy buenos precios y los comercios no están tan abarrotados como en las pasadas fiestas.

✥ Misa en el 20 de Julio   1 ene
Muchos bogotanos comienzan el año encomendándose al Divino Niño del 20 de Julio, imagen ubicada en un templo al sur de la ciudad al que decenas de feligreses acuden todos los domingos (véase p. 53).

☆ Torneo de fútbol colombiano   med ene
A comienzos del año, los equipos comienzan la temporada, en concreto, la tercera semana de enero, cuando se inicia el torneo profesional, con 20 equipos. En Bogotá, los dos equipos con mayor historia y afición son Millonarios y Santa Fe. Recientemente han surgido otros, como La Equidad, Fortaleza o Tigres.

Santuario del Divino Niño Jesús, en el barrio 20 de Julio.

MES A MES **PUESTA A PUNTO** 7

Febrero

02

La lluvia aparece lentamente, el frío se siente más y la oferta cultural arranca en firme.

👁 Temporada de conciertos   feb
En la Biblioteca Julio Mario Santo Domingo, la sala de conciertos de la Luis Ángel Arango, el auditorio León de Greiff, en la Universidad Nacional, y el de la Universidad Jorge Tadeo Lozano comienza la temporada musical.

👁 Primera Noche de San Felipe   ppios feb
En San Felipe, el distrito artístico de Bogotá, todas las galerías abren sus puertas una noche de jueves para que el público pueda visitarlas en un circuito que abarca unas pocas calles.

☆ Festival del Libro Parque 93   ppios feb
En el parque de la 93 (véase p. 74) se lleva a cabo este encuentro de librerías con puestos para que la gente compre y lea al aire libre. Hay charlas con escritores.

👁 Copa Colsanitas de Tenis   fin feb
Torneo de tenis internacional femenino de la WTA que cuenta con la participación de jugadoras de primer nivel, muchas del top 100. Su sede cambia cada año.

Primera Noche de San Felipe.

Puesta a punto
Mes a mes

Marzo 03

Un mes de lluvias que se torna corto por la llegada de la Semana Santa.

✥ Día de la Mujer 8 mar
Este día las mujeres reciben regalos y agasajos, pero, sobre todo, hay encuentros en espacios públicos como la plaza de Bolívar para reivindicar la igualdad de género y protestar contra la discriminación.

✈ Night Race fin mar
Esta carrera de 10 km (www.nightrace10k.com) se hace de noche y ofrece una forma diferente de recorrer la ciudad. Un evento que congrega a participantes y público que sale a animar.

◉ Teatro para niños ppios mar
Todos los domingos el Teatro Nacional La Castellana (www.teatronacional.co) presenta su variada programación familiar, ideal para niños de todas las edades.

☆ Estéreo Pícnic fin mar
Antes de la pandemia era en marzo. Este festival (www.festivalestereopicnic.com), que nació literalmente como un pícnic donde iba a tocar algún grupo, se ha convertido en un evento musical de varios días con invitados nacionales e internacionales de primer nivel. Realmente vale la pena hacer coincidir la visita a Bogotá con su celebración.

✥ Semana Santa fin mar/ppios abr
Durante la Semana Santa, los bogotanos normalmente trabajan hasta el Miércoles Santo a mediodía, aunque muchos se toman la semana entera de vacaciones. El Jueves y el Viernes Santo las calles están vacías, mientras que se llenan las iglesias. El viernes suele llover.

Celebración del Día Internacional de la Mujer.

Abril

En Bogotá hay un dicho: "En abril, lluvias mil", y generalmente se cumple.

◉ Festival Iberoamericano de Teatro — ppios abr

Desde 1988, cada dos años, se celebra este evento (festivaldeteatro.com.co) que se ha posicionado como uno de los más importantes del mundo. Participan compañías de teatro de varios países y la oferta se extiende a muchos escenarios de la ciudad, calles y parques. Imprescindible.

◉ Smart Films — mitad abr

Un evento (smartfilms.com.co) que cada día toma más fuerza, un festival de películas hechas con el video de un teléfono celular.

◉ Eurocine — med abr

Desde 1994, este festival programa películas europeas que en ningún otro momento pueden verse en el país. Perfecto para cinéfilos (www.festivaleurocine.com).

☆ Feria Internacional del Libro — med abr

Se llevaba a cabo en abril antes de la pandemia y es el máximo evento que congrega a editoriales, escritores, conferencistas y muchísimo público. Son más de 10 días de programación diaria con ofertas y lanzamientos para amantes de la lectura, siempre con un país invitado (feriadellibro.com).

☆ Vuelta a Colombia — fin abr

Colombia es un país de ciclistas, no solo de los profesionales que participan en las grandes rondas internacionales, también de aficionados. Esta vuelta, la más importante del país, generalmente termina en Bogotá. La última etapa cubre un circuito ideal para ver a las grandes estrellas del pedal.

Etapa final de la Vuelta a Colombia.

Puesta a punto
Mes a mes

Mayo 05

Es el mes de las madres, el comercio hace su agosto y los restaurantes tienen una gran demanda.

✤ Día del Trabajo 1 may
El primero de mayo, como en todo el mundo, se conmemora el Día Internacional de los Trabajadores, festivo en Colombia. Normalmente hay actos públicos y manifestaciones que terminan en la plaza de Bolívar.

☆ Tattoo Music Fest ppios may
Un festival dedicado a la práctica del tatuaje, además, con mucha música. Conciertos, seminarios, charlas y todas las opciones posibles para quien quiere grabarse una imagen o una palabra en la piel (www.tattoomusicfest.co).

✤ Ciclo de Música de Cámara med may
La Orquesta Filarmónica de Bogotá presenta su programación especial de música de cámara en el Teatro Julio Mario Santo Domingo (teatromayor.org).

✤ Día de la Madre Segundo do may
Un día en el que todos los restaurantes de Bogotá se llenan con reservas muy anticipadas. Jornada de celebración masiva, en familia.

◉ Fin de semana Artbo fin may
Con el fin de promover la visita a las galerías, museos, fundaciones y espacios autogestionados de Bogotá así como de la difusión de la obra de numerosos artistas, Artbo organiza un circuito por varios espacios artísticos de la ciudad, que incluye charlas y conversatorios (www.artbo.co).

Celebración del Día de la Madre.

MES A MES PUESTA A PUNTO 11

Junio

Los estudiantes de colegios y universidades comienzan sus vacaciones y la lluvia también: el sol llega para quedarse un buen tiempo.

☆ Festival Tempo Trópico-Curumín y Frente Cumbiero med jun

Bajo la premisa de que los sonidos locales se vuelven universales, este evento en el Teatro Colsubsidio programa música de varios países, con especial presencia de un ritmo muy colombiano: la cumbia (www.teatrocolsubsidio.com).

◉ Bogotá Fashion Week fin jun

Este evento (www.bogotafashionweek.com.co) busca promocionar el trabajo de los diseñadores colombianos con una plataforma comercial, pasarelas con nuevas colecciones y un complemento digital para que los creadores muestren su trabajo.

Pasarela Bogotá Fashion Week.

Puesta a punto
Mes a mes

Julio

07

Para los runners *llega la prueba máxima; y para los cinéfilos y quienes buscan lo mejor del diseño, este es el mes.*

🏃 Media maratón — último do jul
En esta competencia se dan cita profesionales y aficionados para correr poco más de 21 km, muy exigentes. Familiares, amigos y curiosos salen a ver la carrera para animar a los participantes (www.mediamaratonbogota.com).

☆ Expovinos — fin jul
Evento organizado por el Grupo Éxito, el mejor plan para los amantes del vino: mesas redondas, conferencias, catas y ofertas económicas.

🎉 Día de la Independencia — 20 jul
Este día festivo en Colombia se celebra el "primer grito de independencia", ocurrido en 1810. La bandera nacional ondea en muchos edificios. Buen pretexto para visitar el Museo de la Independencia (p. 41).

🎉 Indiebo — fin jul
Tal vez el mejor festival de cine de Bogotá sea esta muestra de filmes independientes que se celebra en salas y parques con una programación alternativa, difícil de encontrar en las carteleras comerciales (www.indiebo.com.co).

☆ BAM-Bogotá Audiovisual Market — fin jul
Este evento está pensado para la industria del cine, televisión y plataformas digitales, con invitados y expositores de primer nivel y una importante presencia de empresas del sector (www.bogotamarket.com).

Festival de cine independiente Indiebo.

MES A MES **PUESTA A PUNTO** 13

Agosto

Hace tanto viento que es el mes en que los bogotanos se dedican a volar cometas. La programación cultural es muy amplia.

🎆 **Batalla de Boyacá**   7 ago
Este día, festivo en Colombia, se conmemora la victoria del libertador Simón Bolívar y su ejército sobre los españoles en el Puente de Boyacá, en 1819. Nadie trabaja y las banderas de Colombia llenan puertas y ventanas.

👁 **Rock al Parque**   med ago
Este festival (rockalparque.gov.co) es, sin duda, el mejor de su clase en toda Latinoamérica, por la calidad de sus invitados, su logística y la gran convocatoria de público, local e internacional.

🍴 **Alimentarte**   med ago
Durante dos fines de semana los mejores restaurantes de Bogotá se instalan en el parque de El Virrey (véase p. 88). Los asistentes no solo podrán disfrutar de buena comida al aire libre, sino también apoyar con sus compras a las familias de la policía.

☆ **Fiesta de Bogotá**   ppios ago
Dos semanas de actividades al aire libre en varios puntos de la ciudad, principalmente en el parque Simón Bolívar (véase p. 62). Deportes, música y presentaciones para todas las edades, como la celebración del cumpleaños de Bogotá, que se fundó el 6 de agosto de 1538 (idrd.gov.co/festival-verano).

Festival Rock al Parque.

Puesta a punto
Mes a mes

Septiembre

El viento se va para dar paso a cielos grises, aún sin lluvia, y a eventos imprescindibles como Estéreo Pícnic.

☆ Jazz al Parque — fin sep
Este festival (jazzalparque.gov.co) se lleva a cabo en diferentes escenarios de la ciudad con artistas extranjeros y nacionales. Se intenta popularizar este género musical a públicos más amplios.

☆ BOmm Bogotá Music Market — ppios sep
Un evento (www.bogotamusicmarket.com) pensado para músicos, disqueras, productoras y toda la cadena relacionada con el mundo de la música. Expositores y encuentros profesionales.

❊ Día del Amor y la Amistad — segundo sa sep
Esta tradición activa las compras y las fiestas; es un motivo de celebración para entregar un regalo a los seres queridos y, de paso, festejar en un bar, restaurante o discoteca. En Bogotá siempre hay un pretexto para la fiesta.

Festival de música Estéreo Pícnic.

Octubre

Un mes con mucha oferta cultural en la que sobresale la Semana del Arte, con ferias para todos los gustos.

👁 Artbo — fin oct
Con el apoyo de la Cámara de Comercio de Bogotá, se lleva a cabo en Corferias este evento con la participación de galerías internacionales y nacionales, además de programación académica, foros y conversatorios que abren la Semana del Arte (www.artbo.co).

👁 Feria del Millón — fin oct
Esta feria alternativa visibiliza a artistas emergentes y permite a un público masivo acercarse al arte a precios accesibles, siempre en locaciones poco convencionales. Todas las obras cuestan alrededor de un millón de pesos colombianos (230 €, aprox.; www.feriadelmillon.com).

👁 Barcú — fin oct
En el corazón de La Candelaria, este festival ofrece buena música, buen ambiente y exhibiciones de arte, moda y cine. Es una semana entera de programación para un público amplio (www.barcu.com).

☆ Hip Hop al Parque — ppios oct
Evento dedicado a este género musical, que empezó hace más de 25 años bajo el nombre Rap al Parque. Invitados de todos los lugares del mundo en el parque Simón Bolívar (véase p. 62)

🍺 Oktoberfest — ppios oct
Emulando el tradicional festival de la cerveza de Múnich, los amantes del lúpulo se dan cita para oír buena música en vivo.

👁 Festival de Cine de Bogotá — med oct
Una amplia muestra de películas latinoamericanas y de otros países del mundo.

🎭 Halloween — 31 oct
En Bogotá se toma muy en serio esta celebración: los niños salen a pedir dulces por las calles de sus barrios o edificios, pero también los adultos acuden a fiestas de disfraces el sábado más cercano al día 31. Es famosa la celebración en Andrés Carne de Res (véase p. 64)

artBO. Feria Internacional de arte de Bogotá

Puesta a punto
Mes a mes

Noviembre

Se siente la cercanía del fin de año; incluso ya se ven árboles de Navidad en centros comerciales y en algunas calles.

🎋 BMF Bogotá Madrid Fusión   fin nov
En este evento con charlas y actividades del sector gastronómico, hay encuentros profesionales y, claro está, muy buena comida (www.bogotamadridfusion.com).

✈ 15K New Balance   fin nov
Muy cerca a Bogotá, en Guasca, se organiza esta carrera que ofrece un verdadero encuentro con la naturaleza. Hay dos distancias: 15 y 5 km.

☆ Salsa al Parque   ppios nov
Colombia es también un país salsero y en este evento se puede ver a las mejores orquestas nacionales e internacionales. La cita es, cómo no, en el parque Simón Bolívar (www.salsaalparque.gov.co).

☆ Festival de la Chicha y la Dicha   ppios nov
En este encuentro de diferentes chicherías en el barrio de La Perseverancia se puede probar la bebida ancestral de los indígenas (véase p. 159) y también degustar la fritanga, plato típico colombiano.

11

☆ Fritanga Fest   14 fin nov
Con la intención de promover el consumo de este plato típico tradicional (chorizo, chunchullo, morcilla, longaniza, papa criolla, chicharrón...), varios restaurantes de las principales plazas de mercado (véase p. 92) ofrecen a sus visitantes sus mejores creaciones.

Evento gastronómico.

MES A MES **PUESTA A PUNTO** 17

Diciembre

Bogotá luce iluminada, el tráfico aumenta, las empresas hacen sus fiestas de fin de año y todos corren a comprar regalos a última hora.

🛍 Expoartesanías   7-20 dic
La feria de artesanías más grande del país, con productos de todas las regiones de Colombia, promueve el trabajo de varias comunidades rurales. Un gran plan.

🎆 Noche de las Velitas   7 dic
Esta noche las calles se iluminan con la tradición familiar de encender velas en las puertas de las casas. Algunos centros comerciales programan espectáculos de fuegos pirotécnicos y en Monserrate hay eventos especiales, como un concierto de la Orquesta Filarmónica de Bogotá.

🎆 Iluminación de Navidad   todo dic
Desde comienzos de mes varias calles se iluminan por las noches con luces de colores y árboles de Navidad enormes. Las familias salen a pasear o recorren las vías en coche para ver la iluminación navideña.

☆ Ciclovía nocturna   ppios dic
Así como todos los domingos del año, Bogotá se convierte en una gran vía para bicicletas; la segunda semana de diciembre se habilitan muchas calles para que los deportistas y curiosos salgan a recorrer la ciudad por la noche en un ambiente festivo.

🛍 Bogotá 24 Horas   med dic
Con el fin de hacer las compras de fin de año, la ciudad no duerme durante una semana. Locales y centros comerciales permanecen abiertos sin parar con alta afluencia de público.

Iluminación navideña.

Puesta a punto
En busca de...

CULTURA

- 👁 **Museo del Oro** La balsa muisca, obra maestra de orfebrería prehispánica (véase p. 78).
- 👁 **Colección Banco de la República** El óleo *Violencia* de Alejandro Obregón (véase p. 44).
- 👁 **Arquitectura en ladrillo** Buena parte de la ciudad está hecha de este material, y son verdaderas joyas (véase p. 90).
- ☆ **Teatro Nacional** Siempre hay una buena obra para ver (véase p. 166).
- ☆ **Orquesta Filarmónica de Bogotá** Conciertos de música clásica con invitados permanentes (véase p. 164).

'GLAMOUR'

- ✗ **Harry Sasson** Una buena comida en un clásico de clásicos.
- ✈ **Spa Hotel Grand Hyatt** Chorros de agua, piscinas, masajes, todo para desconectar.
- 🍷 **Black Bear** Un trago en una de las mejores barras de la ciudad (véase p. 157).
- 🛍 **De compras en la Zona Rosa** Marcas internacionales y tiendas de diseñadores locales para todos los gustos (véase p. 70).
- ☆ **Teatro Colón** Además de su programación, el lugar ya es un espectáculo (véase p. 37).

EN BUSCA DE... PUESTA A PUNTO

GASTRONOMÍA

✕ **Visitar las plazas de mercado** La comida más tradicional en un ambiente auténtico (p. 92). Indispensable almorzar ajiaco.

✕ **La Brasserie** Ambiente y comida invitan a quedarse horas enteras (p. 120).

🛍 **Café colombiano** El producto estrella del país para tomar y llevar en el viaje de vuelta (p. 118).

✕ **Empanadas** Bogotá sin empanadas es como Tokio sin *sushi* (p. 105).

✕ **La Puerta Falsa** Comer tamal con chocolate como lo hacían los cachacos hace más de 200 años (p. 108).

AL AIRE LIBRE

✤ **Monserrate** Desde esta iglesia, en el cerro que lleva su nombre, se tiene la mejor vista de Bogotá (véase p. 50).

◉ **Parque Simón Bolívar** Respirar aire puro, caminar y ver espectáculos (p. 62).

☆ **Estadio El Campín** "Hacerle barra" (animar) a Millonarios o a Santa Fe en un partido de fútbol (véase p. 172).

🚲 **Ciclovía** Recorrer buena parte de la ciudad sin bajarse de la bicicleta (p. 54).

◉ **Parque de El Virrey** Hacer un pícnic, caminar o correr (p. 88).

ARTE Y ARTESANÍA

🍷 **Andrés Carne de Res** Una fiesta con salsa, reguetón, vallenato, comida y decoración muy colombiana (véase p. 64).

🛍 **Mercado de las pulgas** Una calle con productos de artesanos (véase p. 140).

◉ **Arte urbano** Recorridos guiados para ver esta expresión artística en varias zonas de la ciudad (véase p. 89).

◉ **Museo Botero** La colección de arte que donó el pintor más famoso de Colombia (p. 44).

🛍 **Artesanías de Colombia** Una tienda que recoge muestras del trabajo de varias comunidades del país (p. 141).

Puesta a punto
Itinerarios

El encanto de La Candelaria

Aquí nació Bogotá, y se siente: casas y calles que se remontan a los tiempos coloniales entre museos, restaurantes y tiendas que también hablan del presente. Aquí el plan es callejear sin rumbo, conocer la historia y ver buen arte.

❶ Monserrate (p. 50)

Lo ideal es llegar temprano y subir a este cerro en el funicular antes de ir a La Candelaria. Arriba se tienen vistas de buena parte de la ciudad y también hay una reserva natural. La iglesia acoge el altar del Señor Caído y es muy visitada por fieles y deportistas.

➲ De Monserrate a la plaza de Bolívar.

🚕 Taxi o Uber, 10 min.

❷ Plaza de Bolívar (p. 62)

El corazón de Bogotá, con edificios tan representativos como el palacio de Justicia, el Capitolio, el palacio Liévano, el Museo de la Independencia y la Catedral Primada. Y, a pocos pasos, el palacio de Nariño, residencia del presidente de la República.

➲ De la plaza de Bolívar al pasaje Rivas.

🚶 Bajando por la calle Octava, a menos de 3 min a pie.

❸ Pasaje Rivas (p. 43)

Este popular callejón es como un centro comercial lleno de artesanías. Tiene más de

Día

ITINERARIOS PUESTA A PUNTO

100 años de historia y es toda una experiencia cultural.

◯ Del pasaje Rivas a La Puerta Falsa.

🚶 De vuelta por la calle Octava, atravesando la plaza de Bolívar, hacia el costado norte.

❹ La Puerta Falsa (p. 108)

En este local detenido en el tiempo, con más de 200 años de historia, se ofrece comida típica bogotana. Ideal para probar el tradicional tamal con chocolate.

◯ De La Puerta Falsa al Museo Botero.

🚶 Subiendo a pie, poco menos de 200 m.

❺ Museo Botero (p. 44)

En esta manzana está la colección que donó a la ciudad el artista Fernando Botero, con obras suyas y de maestros internacionales como Picasso y Monet. También está el Museo de Arte Miguel Urrutia, la Casa de la Moneda y la Colección de Arte del Banco de la República.

◯ Del Museo Botero al Chorro de Quevedo.

🚋 Se puede hacer un recorrido en tranvía por La Candelaria; comienza y termina frente al museo. De ahí al Chorro son 4 min a pie.

❻ Chorro de Quevedo (p. 37)

Se dice que fue aquí donde Gonzalo Jiménez de Quesada fundó la ciudad. Hay una pequeña iglesia, una fuente de agua (de ahí el nombre), puestos de artesanías y sitios para tomar chicha, la bebida de los muiscas.

◯ Del Chorro de Quevedo a Prudencia.

🚶 A menos de 100 m por la carrera Segunda.

❼ Prudencia (p. 108)

En este sitio no solo se puede almorzar bien (no abre por la noche), sino pasar una agradable sobremesa. El menú cambia cada dos semanas y consiste en varios platos con maridaje propuesto por el chef. En el patio trasero hay una huerta y una casa de madera para niños, donde podrán seguir disfrutando al aire libre.

Calles del barrio de La Candelaria, en el centro histórico.

Puesta a punto
Itinerarios

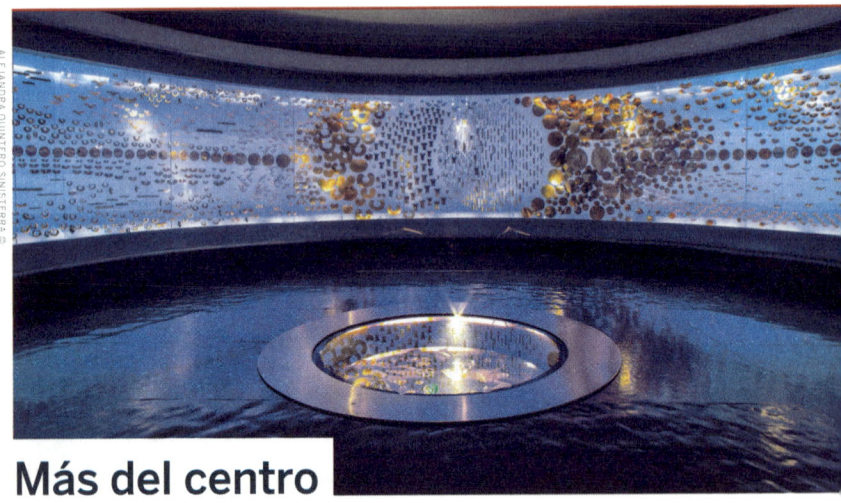

Más del centro y La Macarena

Entre museos, mercados callejeros y una arquitectura imponente, vale la pena seguir caminando por el centro hacia el norte hasta encontrarse con un barrio bohemio que invita a terminar el día con buena música y comida.

❶ Museo del Oro (p. 78)

En el parque Santander, que de por sí ya vale la pena, una parada imprescindible por lo que representa esta colección del legado de las culturas prehispánicas del actual territorio colombiano. Todo sobre el arte precolombino con visitas guiadas y tesoros como la balsa muisca.

➲ Del Museo del Oro a la carrera Séptima.
🚶 A pie por la carrera Séptima hasta la calle 24.

❷ Septimazo (p. 82)

La carrera Séptima es una de las avenidas más emblemáticas de Bogotá, pues atraviesa la ciudad de extremo a extremo. El tramo que pasa por el centro se conoce como el Septimazo. Aquí se hallarán puestos de venta, artesanías, estatuas humanas y espectáculos callejeros, todo ello flanqueado por destacados edificios de la arquitectura capitalina.

➲ Del Septimazo al MAMBO.
🚶 Al llegar a la calle 24, se dobla a la derecha; el MAMBO está a media cuadra.

❸ Museo de Arte Moderno MAMBO (p. 86)

Este museo diseñado por el arquitecto Rogelio Salmona acoge exposiciones de

ITINERARIOS PUESTA A PUNTO

arte moderno y arte contemporáneo. Además, hay programación de cine y una recomendable tienda de recuerdos. Se puede almorzar en Crepes & Wafles, un restaurante muy colombiano.

➲ Del MAMBO al Centro Internacional.

🏃 De nuevo por la carrera Séptima, dos cuadras al norte, se llega al Centro Internacional.

❹ Centro Internacional (p. 83)

En la calle 24 se alzan varios edificios altos. Bogotá es de pocos rascacielos, pero alguno hay, como la torre Colpatria. Más al norte quedan el Hotel Tequendama y el edificio Parque Central Bavaria; y, al oriente, el planetario y la plaza de toros.

➲ Del Centro Internacional al Museo Nacional.

🏃 Séptima esq. calle 28.

❺ Museo Nacional (p. 80)

En un edificio construido en forma de panóptico, ilustra la historia del país con objetos y obras de arte, además de programar interesantes exposiciones temporales.

➲ Del Museo Nacional a La Macarena.

🏃 Subiendo por el costado sur del museo 4 min a pie.

❻ La Macarena (p. 94)

Este barrio tradicional, bohemio, alberga librerías, restaurantes y varios espacios artísticos para visitar. Además, ofrece un atractivo arquitectónico: las Torres del Parque, del arquitecto Rogelio Salmona, unos edificios de viviendas construidos en ladrillo. Se puede pasear y hacer una parada para tomar un buen café.

➲ La Macarena.

🏃 El barrio comienza en la carrera 4 esq. calle 27.

❼ Una comida en El Patio (p. 110)

Entre una nutrida oferta en unas pocas cuadras, este restaurante italiano es un clásico, uno de los primeros de la zona, y muy frecuentado por los bogotanos. Un lugar acogedor que tiene mucha historia.

Desde la izda.: sala de "La ofrenda" en el Museo del Oro (p. 78); vista de la plaza cultural de Santamaría de Bogotá, anterior plaza de toros,

Puesta a punto Itinerarios

ANAMARIA MEJIA/SHUTTERSTOCK ©

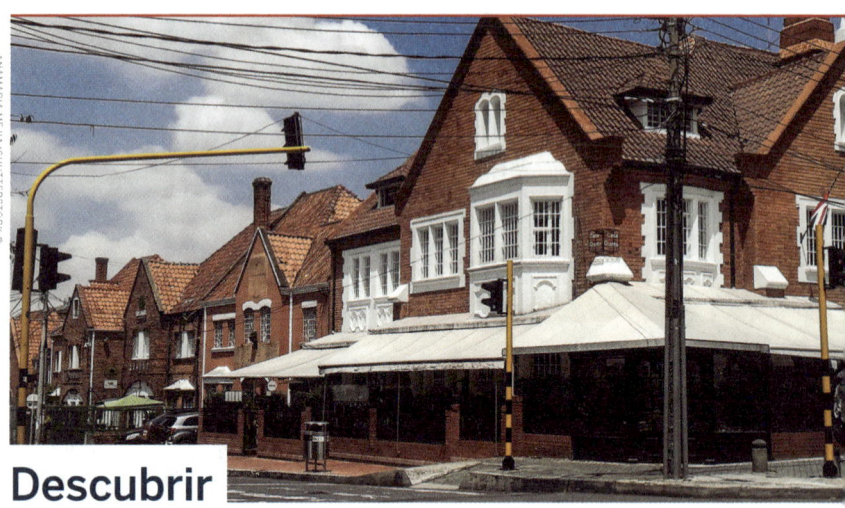

Descubrir Chapinero y Quinta Camacho

Dos barrios tradicionales que invitan a recorrerlos para descubrir su arquitectura y su oferta gastronómica. En ello se adivina una ciudad tradicional, de otra época, pero con una onda que atrae también a los jóvenes.

Día 03

1 Desayuno en Abasto (p. 114)

Es famoso por sus desayunos debido a su variedad en la carta y a los excelentes productos que ofrece. Tiene un sabor muy colombiano, ideal para empezar la jornada.

De Abasto a San Librario.

Por la misma calle se baja hasta una cuadra antes de la avenida Caracas.

2 Visitar San Librario (p. 137)

Este local, una librería llena de tesoros, tiene un encanto especial. Muchos libros están firmados por sus propios autores, otros son primeras ediciones, además de títulos que no se pueden conseguir en otra parte. El personal, además, es agradable y entendido.

De San Librario a la galería Casas Riegner.

Apenas 10 min a pie hacia el oriente.

3 Caminar hasta la galería Casas Riegner (p. 195)

Este barrio, que alguna vez fue la finca o quinta de un tal señor Camacho, está lleno

ITINERARIOS PUESTA A PUNTO

de arquitectura de los años treinta de estilo inglés, con casas que albergan locales de diseño, cafés y restaurantes. Vale la pena caminar y detenerse a ver exposiciones en las galerías de arte Nueveochenta y Casas Riegner.

➲ De la galería Casas Riegner a la Zona G.

🏃 Media cuadra al oriente, hacia la carrera Séptima y dos al sur.

❹ Almorzar en la Zona G (p. 72)

Esta zona gastronómica en el barrio Rosales, fue la primera en posicionarse como tal en Bogotá, hace más de 20 años. Hay restaurantes para todos los gustos y todos los precios en unas pocas calles a la redonda.

➲ De la Zona G a Tejo Turmequé.

🚗 En Uber o taxi, 10 min.

❺ Tarde en Tejo Turmequé (p. 97)

En este centro cultural (calle 57, 13-10) se puede practicar el ancestral juego del tejo, que ya practicaran los muiscas. Es divertido, popular, muy colombiano, aunque, en realidad, es solo un pretexto para tomarse una cerveza con los amigos. Un plan perfecto para pasar la tarde. Antes de que oscurezca vale la pena caminar unas pocas cuadras al norte por la carrera 13 y ver el parque de Lourdes y su iglesia, y tomar algo luego en Odem.

➲ De Odem a Café Bar Universal.

🏃 10 min caminando al oriente.

❻ Rematar la noche en Café Bar Universal (p. 111)

Un sitio donde se puede comer bien o sentarse en la barra a tomar algo. Tiene muy buen ambiente, es pequeño, acogedor y, además, ofrece una opción adicional: el Salón Tropical, un espacio en la parte de atrás para los que quieren alargar la noche.

Desde la izda.: calle del barrio bogotano Chapinero, justo unas calles abajo de la Zona G. (p. 72); vista de la calle 69a con carrera quinta, de la Zona G. (p. 72)

Puesta a punto
Itinerarios

Compras y fiesta en el norte

Al norte están la calle de los Anticuarios, la Zona Rosa, el parque de la 93 y Usaquén. Si el tiempo apremia, se puede concentrar todo en un solo día reservado para comprar, almorzar y cerrar la jornada con un buen trago.

❶ Desayuno en el parque de la 93 (p. 74)

Alrededor del parque hay opciones deliciosas para todos los gustos y precios: desde Bagatelle hasta Crepes & Wafles; desde Le Pain Quotidien hasta Café Azahar. Después de un buen desayuno, un paseo por el parque antes de seguir.

➲ Del parque de la 93 a Usaquén.

🚗 En taxi o Uber, menos de 15 min.

❷ Caminar por Usaquén (p. 60)

Se puede comenzar en el parque central, visitar la iglesia y caminar por sus calles, donde hay cafés y tiendas de todo tipo. Si es domingo, el mercado de las pulgas es imprescindible. También están los centros comerciales Zula y Hacienda Santa Bárbara para ir de compras.

➲ De Usaquén a Bandido.

🚗 En taxi o Uber, 20 min.

Día 04

❸ Una parada en Bandido (p. 124)

Nombres extraños para dos locales ubicados en el mismo lugar. En el extremo oriental de la calle de los Anticuarios, vale la pena, antes que nada, almorzar bien en Bandido y luego, tomar un trago en Enano. Después de recargar energías se puede seguir de compras por la misma calle.

◐ Calle de los Anticuarios.
🚶 Caminar por la calle 79A hacia la Novena.

❹ Calle de los Anticuarios (p. 145)

Entre las carreras Séptima y Novena, esta calle ofrece buenas marcas del diseño colombiano: Casa San Miguel, Casa Santamaría, Casa Precís, entre otros locales de diseño independiente. Una de las calles comerciales más interesantes de la capital.

◐ De calle de los Anticuarios a la Zona Rosa.
🚶 5 min a pie.

❺ Zona Rosa (p. 70)

En unas pocas cuadras se concentran tres centros comerciales (Andino, El Retiro y Atlantis), muchas marcas de ropa y diseño en las calles (internacionales y nacionales) y una amplia oferta de bares y locales festivos. Aquí está la famosa Zona T, una gran pasarela adoquinada para comer o tomar algo. También se puede seguir de fiesta en Andrés D.C, la sucursal bogotana del original Andrés Carne de Res en Chía.

◐ De la Zona Rosa a La Brasserie.
🚶 Por la calle 85, 2 min a pie.

❻ Comer en La Brasserie (p. 120)

Aquí se emplazan varios de los mejores restaurantes de Bogotá: Osaka, Casa, Central Cevichería y Dilucca, entre otros. Todos ellos son muy recomendables, pero, puestos a elegir, esta guía recomienda La Brasserie.

Desde la izda.: carrera 6ta con calle 117, en Usaquén pueblo. (p. 60); Tienda Folies, con vista de la calle 79b: la calle de los Anticuarios. (p. 145).

Puesta a punto
Lo esencial

Presupuesto diario

Económico: menos de 100 000 $

- Cama en dormitorio colectivo: 60 000 $.
- Atracciones gratuitas, como parques y museos.
- Almuerzo del día: 17 000 $.
- Café y producto de panadería: 6000 $.
- Pasaje Transmilenio 24 h: 2500 $.

Precio medio: 200 000-400 000 $

- Habitación doble en un hotel de negocios: 160 000 $.
- Entrada a museos: 10 000 $.
- Cena para dos en un restaurante (sin bebidas): 80 000 $.
- Concierto: 40 000 $.

Precio alto: más de 400 000 $

- Habitación doble en un hotel de cuatro estrellas: desde 350 000 $.
- Cena para dos personas con vino en un buen restaurante: desde 250 000 $.
- Tarde en un *spa*: desde 90 000 $.
- Regreso en taxi: 12 000 $.

Antes de partir

Tres meses antes Revisar programación de conciertos y festivales.

Un mes antes Comprar entradas para conciertos y obras de teatro. No es necesario adquirirlas para partidos de fútbol o reservar un restaurante a menos que sea una fecha especial, como el Día de la Madre.

Al llegar En los hoteles hay información de ofertas y promociones de tiendas y restaurantes. También pueden ayudar con la reserva en eventos.

Webs y cuentas de Instagram

Lonely Planet (www.lonelyplanet.com/bogota) Información de planes, restaurantes, bares, oferta cultural.

@bogotaeats Una cuenta que se puede seguir desde antes del viaje para encontrar la mejor oferta gastronómica.

@nostalgiabogotana Para entender la ciudad de hoy, hay que conocer la del pasado.

@bogotadc.travel Es la cuenta oficial en Instagram de Turismo de Bogotá, imperdible para consejos, datos e historias.

Moneda
Peso colombiano
Para información sobre el tipo de cambio consúltese www.xe.com.

Idioma
Español

Visados
No suelen hacer falta para estancias inferiores a tres meses.

Dinero
En centros comerciales y en las calles en general hay cajeros automáticos. Cada vez se usa más el pago con tarjeta de crédito o débito, pero el efectivo sigue siendo imprescindible para taxis y compras en puestos de la calle.

Teléfonos móviles
Las tarjetas SIM de prepago con datos y llamadas locales se venden en aeropuertos y tiendas de electrónica.

Hora local
Hora de Colombia (GMT -5 h).

LO ESENCIAL PUESTA A PUNTO 29

Cuándo ir

Cualquier momento es bueno. Si bien hay dos temporadas de lluvias más fuertes durante el año (mar-may; oct-nov), no alteran la agenda de la ciudad.

Bogotá

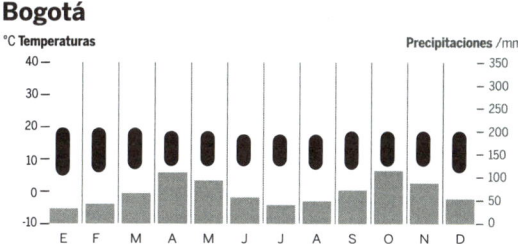

Cómo llegar

Aeropuerto internacional El Dorado Se recomienda tomar un taxi oficial, que están parqueados justo a la salida de la terminal internacional. Normalmente hay una fila de taxis amarillos y un coordinador que va indicando el turno de los recién llegados. Es mejor tener pesos colombianos a la mano. Una carrera a un sector como Chapinero o el parque de la 93 sale por 22 000-30 000 $. Uber tiene muchas restricciones para entrar al aeropuerto.

Desde la terminal de transporte salen y llegan autobuses de otros municipios del país y también hay algunos para viajar por el sur del continente. Para información sobre precios y horarios desde las tres terminales, véase www.terminaldetransporte.gov.co.

Cómo desplazarse

En Bogotá existen unos buses rojos que pasan por algunas avenidas principales y que pertenecen al sistema Transmilenio. Sin embargo, buena parte de los planes aquí sugeridos se pueden hacer a pie o en bicicleta.

Transmilenio Buses rojos que pasan por algunos puntos de interés de Bogotá.

Taxi Son de color amarillo. De noche es mejor pedirlos por teléfono desde el hotel, restaurante o teatro.

Bicicleta Se alquilan. Bogotá tiene muchos kilómetros de ciclorrutas para moverse de un lado a otro. Los domingos, todavía más con la Ciclovía.

A pie Nada mejor para conocer la ciudad.

Qué llevar

Una buena chaqueta y un paraguas. Si bien el frío no es intenso, en ciertos momentos del día y la noche baja la temperatura considerablemente. La lluvia va y viene en un mismo día.

Qué vestir

- En Bogotá hace fresco, pero lejos del frío de un invierno. Basta con llevar un jersey o chaqueta a mano para abrigarse cuando sea necesario.

- En iglesias, exposiciones, conciertos y en la mayoría de los restaurantes, la gente viste informalmente. Hay excepciones, contadas, en algunos restaurantes.

- Para caminar, se impone un calzado cómodo. En Bogotá hay muchos parques, así que los más deportistas no deben olvidar ropa adecuada.

Más información en **'Guía práctica'** (p. 201)

Puesta a punto
Lo nuevo

Cinemateca de Bogotá
Un centro de investigación, formación y de proyección de películas que normalmente no tienen cabida en las carteleras comerciales, todo ello en un nuevo y funcional edificio para el deleite de los cinéfilos (p. 96).

Movistar Arena
Lo que antes era el Coliseo El Campín alberga hoy este escenario que puede recibir hasta 14 000 personas. Para ver espectáculos y conciertos de primer nivel. Se abrió en el 2018 (p. 164).

Zula
Este centro comercial en Usaquén propone una oferta gastronómica de varios restaurantes para comer en una misma mesa y también una gran muestra de diseño nacional (p. 145).

Parque de los Niños (y las Niñas)
El parque Simón Bolívar (p. 62) está estrenando una nueva cara para que las familias vayan con sus hijos menores de 12 años: rodaderos, columpios, areneras, entre otros juegos para los menores.

Mercado del Chicó
Un espacio, a manera de plaza de mercado, que comparten varios restaurantes con propuestas muy variadas, buen ambiente y precios asequibles (p. 128).

Centro comercial Nuestro Bogotá
Muy cerca del aeropuerto, en la avenida Ciudad de Cali con calle 63, esta construcción gigante tiene más de 300 locales comerciales con marcas nacionales e internacionales.

Mucho diseño colombiano
Cada vez hay más tiendas de diseñadores colombianos. El talento local está creciendo en este sector y se ha convertido, de paso, en una atracción más para los viajeros que buscan moda, diseño y mobiliario.

Arriba: Sala Capital de la Cinemateca Distrital de Bogotá (p. 96).

Puesta a punto
Gratis

Ciclovía

Nada mejor que salir a caminar o a trotar los domingos por las calles bogotanas que quedan reservadas solo a los deportistas y que permiten recorrer muchos sectores de la ciudad (p. 54).

Parques

Desde el enorme parque Simón Bolívar (p. 62) hasta el parque de El Virrey (p. 88), desde el parque Nacional hasta el parque del Chicó (p. 77), hay muchas alternativas para respirar aire puro o hacer un pícnic.

Arquitectura

Bogotá tiene edificios y construcciones que bien vale la pena ver. Muchas de ellas de ladrillo (p. 90), pero también en otros materiales (p. 193).

Museos

El último domingo de cada mes es posible entrar hasta a 30 museos diferentes sin pagar. El Museo del Oro es gratis todos los domingos (p. 78).

Festivales

Eventos de primer nivel como Rock al Parque, Salsa al Parque o Hip Hop al Parque son gratuitos.

Caminatas ecológicas

Un muy buen plan es caminar entre la naturaleza por los Cerros Orientales, puntualmente en un recorrido por la zona protegida Quebrada La Vieja (p. 57), en el barrio Rosales. También hay más opciones como Delicias y Vicachá.

Recorrer el mercado de las pulgas

Caminar por Usaquén un domingo y ver trabajar a los artesanos que ofrecen sus creaciones en este mercado callejero (p. 140).

Arriba: Ciclovía dominical, en la calle 26 con carrera 58 (p. 54).

Puesta a punto
Viajar en familia

Puntos de interés y actividades

Bogotá es una ciudad con muchos parques públicos y en ellos hay diferentes posibilidades de diversión para los niños. En el **parque Simón Bolívar** (p. 62) hay varios espacios de juegos, pero también en otros que vale la pena visitar cerca de ciertos puntos de interés, como el **parque de El Virrey** (p. 88), el **parque de la 93** (p. 74) o el **parque del Chicó** (p. 77). El **Parque de los Niños (y las Niñas)** es un parque recién renovado, lleno de zonas de juegos (p. 63). Centros comerciales como el **Andino** (p. 145), en la Zona Rosa, tienen un espacio llamado Game Box con juegos y atracciones para menores desde seis meses en adelante. En Atlantis hay un concepto diferente, Chuck E. Cheese; y en la **Hacienda Santa Bárbara** (p. 61), el espacio Chiqui Place. Los domingos por las mañanas el Teatro Nacional ofrece programación infantil y un punto imprescindible para ellos es **Maloka** (p. 63), un museo de ciencia pensado para que se entretengan mientras aprenden.

Hay lugares especiales como **Yupijump** (www.yupijump.com), al norte de la ciudad, donde los niños pueden jugar en un espacio seguro. También hay escapadas que vale la pena tener en cuenta, como el **Parque Jaime Duque** (p. 69), a 1 h de Bogotá, un parque temático con atracciones de todo tipo, o el parque de diversiones Multiparque, con autos de choque, montañas rusas para menores de 10 años y una granja para ver e interactuar con animales. A este último se puede llegar en SITP y para el Jaime Duque es necesario alquilar un **transporte particular** (100 000 COP/día aprox.) Un plan perfecto es almorzar en **Andrés Carne de Res** (p. 64), pues tiene un gran espacio de diversión para niños. Otros espacios para visitar con niños son **Salitre Magino** y **Mundo Aventura.**

Salir a comer

En la mayoría de los restaurantes hay sillas especiales para niños; también suele haber menús especiales, incluso en los sitios de

VIAJAR EN FAMILIA PUESTA A PUNTO 33

comida rápida siempre hay una opción con porciones más pequeñas para los pequeños. Si se va en coche, se puede dejar en la entrada sin ningún problema. En los centros comerciales normalmente hay zonas de restauración con una amplia oferta.

Cómo desplazarse

Caminar con el cochecito por andenes o aceras de Bogotá es muy frecuente. Normalmente son anchos (menos en La Candelaria) y permiten una buena movilidad; incluso los parques tienen sus propios caminos para recorrerlos en medio de la naturaleza. También es posible subirlo en los buses de Transmilenio, aunque en horas pico puede ser incómodo; en esos casos, doblarlo y guardarlo en el baúl de un taxi es una mejor opción. Normalmente en los centros comerciales y museos hay ascensores para subir con niños y cochecitos. Para planes como subir a Monserrate en funicular, se recomienda usar un cargador de bebés tipo canguro, porque arriba la superficie es de piedra.

♥ Los mejores parques y zonas de juegos infantiles

Maloka (p. 63)

Andrés Carne de Res, zona de niños (p. 64)

Parque de El Virrey (p. 88)

Parque Simón Bolívar (p. 62)

Teatro Nacional, los domingos (p. 166)

Lo esencial

Fuentes (www.bogota.gov.co/ninos-y-ninas) Sugiere lugares y eventos para niños.

Alquiler Baby Explorer (www.babyexplorer.co) alquila cochecitos, trasportines ergonómicos, cunas y hasta juguetes.

Cambio de pañales En los centros comerciales es común ver un baño para familias donde hay mesas para cambiar los pañales. También es normal ver estos baños en restaurantes que pertenecen a cadenas.

Desde la izda.: familia en el lago del parque Simón Bolívar (p. 62); parque de la 93 (p. 63).

Descubrir La Candelaria	36
Plaza de Bolívar	40
Manzana Cultural del Banco de La República	44
Biblioteca Luis Ángel Arango	48
Subir a Monserrate	50
En bicicleta por la Ciclovía	54
Recorrer San Felipe, el distrito artístico	58
Usaquén, un pueblo en la ciudad	60
Parque Simón Bolívar	62
Una fiesta en Andrés Carne de Res	64
La Catedral de Sal	68
Zona T	70
Zona G	72
Parque de la 93	74
Museo del Oro	78
Museo Nacional	80
El Septimazo	82
Escapada a Zipaquirá, epicentro de la sabana	84
Museo de Arte Moderno de Bogotá (MAMBO)	86
Parque de El Virrey	88
Arte urbano	89
Arquitectura del ladrillo	90
Visitar las plazas de mercado	92
La Macarena	94
Cinemateca de Bogotá	96
Jugar al tejo	97
Quinta de Bolívar	98
Laguna del Cacique Guatavita	100

LAS MEJORES EXPERIENCIAS

Lo mejor para ver y hacer

36 LAS MEJORES EXPERIENCIAS

Vista de Nuestra Señora de La Candelaria desde la Biblioteca Luis Ángel Arango.

Descubrir La Candelaria

Sus calles estrechas, entre casas y edificaciones con más de 400 años de historia, invitan a recorrer el corazón y la historia de Bogotá.

Calles empinadas, algunas empedradas, otras pavimentadas; de aceras angostas y con nombres que aluden a la nostalgia: la calle Sola, la de la Fatiga, la del Silencio, de la Rosa... entre tantas otras, tal y como propuso el virrey Manuel Guirior hacia 1774. Casas con balcones por los que se asomaron algunos de los personajes históricos más importantes de Colombia y arquitectura que alberga los más remotos recuerdos de la ciudad. Acá lo mejor es caminar mirando los locales que se esconden entre fachadas antiguas y toparse con vendedores de artesanías y curiosidades que aparecen en algunas esquinas. En La Candelaria hay varios espacios emblemáticos ineludibles: la plaza de Bolívar, el Teatro Colón, el Chorro de Quevedo o la Biblioteca Luis Ángel Arango. Un recorrido que invita a disfrutar el pasado entre pequeños cafés y restaurantes que se asoman a cada paso.

Ideal para...

ⓘ Lo esencial

Entre carreras 2 y 10 y calles 7 y 13.

DESCUBRIR LA CANDELARIA 37

☑ Imprescindible

Reservar una mañana o una tarde completa para recorrer el barrio con calma.

★ Consejo

Si hay tiempo, hay recorridos turísticos peatonales que ofrece el Instituto Distrital de Turismo (IDT). Hay que inscribirse en los Puntos de Información Turística (PIT), en el correo informacionturistica@idt.gov.co, o en el ☏573204881022.

Chorro de Quevedo — Plaza

Esta pequeña plaza, en la calle 12 con carrera Tercera, fue el lugar en el que asentó sus reales Gonzalo Jiménez de Quesada, quien fundó Bogotá el 6 de agosto de 1538. Antes de eso, era el lugar de residencia temporal del *zipa,* gobernador de los indígenas muiscas, donde los españoles realizaron una toma militar. De ahí el simbolismo de una plaza que debe su nombre al padre Quevedo, quien instaló en ella una fuente pública de agua a donde acudían los bogotanos para recogerla. La ermita de San Miguel de Príncipe, en el mismo lugar, se construyó en 1969. La fuente que hoy se ve es una recreación de la original.

Teatro Colón — Teatro

(plano p. 217; www.teatrocolon.gov.co; ☏5713816380; calle 10 # 5-32; mayores de 62 años y estudiantes 50% de descuento) Su nombre se debe a Cristóbal Colón y se fundó justo en el cuarto centenario de la conmemoración del descubrimiento de América, el 15 de octubre de 1892. La obra estuvo a cargo del arquitecto italiano Pietro Cantini, tiene una capacidad para hasta 900 espectadores y su arquitectura interna tiene varios atractivos, como el vestíbulo o la lámpara de Ramelli que cuelga del techo de la nave central. Programa espectáculos, conciertos y obras de teatro. Como dato curioso, este fue el escenario escogido para la firma del acuerdo de paz entre el gobierno de Juan Manuel Santos y la guerrilla de las FARC en el 2016.

La Puerta Falsa — Restaurante

(plano p. 217; www.facebook.com/La-Puerta-Falsa; calle 11 # 6-50; ⊙7.00-23.00) Sobre la calle 11, en el costado norte de la Catedral Primada, este pequeño local de dos pisos permanece intacto tras más de dos siglos de historia, y conserva las originales recetas bogotanas: desde el tamal hasta el chocolate santafereño; desde la changua hasta las colaciones. Y, claro, el agua de panela, una bebida muy tradicional.

Centro Cultural Gabriel García Márquez Centro cultural

(plano p. 217; www.fce.com.co; ☎571283220; calle 11 # 5-60) Fue diseñado por el, tal vez, más importante arquitecto que ha dado Colombia, Rogelio Salmona, y lleva el nombre del celebérrimo Premio Nobel de Literatura colombiano. Con el propósito de integrar la cultura mexicana con la colombiana, este lugar nació con una variada oferta cultural. La **librería del Fondo de Cultura Económica** (mi-sa; 10.00-18.00, do y fes 10.30–17.00) es parada obligatoria y bien vale la pena un café en el local de Juan Valdez, en el primer piso.

Museo Militar Museo

(plano p. 217; www.museomilitarcol.com; ☎5713150111; calle 10 # 4-92; adultos/jóvenes 13-17 años/menores de 13 y mayores de 60 años 2000/1000 $/gratis; ⏱9.00-16.00) Inicialmente esta construcción de 1913 fue pensada como sede de la Facultad de Matemáticas e Ingeniería de la Universidad Nacional. Destaca su patio, y en la colección se pueden ver uniformes, condecoraciones, documentos y maquetas que ilustran la evolución de las Fuerzas Armadas de Colombia.

Casa azul, cerca de la plazoleta del Chorro de Quevedo.

Espacio Odeón Centro cultural
(plano p. 217; www.espacioodeon.com; 5717436074; carrera 5 # 12-73; gratis; 12.00-19.00 lu-vi, 12.00-16.00 sa; cerrado do) Hace más de 40 años era el famoso teatro Odeón, una de las salas de cine más visitadas por los bogotanos. Después se convirtió en la sede del Teatro Popular de Bogotá (TPB) y en el 2011 pasó a ser el Espacio Odeón, un escenario que ofrece diferentes actividades culturales, desde teatro hasta exposiciones de arte.

Galería Santa Fe Galería de arte
(plano p. 217; www.galeriasantafe.gov.co; 5713795750; carrera 1A entre 12C y 12D; 12.00-18.00, ma-sa, 12.00-16.00 último do de mes) Justo debajo de la plaza de mercado La Concordia (véase p. 92) está la nueva sede de la galería distrital, un centro expositivo así como de investigación de las artes en Colombia. Es punto de encuentro de artistas y creadores.

Teatro Libre de Bogotá Teatro
(plano p. 217; www.teatrolibre.com; 5712813516; calle 12b # 2-44) Esta llamativa casa alberga una escuela de formación de actores, así como el escenario donde presenta sus montajes el grupo Teatro Libre, que nació en 1973. Esta es una de sus dos sedes; la otra está en Chapinero (calle 62 # 9A-65).

Teatro La Candelaria Teatro
(plano p. 217; www.teatrolacandelaria.com; 573138029692; calle 12 # 2-59) Fundado por el director y actor Santiago García en 1966, es, más que un mero escenario, un lugar de discusión e investigación teatral. El edificio en sí ya es un atractivo, una antigua casona en el corazón de La Candelaria, y las obras que se presentan van desde clásicos hasta piezas contemporáneas. La programación cambia continuamente.

Revivir el tranvía Paseo
La nostalgia bogotana va unida al tranvía, y uno de los planes que pueden devolver a aquellos tiempos es viajar en una réplica del tranvía de 1910 mientras se recorren los sitios históricos del centro de Bogotá, reviviendo, de paso, personajes de la tradición popular como "la loca Margarita" y "el bobo del tranvía". Hay diferentes recorridos, horarios y precios que incluyen una visita al río San Francisco, cerca de la Quinta de Bolívar (véase p. 98) (www.tranviabogota.com)

Cerca de allí

Fragmentos, Espacio de Arte y Memoria Espacio expositivo
(plano p. 217; www.museonacional.gov.co; 5713816470; carrera 7 # 6b-30; 9.00-17.00, ma-do) El piso de este lugar es un alegato contra la violencia: cientos de fusiles entregados por la guerrilla de las FARC fueron convertidos por la artista Doris Salcedo en láminas que cubren el suelo. Este contramonumento acoge exposiciones de arte muy bien presentadas y que mantienen el recuerdo del dolor padecido por Colombia.

Circuito por Egipto Circuito
En el límite oriental de La Candelaria está el barrio de Egipto, uno de los más antiguos de Bogotá. El grupo Breaking Borders (@breakingborderscol) ofrece recorridos para ver grafitis y conocer la historia de sus calles. La salida es desde el Chorro de Quevedo (véase p. 37) (30 000 $).

✕ Una pausa

La Candelaria está llena de cafés y restaurantes. Uno de ellos es **Prudencia** (calle 2 # 11-34, véase p. 108). También está **Madre** (calle 12 # 5-83; véase p. 108), en lo que parece un corredor comercial de locales. Para un café y un buen postre, hay que parar en la **Patisserie Francaise** (calle 9 # 2-18). Si se buscan buenos precios está Home Burger, en el Centro Cultural García Márquez (véase p. 38).

Catedral Primada de Colombia en la plaza de Bolívar.

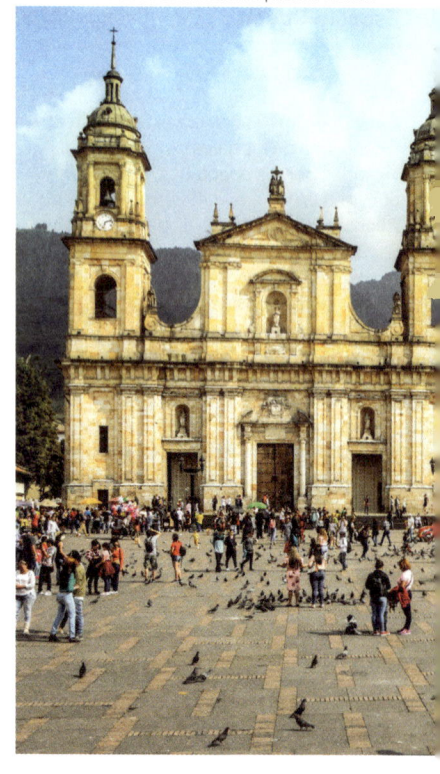

Plaza de Bolívar

Con algo menos de 14 000 m², esta imponente plaza es la más grande de Bogotá y está rodeada por varios de los edificios más representativos de la ciudad, como la Catedral Primada y el Capitolio Nacional.

Ideal para...

❶ Lo esencial

La plaza está ubicada entre las calles 10 y 11, y entre las carreras Séptima y Octava.

Hasta 1847 era una plaza de mercado rodeada por varias casas coloniales (la capilla del Sagrario, sobre la Séptima, aún conserva el estilo arquitectónico del s. XVII) y, en su momento, tuvo en el centro una picota de madera donde se ejecutaban los castigos decretados por las autoridades coloniales. Posteriormente fue reemplazada por una fuente que se conocía como "el mono de la pila" y que originó uno de los dichos más famosos entre bogotanos, usado incluso hoy en día: "Vaya a quejarse al mono de la pila". Los habitantes de la ciudad se proveían de agua en esta fuente, que tiene la imagen de san Juan Bautista niño y que hoy se guarda en el Museo Colonial (véase p. 43), a pocos pasos de aquí. En su día llamada plaza Mayor, pasó a denominarse, en 1821, de la Constitución, y finalmente, en 1846, al instalarse una estatua de bronce del libertador Simón

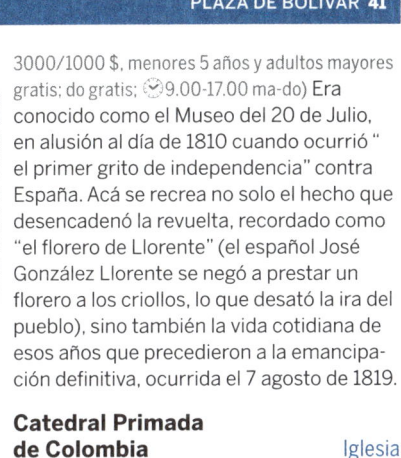

Bolívar, su nombre cambió por el que hoy mantiene. La estatua, que está ubicada ligeramente al sur de la plaza, fue un encargo que se le hizo en su momento al escultor genovés Pietro Tenerani. El lugar ha cambiado con el tiempo: la estatua estuvo rodeada por jardines ingleses y en 1927 se instalaron cuatro fuentes que después fueron retiradas. El arquitecto Fernando Martínez Sanabria *el Chuli* (véase p. 90) planteó el diseño actual. Antes los carros podían parquear en ella, pero hoy es de uso peatonal exclusivamente.

Museo de la Independencia-Casa del Florero   Museo

(plano p. 217; www.museoindependencia.gov.co; ☎ 5713424100; carrera 7 con calle 11, esquina nororiental de la plaza; adultos/menores 12 años 3000/1000 $, menores 5 años y adultos mayores gratis; do gratis; 9.00-17.00 ma-do) Era conocido como el Museo del 20 de Julio, en alusión al día de 1810 cuando ocurrió " el primer grito de independencia" contra España. Acá se recrea no solo el hecho que desencadenó la revuelta, recordado como "el florero de Llorente" (el español José González Llorente se negó a prestar un florero a los criollos, lo que desató la ira del pueblo), sino también la vida cotidiana de esos años que precedieron a la emancipación definitiva, ocurrida el 7 agosto de 1819.

Catedral Primada de Colombia   Iglesia

El mismo día que se fundó Bogotá, el 6 de agosto de 1538, fray Domingo de las Casas dio en este lugar la primera misa oficial, bajo una choza cubierta de paja. Se sucedieron tres templos más en el mismo lugar antes de dar paso a la gran catedral actual, que se construyó entre 1807 y 1823 bajo el diseño del arquitecto (primero formado en Bogotá) Domingo de Petrés. Esta construcción de estilo neoclásico, de cinco naves, 11 capillas y un altar, fue declarada Monumento Nacional en 1975 y es la sede del arzobispado de Bogotá. El órgano es una joya.

Palacio Arzobispal   Arquitectura

Está ubicado en el costado oriental de la plaza, justo al lado de la catedral. El también conocido como palacio Cardenalicio es la sede de la arquidiócesis de Bogotá. Como dato curioso, la puerta fue diseñada por Vico Consorti, un escultor italiano también encargado de realizar la Puerta Santa de la basílica de San Pedro en Roma.

Colegio Mayor de San Bartolomé   Arquitectura

La esquina suroriental de la plaza está ocupada por el colegio más antiguo de la ciudad: se fundó el 27 de septiembre de 1604 con la llegada de los jesuitas y desde entonces funciona sin interrupción. Es un colegio privado y su sede de bachillerato es Bien de Interés Cultural y Monumento Nacional de Colombia.

Capitolio Nacional de Colombia Arquitectura

En el costado sur de la plaza está la sede del Congreso de la República, conformado por el Senado y la Cámara de Representantes. Su construcción se inició por orden del presidente Tomás Cipriano de Mosquera en 1848, siguiendo el diseño del arquitecto danés Thomas Reed, aunque en el proceso participaron varios arquitectos más, y no se terminó hasta 1926. Es un edificio de estilo neoclásico, hecho de piedra de cantería y que deja ver desde la plaza seis filas de tres columnas de orden jónico.

Palacio de Justicia Arquitectura

El palacio de Justicia Alfonso Reyes Echandía lleva el nombre del presidente de la Corte Suprema de Justicia, quien murió en la sangrienta toma del palacio por parte de la guerrilla del M-19 en noviembre de 1985. Fue apenas una de las casi cien víctimas, además de los desaparecidos, que dejó ese trágico hecho. La toma generó un incendio que llevó a la decisión posterior de demoler el edificio y levantar uno nuevo completamente. El palacio copa todo el costado norte de la plaza y en él operan la Corte Suprema, el Consejo Superior de la Judicatura, la Corte Constitucional y el Consejo de Estado.

Palacio Liévano Arquitectura

Actual sede de la Alcaldía mayor de Bogotá, esta edificación de estilo neorrenacentista francés domina todo el costado occidental de la plaza. En 1842 se construyó aquí el primer centro comercial de la ciudad, las galerías Arrubla, pero después de un incendio ocurrido en 1900, el ingeniero

Pasaje Rivas, el mercado artesanal más tradicional de Bogotá.

Indalecio Liévano Reyes propuso levantar este palacio, cuya construcción se terminó en 1907. Desde 1960 sirve como sede administrativa de la ciudad.

Cerca de allí

Palacio de Nariño — Arquitectura

A poco más de 100 m de la plaza de Bolívar, por la carrera Séptima, se puede ver la que es residencia oficial del presidente de la República. La edificación se construyó en 1908 y su nombre es un homenaje a Antonio Nariño, quien tradujo la Declaración de los Derechos del Hombre en 1793. Desde fuera, se observan sus jardines, el Observatorio Astronómico, que dirigió José Celestino Mutis y que fue diseñado por el mismo arquitecto de la catedral; la plaza de armas y su fachada. Para visitas, véase información en https://visitas.presidencia.gov.co/.

Museo Iglesia de Santa Clara — Museo

(plano p. 217; www.museocolonial.gov.co; 5713376712; carrera 8 con calle 8; adultos/menores 12 años 3000/1000 $, menores 5 años y adultos mayores gratis; 9.00-17.00 ma-vi; 10.00-16.00 vi-do; cerrado lu) A pocos pasos de la plaza, por la carrera Octava, está uno de los edificios más antiguos de Bogotá, que fue convento de la orden franciscana de las clarisas desde 1619, y hoy alberga una **colección de arte colonial** y también es sede de exposiciones temporales de arte moderno y contemporáneo. Su arquitectura barroca y un deslumbrante espacio interior invitan a recorrerla.

Pasaje Rivas — Compras

(plano p. 217; 5714327520; carrera 10 # 10-54; 9.00-18.30 lu-sa, 10.00-15.00 do) Desde hace más de 100 años este pasaje es el lugar perfecto para buscar artesanías, manualidades u objetos de carpintería. Bajando por el costado sur del palacio Liévano (la "calle del Divorcio") se llega a este pasadizo donde hay productos de todo tipo: desde sillas y mesas hasta alcancías de barro; desde mochilas y canastos hasta pocillos, vasos, elementos de diseño o flores. Se puede curiosear y comprar algún recuerdo muy colombiano. Aunque hay salida por la carrera Décima, lo mejor es regresar caminando por la misma calle hacia la plaza.

Entrada del Museo de Arte Moderno Miguel Urrutia-MAMU.

Manzana Cultural del Banco de la República

En una sola manzana están tres de los museos más importantes de Bogotá: el Museo Botero, el Museo de Arte Moderno Miguel Urrutia-MAMU y el Museo Casa de la Moneda. La entrada es gratuita, hay arte para todos los gustos y la misma casa republicana donde se encuentran ya de por sí vale la pena.

Ideal para...

❶ Lo esencial
plano p. 217; www.banrepcultural.org; 57134341316; calle 11 # 4-41; gratis; 9.00-19.00 diario; cerrado ma

En el 2016 pasó a llamarse Museo de Arte Moderno Miguel Urrutia, en homenaje al economista que fuera gerente del banco entre 1993 y el 2004. El edificio fue diseñado por el arquitecto Enrique Triana, quien recibió el Premio Nacional de Arquitectura en el 2006 por este proyecto. Desde 1957 el Banco de la República comenzó a comprar obras de arte y hoy en día la colección cuenta con más de 6000 piezas.

Museo Botero Museo

Fernando Botero es tal vez el artista plástico más famoso de Colombia, pero lo que pocos saben es que también es un gran coleccionista. Este museo es el resultado de una donación de su propia colección. Aquí se pueden ver obras de Picasso, Renoir, Monet, Dalí y Giacometti, entre otros grandes maestros. También hay, por supuesto, más de 100 obras del

MANZANA CULTURAL DEL BANCO DE LA REPÚBLICA

LA CANDELARIA
Museo Casa de Moneda · Museo Botero · Restaurante Marcha · El Parqueadero · Museo de Arte Miguel Ángel Urrutia-MAMU · Carrera 4 · Carrera 5B · Calle 10 · Calle 11

✖ Una pausa

Restaurante Marcha En la misma manzana cultural, este lugar invita a almorzar o a disfrutar un buen café con algo de panadería (plato fuerte 30 000 $).

Museo de Arte Miguel Ángel Urrutia-MAMU   Museo

Además de albergar una importante colección de obras representativas del arte colombiano y de Latinoamérica principalmente, este espacio tiene salas temporales de exhibición con exposiciones de primer nivel de artistas internacionales y nacionales. La colección está dividida en cinco partes, que van desde el s. XVI hasta hoy. Parada obligatoria para los amantes del arte.

propio Botero, una amplia muestra de los diferentes momentos de su producción artística.

La violencia vista por Botero   Obras de arte

Dentro de la muestra de obras del artista nacido en Medellín, que abarca varios de sus principales intereses, vale la pena ver su propia versión de la *Mona Lisa,* así como las piezas con las que quiso reflejar su repudio a la violencia: aquí hay desde recreaciones del asesinato de Pablo Escobar hasta "carros bomba". Por si acaso, Botero siempre se negó a decir que sus personajes eran "gordos" o "gordas", su estilo viene de una experimentación con el volumen y por eso todo en su obra, incluso las naturalezas muertas de la colección, se ven "infladas". Ese estilo lo ha hecho reconocido en todo el mundo.

'Violencia' de Alejandro Obregón   Obras de arte

En la colección del Banco de la República está una de las pinturas más emblemáticas de la historia colombiana que en Colombia incluso se compara, guardando las distancias, con el *Guernica* de Pablo Picasso. Se trata de *Violencia,* óleo que representa a una mujer embarazada, desnuda, que reposa sobre el piso con los ojos cerrados y que, entre colores lúgubres, pareciera confundirse con un paisaje más de la geografía nacional. Es obra de uno de los artistas más destacados del país, Alejandro Obregón (1920-1992), quien la pintó en 1962 en Barranquilla.

'La Lechuga'   Obra

Algunas de las joyas de arte colonial que forman parte de la colección permanente son las custodias, especialmente la de la iglesia de San Ignacio de Bogotá, más

Museo Botero.

Patio del Museo Botero.

conocida como "la Lechuga". Este relicario es una obra maestra del trabajo de orfebrería del s. XVII en el Reino de la Nueva Granada y representa a un ángel que sostiene con sus dos manos un sol hecho con piedras diminutas de esmeraldas que se entrelazan con piezas de oro de 18 quilates. En la parte superior, una cruz de esmeraldas y racimos de uvas representan el sacramento católico de la eucaristía. En el 2005 se exhibió en el Museo del Prado de Madrid.

El Parqueadero · Espacio artístico
En el primer piso del Museo Miguel Ángel Urrutia se encuentra este espacio dedicado a la experimentación artística y a exposiciones de creadores emergentes, especialmente dedicado a las instalaciones, el *performance* y el videoarte.

Museo Casa de la Moneda · Museo
En este mismo lugar, en el s. XVII, Alonso Turrillo de Yebra fundó la primera casa de la moneda del Reino de la Nueva Granada, donde se produjeron también las primeras máquinas de oro. Durante casi cien años la casa fue de una sola planta, pero, cuando creció la producción, se amplió. El patio interior remonta a los tiempos virreinales. Alberga también una amplia colección numismática.

Sala de exposiciones en la Biblioteca Luis Ángel Arango.

Biblioteca Luis Ángel Arango

Una de las más grandes de Latinoamérica, con 45 000 m² y más de dos millones de libros para que los lectores puedan consultar cuando quieran. Un orgullo para Bogotá.

Ideal para...

LA CANDELARIA
Calle 11 · Calle 12 · Carrera 4
Sala de conciertos
La Casa Republicana
Carrera 5B
El Mural de Obregón
Biblioteca Luis Ángel Arango

ⓘ Lo esencial

www.banrepcultural.org; 5713431316; calle 11 # 4-14; gratis; h8.00-20.00

En 1955 el entonces gerente general del Banco de la República, Luis Ángel Arango, se propuso impulsar la construcción y el diseño de una biblioteca que sirviera para albergar los libros que había ido adquiriendo la institución hasta el momento. Desde 1923, cuando se fundó el banco, ya tenían algunos títulos, principalmente de economía, pero más adelante no solo adquirieron la colección privada del intelectual Laureano García Ortiz, con una variedad de temas mucho más amplios, sino que también el banco fue recibiendo donaciones. La sede donde hoy opera, en plena Candelaria, se inauguró en 1958, justo un año después de la muerte de Luis Ángel Arango, En 1965, se llevaron a cabo las primeras ampliaciones y con los años se fueron sistematizando los servicios y ampliando la oferta para los usuarios: desde la apertura de una sala de conciertos para poco menos de 400 espectadores hasta nuevas salas de exposiciones y depósitos ampliados para más y más libros. La sala de conciertos obtuvo el Premio Nacional de Arquitectura en 1966 y fue declarada bien cultural de la nación en el 2010.

Sala de conciertos Arquitectura

Además de las once salas de lectura del edificio, que ocupa toda una manzana, hay archivos de películas, fotografías, revistas, y una sección de libros raros y manuscritos. La sala de conciertos ofrece espectáculos permanentemente con invitados nacionales e internacionales y también conferencias y seminarios que se llevan a cabo en el auditorio principal. Es una gran obra arquitectónica (véase p. 196).

Casa Republicana Arquitectura

En la Biblioteca Luis Ángel Arango el visitante se encuentra con una fachada blanca que invita a visitar la colección de arte del Banco de la República. Acá las exposiciones son temporales y cambian con frecuencia para rotar la amplia variedad de obras dentro de recorridos diferentes.

Mural de Obregón Obra de arte

Al ingresar por la entrada de la calle 11, basta con levantar la vista y ver el mural que se impone ante los visitantes, arriba, a manera de bienvenida a este mundo de los libros. Se trata de *Sin título,* un homenaje al libro concebido en 1959 por Alejandro Obregón, el mismo artista de *Violencia* (véase p. 45). Antes de seguir por los pasillos que conducen a la biblioteca, vale la pena detenerse ante esta gran obra de arte.

Vista panorámica de la ciudad de Bogotá desde el cerro Montserrate.

Subir a Monserrate

Desde varios puntos de la ciudad se divisa este cerro de 3152 m de altura con su iglesia blanca con más de 300 años de historia. En funicular, en teleférico o a pie, subir permite tener una espectacular panorámica de Bogotá en medio de naturaleza y de variedad de aves.

Ideal para...

ℹ Lo esencial
Carrera 2 Este # 21-48 Paseo Bolívar

Colombia tiene la particularidad de que tres cordilleras atraviesan buena parte de su territorio: la Occidental, la Central y la Oriental. Esta última, los Cerros Orientales, como llaman los bogotanos a las montañas que se levantan como telón de fondo de la ciudad, llamaron la atención del conquistador Gonzalo Jiménez de Quesada, quien, tras fundar la ciudad, pidió que se pusieran dos cruces en la cima de los cerros más elevados, hecho que integraba de alguna manera la tradición de los muiscas de venerar las montañas y la cristiana. Fue así como surgió la propuesta de don Pedro Solís y Valenzuela de construir una ermita en lo más alto de la montaña para adorar a la Virgen Morena de Monserrat, que tiene su santuario principal en Barcelona, España. Así nació en 1650, la iglesia de Nuestra Señora de la Cruz de Monserrate. La Virgen, conocida como la Moreneta, da nombre a este monasterio que después se convirtió en iglesia y que, a pesar de tener una capilla dedicada a dicha Virgen (la talla actual es una réplica que se trajo de España a comienzos del s. xx; la original desapareció en una reforma) alberga también otra imagen que despierta mucho fervor: el señor caído de Monserrate.

Subir a pie o trotando

Desde las 5.00 es normal ver a cientos de deportistas enfrentándose a la subida de 1605 escalones de piedra, con algunos tramos llanos para descansar. Ver el amanecer mientras se respira el aire puro y fresco en medio de la belleza de la montaña es ya de por sí un privilegio. La mayoría de la gente sube caminando, pero también hay algunos que lo hacen trotando. También caminando suben quienes cumplen alguna promesa. No hay que tomar a la ligera el trayecto, pues es muy exigente. Si se hace despacio, parando cada tanto para admirar las vistas de Bogotá, que van mejorando con cada metro de ascenso, se puede subir

✖ Una pausa

Hay varias casetas pequeñas que ofrecen golosinas (las obleas con arequipe son muy bogotanas y un gran postre) y tres restaurantes con menús diferentes y para todos los gustos. **Casa San Isidro** (almuerzo sa 12.00-14.00, cena ju-sa 18.00-20.30) es una casa de estilo colonial del s. xix donde un pianista acompaña a los comensales. Ofrece carnes, pescados y una terraza para seguir disfrutando de las vistas. **Monserrate Parrilla** (8.00-15.00 vi-do) es más informal, con una vista espectacular a la reserva natural a espaldas del cerro. En la barra hay platos para escoger y la fritanga (chorizo, chunchullo, morcilla, carne) es uno de sus fuertes. Por último, el **restaurante Santa Clara** (12.00-15.00 lu-do) recrea una casa de Usaquén construida en 1924 (véase p. 60) y trasladada al cerro en 1979. Ofrece un menú de platos típicos, como tamales santafereños o mero costeño, ideal para quienes buscan algo más típico. Abajo del restaurante está el Café Bistró, con buen café, onces santafereñas y algunas bebidas.

★ Consejo

Los domingos es el día más concurrido por los devotos del Señor Caído de Monserrate. Lo ideal es visitarlo otro día de la semana.

en 1-1½ h. Hay quienes cubren la distancia corriendo en 15 min. Se recomienda bajar en funicular para no lastimar las rodillas. Solo se puede subir a pie hasta a las 13.00. Hay que llevar agua, usar calzado apropiado y no subir con menores de 14 años; los coches para bebés no están permitidos. Aunque el recorrido es seguro, en general es mejor no llevar objetos de valor ni salir nunca del sendero.

Funicular

Se inauguró en 1926 y fue todo un evento social, con muchos cachacos buscando los mejores vagones para poder subir y bajar en primera o segunda clase. En 1964 se modernizaron los vagones para aumentar su capacidad, tanto con plazas de asiento como de pie, y en el 2003 se rediseñaron para hacerlos más cómodos. Se exhibe uno de los vagones originales y la estación interior tiene un encanto que todavía enorgullece a los bogotanos. Funciona de 6.30 a 23.00, aunque a las 22.00 se cierra la taquilla. La subida dura poco más de 5 min. Las ventanas permiten disfrutar de las vistas de la ciudad, el bosque y la vegetación.

Teleférico

Se terminó de construir en 1955 y es una gran opción para visitar el cerro y aprovechar la vista imponente que se puede disfrutar desde sus ventanales. Son 4 min de recorrido sobre naturaleza pura mientras Bogotá se va viendo en todo su esplendor. Un plan de mucha tradición entre los cachacos.

Basílica Santuario del Señor Caído de Monserrate en la cima del cerro.

👍 Dos símbolos católicos

Iglesia del 20 de Julio

Si a Monserrate llegan muchos fieles, que suben a pagar promesas o a agradecer favores, el fervor religioso católico se vive en pleno en este **santuario** (calle 27 sur # 7-50) dedicado a la figura del Divino Niño Jesús, en un barrio al sur de Bogotá. Los domingos, la plaza del 20 de Julio, convoca a multitud de creyentes. La iglesia, sin un estilo arquitectónico claro y que ha tenido varias ampliaciones por el creciente número de visitas, está rodeada de locales comerciales por todas partes y de puestos de comida callejera. Acá se ve otra cara de Bogotá, una mucho menos turística, más popular y devota. Es común ver familias de todos los sectores de la ciudad que llegan a encomendar a los recién nacidos al Divino Niño. Ya sea creyente o no, es toda una experiencia; eso sí, tiene que ser un domingo.

Iglesia de Lourdes

En Chapinero, esta iglesia llama la atención por su arquitectura de estilo neogótico. La **basílica de Nuestra Señora de Lourdes** (carrera 13 con calle 63), la más grande tras la **Catedral Primada** (véase p. 41), fue construida en 1875 y modificada en 1917. En la plaza hay vendedores ambulantes y, al costado sur, están **Pollos Don Pepe** (calle 63 # 11-69; véase p. 114), un local famoso por su calidad y precios bajos, y **Odem** (calle 63 # 13-11; véase p. 152), una gran opción para tomar un trago.

Bogotá desde arriba

En la cúspide del cerro, la vista es única, una extensa panorámica que abarca buena parte de la ciudad y también la reserva natural que hoy pertenece al Acueducto de Bogotá. Hay puestos de venta de recuerdos y de jugos naturales, pequeños locales y restaurantes, además de baños públicos. El atardecer aquí es espectacular.

El Señor Caído de Monserrate

En 1656 se le encomendó al escultor santafereño don Pedro Lugo de Albarracín una escultura del señor caído, representación de Cristo en una de sus tres caídas camino del Calvario. Lo plasmó de lado, apoyado en su brazo derecho, con el cordón en el cuello, ensangrentado y apenas cubierto por un lienzo blanco que le cubre desde la cintura. La obra pesa 150 kg. Inicialmente se construyó una pequeña capilla lateral para acogerla, pero muy rápido se ganó el espacio central.

Cerca de allí

Cerro de Guadalupe

Además de Monserrate, también se puede ver desde algunos puntos de la ciudad la estatua de la Virgen de la Medalla Milagrosa, obra de Gustabo Arcila Uribe, con sus brazos abiertos, a 3300 m de altura.

Se puede llegar en taxi, Uber o carro particular por la avenida Circunvalar y después por la vía que conduce al municipio de Choachí. Hacia el km 6,7 está el desvío, a mano derecha, para llegar al santuario. Se puede también llegar en el Transmilenio desde la estación del parque del Tercer Milenio, donde hay buses colectivos (muy pequeños) que suben hasta el cerro. El pasaje cuesta 2100 $. Arriba se emplaza la imagen de la Virgen de Guadalupe, de 15 m de alto, y una ermita que oficia misas los domingos a las 9.00, 10.30, 12.00 y 14.00. De lunes a sábado se puede subir al mirador entre 10.00 y 15.00.

Usuarios de la Ciclovía, frente a la torre Colpatria.

En bicicleta por la Ciclovía

Pocas ciudades del mundo se dan el lujo de tener cada domingo y días festivos más de 120 km de vías disponibles para recorrerlas solo en bicicleta, trotando, caminando o patinando.

Estos 120 km de vías que en días entre semana son transitadas por buses, taxis y carros, todos los domingos y festivos se transforman en un monumental paseo de deportistas que permite recorrer muchísimos sectores de la ciudad sin tener que bajarse de la bicicleta. Este gran recorrido se conecta con 7 km más de ciclorrutas habilitadas permanentemente. Bogotá se ha caracterizado por ser una ciudad en la que sus habitantes usan con mucha frecuencia la bicicleta para desplazarse al trabajo y en la Ciclovía se puede montar con toda la comodidad y sin carros. Hay que tener en cuenta que los semáforos operan con normalidad, ya que por las calles alternas sigue circulando el tránsito habitual. La Ciclovía está abierta de 7.00 a 14.00. Se estima que cada domingo la recorren más de un millón de personas.

Ideal para...

ℹ Lo esencial

Bloqueador, casco si se va en bicicleta y dinero en efectivo para comprar algún jugo en los puestos callejeros.

✪ A tener en cuenta

Durante los recorridos hay puestos informales de asistencia a los ciclistas por si alguien pincha o necesita inflar las llantas. Y también hay puntos de asistencia del IDRD (Instituto Distrital de Recreación y Deporte). Por ningún motivo nadie puede pedirle identificación a las personas ni mucho menos hacerlas bajar de la bicicleta. Se recomienda el uso de casco. También hay un grupo de guardianes de la Ciclovía que van en bicicleta vestidos con uniformes amarillo y rojo, pendientes de usuarios que requieran alguna ayuda.

Alquiler de bicicletas

Una buena opción para alquilar bicicletas es **Bogotá Bike Tours** (www.bogotabiketours.com; alquiler hora/día completo desde 9000/45 000 $). El punto de recogida está en La Candelaria (carrera 3 # 12-72). También están **Biking Bogotá** (☎ 573187398902; hora/día completo 35 000/95 000 $); **Cerros Bike Tours** (☎ 573012348393, 10 000 $/h); **Bycicle Rental Hilton** (☎ 3133680441, desde 45 000 $/h) y **Colombia Bike Travel** (☎ 573106962802).

Breve historia

Todo comenzó en 1974, cuando un grupo de personas quiso protestar por el aumento del uso de vehículos en las calles bogotanas y exigió más espacios para bicicletas y peatones. Esa organización independiente, que se llamó Procicla, logró inicialmente que se habilitaran la carrera Séptima y la carrera 13 durante 3 h. Dos años después, la propia Alcaldía destinó más vías para uso exclusivo de ciclistas y personas que querían correr, caminar o patinar. El 20 de junio de 1976 se crea oficialmente la Ciclovía de Bogotá, aunque con muchos altibajos, hasta que entre 1995 y 2000 los 20 km que ya existían se transforman en el trazado de 120 km que hoy se pueden disfrutar.

La Séptima sobre ruedas

Uno de los trayectos recomendados, dependiendo del punto de partida, es sin duda la carrera Séptima, que es una de las vías principales, ya que va del centro hasta el norte de Bogotá. Es posible empezar, por ejemplo, en la Séptima con calle 116 (enfrente del Centro Comercial Hacienda Santa Bárbara, véase p. 61), y pedalear hacia el sur en línea recta, pasando por barrios como La Cabrera, Quinta Camacho, Chapinero, San Diego, Las Nieves, La Candelaria y llegar hasta la plaza de Bolívar. Son poco más de 21 km si se llega hasta su tramo final en la calle 17 Sur (media maratón si se decide correr).

La Ciclovía nocturna

Si se está en Bogotá en diciembre, quizá se coincida con la Ciclovía nocturna. La fecha cambia, pero normalmente es una noche de la segunda semana del mes. De 17.00 a 23.00, el 80% de las vías que se usan normalmente para la Ciclovía los domingos se habilita para que los deportistas puedan recorrer las calles y ver de paso la iluminación navideña que se dispone en las principales avenidas. La primera Ciclovía nocturna se llevó a cabo en 1999.

Cerca de allí
Subir a Patios

(km 7 vía al municipio de La Calera) No es parte de la Ciclovía, pero, entre semana y aún más los domingos y festivos, los ciclistas se dan cita para subir los 7 km hasta el paraje conocido como Patios. Se puede comenzar desde varios puntos, como la carrera Séptima con calle 85 hacia el norte, o desde la calle 94 hacia el sur. Es una pendiente permanente y se recomienda solo para ciclistas que practican este deporte con regularidad. Hay que tener en cuenta que la vía no es exclusiva; está abierta al tráfico, por lo que es necesario ir siempre por el arcén y con mucha precaución. En la bajada hay que extremar las precauciones pues, incluso sin pedalear las bicicletas toman mucha velocidad y hay curvas, carros y, sobre todo, muchos ciclistas con diferentes niveles de experticia. Para un aficionado promedio, la

Ciclovía vista en la intersección de la calle 26 con carrera Séptima.

subida a un ritmo normal puede llevar entre 45 y 65 min. El récord está en 16 min.

Quebrada La Vieja
(plano p. 233; av. Circunvalar con calle 70 este)
En el barrio Rosales, en la avenida Circunvalar con calle 70 este, esta reserva natural bajo administración de la empresa Acueducto y Alcantarillado de Bogotá, invita a caminar en medio de la vegetación del bosque alto andino de los Cerros Orientales, mientras se va ascendiendo por un sendero donde el caminante se encuentra con varias especies de pájaros y plantas. Lo primero que se debe hacer es registrarse en la aplicación Visitas EAAB. Se puede subir de 6.00 a 10.00, de jueves a domingo. Se recomienda calzado cómodo y se ruega encarecidamente no botar envases de plásticos ni ningún otro residuo. También hay que estar en buen estado físico, pues es una subida de 4 km que puede tomar horas, aunque no es necesario completarla: se puede regresar en cualquier momento. Según dicen, en el s. XIX las mujeres mayores subían hasta aquí para bañarse en las aguas heladas de la cuenca del río Salitre y evitar así las arrugas. De ahí el nombre. Otra excursión recomendable en el norte de la ciudad es el **sendero La Aguadora,** de 1,7 km y más de 3 h de recorrido desde Usaquén. Toda la información en www.acueducto.com.co. En el sur se puede subir al **páramo de Cruz Verde,** un recorrido de unas 4 h (www.idrd.gov.co).

Peatones y ciclistas participan en la ciclovía.

Open San Felipe.

Recorrer San Felipe, el distrito artístico

Con casi 30 espacios entre galerías, fundaciones y talleres, este barrio tradicional se ha convertido en el principal distrito artístico de Bogotá.

Ideal para...

Galería Sketch
Instituto de visión — **FLORA ars+natura**
Galería Elvira Moreno — **Galería Beta**
Espacio Kb
Parque Alcázares
SAN FELIPE

★ Consejo

Es recomendable ir en las tardes y, en lo posible, asistir a las Noches de San Felipe.

Todo comenzó por iniciativa del arquitecto Alejandro Castaño, quien, además de ser coleccionista, se propuso convocar a varios amigos artistas y galeristas conocidos para que montaran sus espacios de trabajo en este tradicional barrio residencial bogotano donde normalmente predominaban los talleres de carros, las panaderías y las droguerías. Lentamente, desde el 2010, varios jóvenes que estaban buscando dónde montar sus galerías de arte y talleres fueron desembarcando en la zona. **Beta** (calle 75a # 20c 52), **Galería Doce Cero Cero** (calle 75a # 20c-60) y **Sketch** (carrera 23 # 77-41) fueron los pioneros. También se unió el espacio independiente **FLORA ars+natura** (calle 77 # 20C-48), dirigido por José Roca, que ha sido curador de importantes eventos como La Bienal de São Paulo y la de Sídney, entre otros. Después se fueron juntando más y más, hasta llegar a casi 30 espacios artísticos. Hay de todo: desde casas de artistas que comparten sus espacios de trabajo hasta pequeños locales donde también se exhibe arte con fines comerciales. Es un barrio lleno de pinturas, dibujos, esculturas, fotografías y todas las manifestaciones artísticas.

El barrio Arquitectura
A pesar de la cantidad de espacios, y de estar ubicados muy cerca unos de otros, en apenas unas pocas cuadras, el transeúnte desprevenido solo verá unas casas con letreros discretos. Las galerías no están abiertas siempre; es necesario tocar el timbre para que abran la puerta o incluso pedir cita con antelación. Lo mejor es pasarse por las tardes, después del almuerzo, y terminar el recorrido en **Casa San Felipe** (calle 75 # 22-40), justo frente al parque, para tomar un buen café. No hay mucha oferta gastronómica en la zona. Sobresale **Oculto** (calle 75 # 20C, véase p. 116), que, como su nombre indica, pasa desapercibido, como una casa más, pero donde el chef David Orozco explora permanentemente en su variada carta que siempre cambia y usa productos locales. También es un buen lugar para tomar un trago al comenzar la noche.

Open San Felipe Evento
Cada dos meses, los sábados se convierten en una fiesta de arte. Los estudios permanecen abiertos al público, así como las galerías, desde las 11.00 hasta entrada la noche. Va cambiando de fechas, aunque siempre es en sábado. Otro evento representativo del lugar, especialmente de un público más joven, son las Noches de San Felipe, en las que, un jueves al mes, las galerías abren sus puertas y se "arma todo un parche", como dicen los bogotanos.

Galerías Galerías
Entre gustos no hay disgustos, valga el cliché, pero entre tantos espacios algunos que vale la pena tener en cuenta son **SGR** (www.sgr-art.com); **Sketch** (www.sketchroom.co); **Beta** (www.galeriabeta.co); **KB** (@kbespacioparalacultura), que además invita a tomarse una cerveza; **Galería Elvira Moreno** (www.galeriaelviramoreno.com) e **Instituto de Visión** (www.institutodevision.com), un espacio independiente, con curadurías diferentes. San Felipe es un barrio para ver artistas jóvenes principalmente.

Cerca de allí

Chichería Demente y Trattoria de la Plaza
Ambos están en barrios aledaños, pero son dos lugares que tienen un encanto particular para comer, picar algo y tomarse unos tragos no muy lejos de San Felipe. **Chichería Demente** (calle 69 # 15-08, véase p. 116) es ideal para compartir platos y demorarse sin prisas. **La Trattoria de la Plaza** (calle 66 # 22-45, véase p. 116) se esconde entre talleres mecánicos y ferreterías, en el barrio 7 de Agosto, un lugar en el que nadie esperaría un restaurante italiano de primer nivel. Es conocido por su original ubicación y sus precios bajos, en comparación con restaurantes de otras zonas de la ciudad.

Sector gastronómico de Usaquén.

Usaquén, un pueblo en la ciudad

Como si se tratara de un pequeño pueblo dentro de la ciudad, Usaquén ofrece, en casas de estilo colonial, una amplia oferta gastronómica, de bares y compras.

Ideal para...

🍽️ 🍷 📷 🛍️

ⓘ Lo esencial

A pesar de que es una localidad muy grande que comprende muchos barrios, el parque principal y sus calles aledañas, llenas de comercios y restaurantes, se hallan entre las calles 114 y 123, y la carrera Novena y los Cerros Orientales.

Bogotá era tan pequeña en 1954 que Usaquén era un municipio aledaño que suponía todo un paseo por la carretera Central del Norte, hoy carrera Séptima, que sigue siendo la vía de salida de la ciudad. En tiempos prehispánicos, los indígenas muiscas vivían y contemplaban la sabana, mientras que algunos caciques, que contaban con el visto bueno del *zipa,* el señor de Bacatá, recibían el título honorífico de *usaque,* de donde procede el nombre de Usaquén. Varias familias adineradas de Bogotá compraron terrenos para construir sus haciendas de descanso. Una de ellas, la hacienda Santa Ana, después se parceló y es hoy un barrio residencial. Se trata de una localidad que abarca muchos barrios del nororiente de Bogotá, pero cuando hablan de "Usaquén", los bogotanos se refieren a la zona que está entre las calles 114 y 123 y entre la carrera Novena y los Cerros Orientales, en

USAQUÉN, UN PUEBLO EN LA CIUDAD

Fuente en la plaza central de Usaquén.

★ Consejo
Lo ideal es ir un domingo, caminar por el mercado de las pulgas, almorzar en uno de los tantos restaurantes y probar las cervezas artesanales de los *pubs*.

torno a la iglesia Santa Bárbara, su parque y las casas coloniales que hoy albergan bares, restaurantes y locales comerciales.

Parque principal   Plaza
El mejor plan la primera vez que se visita Usaquén es caminar por sus calles, recorrer sin afán el parque principal y entrar en la iglesia de Santa Bárbara. En Usaquén también se han levantado edificios de oficinas y centros comerciales que contrastan con la arquitectura tradicional. Un ejemplo es el centro comercial Hacienda Santa Bárbara, que conserva parte de la fachada de la hacienda que perteneció a José María (Pepe) Sierra hasta comienzos del s. XX, pero que también se expandió con una arquitectura soportada en ladrillo y otros materiales. Justo a 50 m de ahí está Flormorado Plaza y más adelante, hacia el norte, en la calle 120, Zula, una propuesta interesante para ir de compras, con mucha oferta gastronómica (véase p. 145). Los domingos se montan puestos callejeros conocidos como el **mercado de las pulgas** (carrera 5 con calle 119b); y el **mercado de Toldos de San Pelayo,** entre las calles 119 y 121 y la carrera Sexta. En estos mercados hay desde artesanías y antigüedades hasta comida y libros usados. También hay música y espectáculos en el parque de Usaquén.

Iglesia de Santa Bárbara   Iglesia
Construida por los españoles en 1665 con el fin de predicar la religión católica entre los indígenas, su primera remodelación fue en 1742. Tras la independencia, en 1819, la iglesia se constituyó en el centro del pequeño municipio.

Restaurantes y 'pubs'   Gastronomía
La oferta gastronómica es muy amplia y hay restaurantes hay de todo tipo (véase p. 128), al igual que bares (véase p. 159). De día, las pastelerías y panaderías también son una excelente opción como **La Rosconería** (calle 119b # 5-20), **La tarta** (calle 117a # 5a-14) o **La Folie Boulangerie** (carrera 6a # 117-11).

Hacienda
Santa Bárbara   Centro comercial
Sobre la carrera Séptima con calle 116, también conocida como Pepe Sierra (propietario de la hacienda sobre la que se edificó), mantiene parte de la fachada original de la casa de campo de comienzos del s. XX. Alberga tiendas, cafés, plazoleta de comida rápida, salas de cine, y la Plaza de Andrés (véase Andrés Carne de Res, p. 64).

Vista panorámica del Parque Simón Bolívar.

Parque Simón Bolívar

Es el parque público más grande de la ciudad, corazón verde que invita al deporte, la recreación y a los espectáculos al aire libre.

Ideal para...

Lo esencial

El parque está ubicado entre las calles 63 y 53, y entre las carreras 48 y 68; diario, 7.00-16.00; gratis.

En una ciudad repleta de edificios y construcciones, 113 Ha de zonas verdes se convierten en un pulmón imprescindible. En este parque se puede correr, trotar, montar en bicicleta, hacer un pícnic, disfrutar con los niños en las atracciones infantiles, pasear con la mascota, dar un paseo a pie cerca del lago de 10 Ha o usar la Ciclovía externa que lo rodea, de 4 km. Para los *runners* aficionados, los 3,3 km de pista resultan ideales. En el parque Simón Bolívar se celebran competiciones, misas y espectáculos, que van desde conciertos hasta obras de teatro. Los senderos peatonales tienen entre 5 y 10 m de ancho y caminar es ya suficiente placer mientras se respira aire puro.

Un poco de historia

La que antes se llamaba hacienda El Salitre, propiedad del filántropo J. J. Vargas, quien donó su fortuna para diversas obras benéficas en Bogotá, se convirtió en el más importante parque de la capital. Lo primero que se dispuso fue una caseta deportiva en 1966 y después vino la construcción de un templete eucarístico a propósito de la visita del papa Pablo VI en 1968 (cerca está el barrio residencial que lleva el nombre de dicho pontífice). Más tarde se construyó otro templete con motivo de la visita de Juan Pablo II, en 1986. A medida que se iban sembrando árboles, se fueron construyendo las atracciones que hoy se disfrutan. El lago siempre ha estado ahí y es un verdadero privilegio.

Cerca de allí

Parque de los Novios
Muy cerca hay varios centros que amplían la oferta deportiva y cultural y que se circunscriben al parque. El **Complejo Acuático** (avenida 63 # 45-00), con tres escenarios con graderías para ver las competencias de natación, permite el uso de sus piscinas. El **parque de los Novios** (calle 63 # 45-10), con 23 Ha de extensión, luce un enorme lago y permite disfrutar de actividades al aire libre. El **Centro de Alto Rendimiento** (calle 63 # 59a-06) acoge campos de fútbol, canchas de tenis y una pista atlética, todo abierto al público previa reserva. El **Parque de los Niños (y las Niñas)** (carrera 60 # 63-27) es un parque de 16 400 m² con zonas recreativas para los más pequeños. Finalmente, están la **plaza de los Artesanos** (carrera 60 # 63a-52) y otros espacios de esparcimiento, ocio y deporte.

Maloka — Museo de ciencia
(📞 571-4272707; www.maloka.org; carrera 68D # 24 A-51; adultos/niños 39 000-24 900 $; ⏲ 8.00-17.00 ma-vi, 9.00-18.00, sa-do)
No muy lejos del Simón Bolívar, a poco menos de 10 min en taxi o Uber, este museo interactivo busca acercar la ciencia y la tecnología a todos los públicos. Es un buen plan en familia, especialmente para ver proyecciones donde la temática principal es el universo en el Domo, de 180° y 22 m de diámetro. También hay una sala digital con contenido educativo sobre el cosmos y el cuerpo humano y hay varias experiencias interactivas para niños y adultos. Normalmente hay un guía para las actividades.

Jardín botánico — Jardín botánico
(📞 5714377060 ext 1000; www.jbb.gov.co; calle 63 # 68-95; adultos/niños 4-12 años/ menores de 3 y mayores de 60 años 3500/1800 $/gratis; ⏲ 9.00-15.00 y 17.30-20.00, ma-do) También cerca del parque Simón Bolívar, el jardín botánico de Bogotá cuenta con una amplia variedad de vegetación, árboles y plantas que representan buena parte del ecosistema del país. Un recorrido guiado puede llevar hasta 2 h. Hay guías que hablan inglés. Vale la pena ver las orquídeas y sus múltiples variedades, considerada planta nacional.

Restaurante Andrés Carne de Res.

Una fiesta en Andrés Carne de Res

Lo que empezó como un pequeño restaurante para almorzar a las afueras de Bogotá se ha convertido con el tiempo en una fiesta de la cultura y la gastronomía colombiana.

Ideal para...

ⓘ Lo esencial

www.andrescarnederes.com;
573153559096; calle 3 # 11a-53, Chía;
12:00-22:00

Chía es un municipio ubicado 30 min al norte de Bogotá. Los muiscas llamaban Chía a la Luna y en este lugar Andrés Jaramillo y su esposa María Estela crearon hace más de 30 años un restaurante para que los bogotanos se escaparan de la ciudad a almorzar en un espacio campestre, agradable, al aire libre. En cuestión de meses, el rumor de su buena comida y ambiente hizo crecer el sitio al punto de que hoy es una atracción más para quienes visitan Bogotá. Andrés Carne de Res es un homenaje a la cultura popular, nada en su ambientación es producto del azar; todo lo contrario: avisos de colores, artesanías, actores y actrices disfrazados de personajes van de mesa en mesa, las meseras de repente hacen un *show* de baile y un mago puede hacer un truco en cualquier momento. Para almorzar es perfecto; para la fiesta, todavía más. Es un

❶ Cómo llegar

Para las sedes de Bogotá, Uber o un taxi está bien. Para ir a Chía, se puede optar por aplicaciones como Uber o Cabify (35 000 $ por trayecto aprox.), pero también es posible preguntar en el alojamiento por el servicio de furgoneta (si son varias personas) o de un carro (50 000-80 000 aprox.) que preste el servicio. Hay que tener en cuenta que, al ser fuera de la ciudad, los taxis no pueden llegar. Si la visita es un sábado o domingo por la tarde, hay que tener paciencia por los atascos que normalmente se forman en la autopista Norte. El trayecto puede tomar más de 1 h esos días.

sitio para bailar desde reguetón hasta vallenato, salsa o merengue. Y en algún momento de la noche su dueño, Andrés Jaramillo, quien siempre está presente y a eso se debe el éxito del lugar en buena parte, cogerá el micrófono para seguir animando el ambiente.

La comida   Gastronomía

Las carnes son imperdibles (platos 52 000 $), pero hay para todos los gustos, y especialidades muy colombianas como ajiaco (41 900 $), sancocho (46 800 $), cuchuco con espinazo (32 000 $) y buenos ceviches. Todo es rico y compartir muchas entradas criollas también es una opción: morcilla (19 900 $), chorizo antioqueño (16 900 $), patacón con hogao (9800 $), arepas de chócolo (14 600 $) y, en especial, los chicharrones (28 900 $), imperdibles. Para tomar, es famosísimo el mandarino (47 000 $), un cóctel a base de vodka. Es un lugar caro en comparación con el promedio de restaurantes bogotanos, pero la experiencia bien lo vale, con un muy buen servicio, buena música y comida.

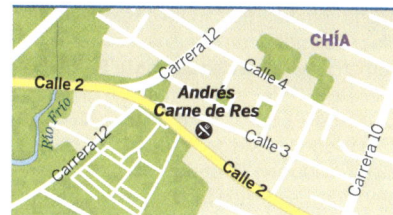

Plan con niños   Infantil

Andrés Carne de Res ha crecido tanto que su local de Chía está dividido en dos partes, una de ellas pensada para las familias con hijos. Además del buen servicio, los menores de edad tienen la opción de juegos de mesa, títeres, areneras, clases de baile, un parque y recreaciones. La mayoría de las actividades tiene un costo adicional.

Andrés en Bogotá   Gastronomía

Lo mejor es conocer el original, el que está en Chía, pero si el tiempo apremia, en el **Centro Comercial El Retiro** (calle 82 # 12-21) está Andrés D.C. Esta sede de cinco pisos, pensada para la ciudad, conserva las mismas características para quien busca buena comida y fiesta. Ofrece también la Plaza de Andrés, en el mismo centro comercial y en **Hacienda Santa Bárbara** (carrera 7 # 115-22, véase p. 61), Gran Estación (avenida 26 # 62-47) y **Santafé** (calle 185 # 45-03), donde todo parece una gran plaza de mercado con diferentes puntos de atención: desde una zona para bebidas hasta pescadería, pollería, carnicería y más platos, como paella. La Plaza de Andrés es recomendable para almorzar un día entre semana y sus precios son mucho más asequibles. También hay Andrés Express, unos pequeños puntos ubicados en parqueaderos donde la carta es similar, con algunas entradas y platos fuertes y precios mucho más comedidos.

Tienda Compras

Andrés tiene su propio almacén para llevarse un buen recuerdo: desde *mugs* y jarrones cerveceros hasta cartucheras o tapabocas para niños, entre otros objetos con el diseño y sello del lugar.

Show de baile en André Carne de Res.

UNA FIESTA EN ANDRÉS CARNE DE RES **67**

Espectáculo en Andrés Carne de Res.

Esculturas de mármol y sal en la Catedral de Sal.

La Catedral de Sal

A 1½ h de Bogotá se encuentra esta catedral, situada a 180 m bajo tierra y con una particularidad que la hace única en el mundo: está hecha de sal.

Ideal para...

ⓘ Lo esencial

www.catedraldesal.gov.co; 📞 573157607376; calle 11 con carrera 6, Zipaquirá; 🕑 9.00-18.00 diario; adultos/niños 37 500/29 500 $

El recorrido es oscuro y el piso, irregular; es conveniente calzar zapatos cómodos y tener cuidado. Se pueden llevar coches de bebés pero que gocen de buena estabilidad. También se recomienda una chaqueta, y no es apto para claustrofóbicos. El cortometraje *Nucuma,* de 15 min, cuenta la historia de la zona, de los muiscas y del *zipa,* el gran cacique indígena. Las lámparas antiguas que cuelgan del techo iluminan múltiples imágenes de Vírgenes de varios países.

Planes

Si se va en familia, hay dos planes: el básico (adultos/niños 37 500/29 500 $) incluye una audioguía en varios idiomas, el corto *Nucuma,* espectáculo de luces, proyección de *mapping* y una salida en tren desde la mina hasta la taquilla nuevamente. El estándar (adultos/niños 56 000/48 000 $) incluye todo lo anterior, la visita al Museo Tutankamón, el Museo de la Salmuera y un circuito por

LA CATEDRAL DE SAL 69

⊕ A tener en cuenta

"La primera gran maravilla de Colombia", así definen los guías este lugar enclavado en Zipaquirá, un municipio a 1½ h de Bogotá. La nueva Catedral de Sal, que diseñó el arquitecto Roswell Garavito Pearl, es un recorrido de poco más de 1 h por estaciones que recrean el viacrucis de Jesucristo, para terminar en una imponente capilla con una cruz gigante, "la más grande bajo tierra del mundo", según la audioguía. Se pueden pasar los dedos por las paredes para sentir el sabor salado y detenerse en 22 puntos.

Cerca de allí
Parque Jaime Duque

www.parquejaimedueque.com; 573006177641; km 34 autopista Norte, vía Tocancipá; 10.00-21.00 sa, 10.00-18.00 do) A 20 min de la Catedral de Sal, este enorme parque se inauguró en 1983 en honor del aviador colombiano Jaime Duque. La enorme mano de Dios que sostiene el mundo (una escultura en cobre de 38 m de alto) da la bienvenida. Hay atracciones mecánicas para niños, bicicletas acuáticas, aviarios, recorridos en tren, autos de choque y el bioparque Wakatá, además de réplicas de grandes maravillas del mundo, como el Taj Majal. El parqueadero es gratis y hay tres restaurantes. No se pueden llevar mascotas, drones o implementos deportivos. Los domingos se ofrece el brazalete "El Legado" por 40 000 $ que permite estar en 36 atracciones; y, los sábados el "Seres de Luz" que, además de todas las atracciones, ofrece un espectáculo de luces, *mapping* y documentales al caer la noche.

Zipaquirá para conocer la plaza de los Comuneros, el ayuntamiento y el Centro Cultural García Márquez (el nobel colombiano vivió en este municipio entre 1943 y 1946).

Para almorzar

Hay un restaurante a la entrada con platos típicos (platos fuertes 15 000 $) y varias casetas que ofrecen golosinas, bebidas no alcohólicas y helados. Hay dos opciones aceptables a pocos metros de comida llanera.

Cómo llegar

El servicio de transporte particular cuesta 80 000 $ aprox. ida y vuelta y el parqueadero 8000 $. También se puede ir en el Transmilenio hasta la estación terminal (autopista con calle 192) y allí tomar un bus o flota (autobús intermunicipal) hasta el portal de Zipaquirá (8000 CUP). Una vez ahí, hay que caminar unas ocho cuadras.

De noche por la Zona T.

Zona T

A medida que se camina por esta calle adoquinada en forma de T aparecen bares, restaurantes y locales comerciales donde la única consigna es pasarla bien.

La Zona T es parte de la Zona Rosa de Bogotá, donde hay sitios para todos los gustos y todos los presupuestos, y donde desde los martes por la noche hasta el domingo de madrugada la fiesta parece no dar tregua. Es uno de los sectores con más opciones de rumba en la ciudad. Está comprendida entre las carreras 12 y 13 y entre la calle 82 y la avenida 82. A ambos lados hay terrazas que convierten la calle en un pasadizo peatonal. Solo un par de cuadras al norte y otro par al sur, la oferta se expande en bares, restaurantes y centros comerciales. Justo en esa Zona Rosa están los centros comerciales Andino, Retiro y Atlantis.

La T gastronómica   Restaurantes

Para comer esta zona presenta una gran variedad de lugares para todos los presupuestos. Desde los más tradicionales

Ideal para...

★ **Consejo**

Tomarse un trago en una de las terrazas de la calle peatonal.

★ Consejo

No es recomendable tomar un taxi por la calle de noche. En lo posible es mejor usar aplicaciones tipo Uber o Cabify o contratar un servicio de transporte particular.

La T fiestera — Ocio nocturno

Uno junto al otro, los sitios para rumbear se confunden entre sí, especialmente sobre la carrera 13. Hay música *crossover* (Bungalow tiene un *rooftop* ideal para tomarse un trago al final del día); salsa (Cachao, con grupo en vivo los fines de semana), *indie* y *electro-rock* (El Coq); y mucho reguetón (4.40 Music Hall es una alternativa entre las muchas que hay sobre esta vía). Una buena opción es calentar motores en **Cristóbal** (véase p. 121), un lugar para comer, pero donde ya el ambiente sumerge en el preámbulo de la noche. Si el plan es más de *pubs,* están el Irish Pub y el Colombian Pub. Además, si se buscan casinos están el Rock'n Jazz y el casino Broadway. En los sitios de fiesta normalmente cobran una entrada que oscila entre 20 000 y 30 000 $ por persona, por lo general consumibles dentro del lugar.

Bellini (comida italiana, plato fuerte 28 000 $) hasta uno de los mejores restaurantes de comida asiática de la ciudad: **Watakushi** (véase p. 121). Otros clásicos son **Crepes & Waffles,** ideal para desayunar y almorzar principalmente, con precios económicos y buena calidad (véase p. 127); **Wok,** de los primeros lugares de comida asiática en Bogotá (véase p. 125), **Teriyaki,** asiático también, con buena variedad de *sushi* (véase p. 126); **Luna,** comida italiana, buenos vinos y mejor ambiente; y **Pravda,** ideal para tomar martinis (véase p. 155). En el Centro Andino, además de una completa plazoleta de comidas rápidas, está **Semolina;** y en El Retiro, **Andrés D.C.** y la **Plaza de Andrés** (véase p. 64).

De compras — Compras

Además de las grandes tiendas de marcas internacionales y nacionales ubicadas en el Centro Andino, El Retiro y Atlantis, sobre la calle 82 y la carrera 12 y en la misma T es posible encontrar firmas comerciales como Zara, Zara Home, Massimo Dutti, Stradivarius, Nike, Pull & Bear, Totto, además de las tiendas de Pepa Pombo y Silvia Tcherassi, dos de las diseñadoras más reconocidas del país.

Zona G, la zona gastronómica de la ciudad.

Zona G

Se bautizó así por ser considerada la "zona gastronómica" de Bogotá. Su oferta es variada y vale la pena visitarla para saciar cualquier antojo.

Ideal para...

★ Consejo

El fuerte de la Zona G son los restaurantes y cafés. Si se buscan bares o discotecas es mejor optar por otros lugares.

Alrededor de unas pocas cuadras, entre las carreras Cuarta y Séptima y las calles 72 y 69, hace casi 20 años esta zona recibió el apelativo de G por ser un sector con una gran oferta gastronómica que, en su momento, fue todo un *boom* en Bogotá. Fue el lugar de moda, y lo sigue siendo de alguna manera, a pesar de que ya la oferta se ha atomizado por toda la ciudad, y es una apuesta segura a la hora de buscar un sitio para comer o tomar un buen café.

Restaurantes   Gastronomía

La pandemia hizo desaparecer el clásico Harrýs Bar, del chef Harry Sasson (véase p. 124), lo mismo que H&B, un lugar reconocido por sus *wraps* y postres. Pero hay muchos más que tienen presencia acá y en otros sectores de la ciudad, como Masa, Teriyaki, Corral Gourmet, Osaki, Mister Ribs, Crepes Arte Sano, con recetas diferentes a los demás locales de la cadena; y otros que tienen un toque especial en su propuesta, como El día que me quieras (parrilla; los chorizos son muy buenos); Vitto (comida italiana, con excelentes *pizzas*), Pizzería Julia, El Árabe (el *kibbeh* crudo es imperdible), El Cielo (una apuesta diferente que le ha merecido varios premios a su chef Juan Manuel Barrientos, con un menú de degustación de 12 a 15 platos), El Butcher (para los que quieren buena carne) y **Criterión,** de los hermanos Rausch, tal vez uno de los restaurantes más famosos de Bogotá, también con varios reconocimientos internacionales y un menú de cocina clásica europea.

Tornamesa Librería

En plena Zona G, esta librería es un refugio en el barrio, dos pisos con una gran variedad de títulos y, sobre todo, un gran servicio.

Cerca de allí

Prólogo Librería

A solo una cuadra de la Zona G (calle 67 # 6-32) está la librería Prólogo, atendida normalmente por su dueño, Mauricio Lleras. Todas las librerías tienen su encanto, pero esta es un pequeño rincón realmente especial.

Parque de la 93.

Parque de la 93

De día es ideal para caminar en familia; al mediodía llegan quienes buscan un buen almuerzo; por la noche, los que quieren tomarse algo y seguir de fiesta. Este parque ofrece varios planes a la vez.

Ideal para...

🍽️ 👨‍👩‍👧 🍷

[Mapa: Cinemania, Hotel Salvio, Calle 93b, Parque de la 93, Librería Lerner, CHICÓ, Calle 93a, Calle 94, Hotel Click Clack, Calle 92, Hotel EK, Parque El Chicó, Carrera 13, Carrera 11a, Carrera 9, Carrera 7]

ℹ️ Lo esencial

plano p. 234; entre las calles 93 y 93b, y las carreras 11a y 13

Hace poco más de 25 años nadie se hubiera imaginado que un parque aparentemente abandonado, a veces con escombros a la vista, con el pasto alto y descuidado, sin árboles y falto de atractivo, se convertiría en uno de los sitios más visitados por los bogotanos y los turistas que visitan la ciudad. Desde 1995 este parque floreció para dar paso a un espacio recreativo para niños, así como a restaurantes, bares, cafés, hoteles y hasta un teatro que programa cine independiente.

El parque Zona verde

El parque es un rectángulo que se puede recorrer caminando, con algunas mesas y sillas para sentarse a hablar. También hay algunas bancas, cada tanto, pero, por lo general, hacia mediodía, cuando la gente de las oficinas del sector sale a almorzar, se sienta en el pasto a tomar el sol y respirar aire puro. En el costado oriental hay unas atracciones para niños y es normal ver movimiento en esa zona hasta el final de la tarde. Está prohibido beber alcohol en el parque (para eso están los bares de alrededor) y es más un lugar de esparcimiento que un espacio para correr o montar bicicleta.

Comer y beber Gastronomía

Se puede desayunar muy bien en Le Pain Quotidien (véase p. 127) o en Crepes & Waflles (véase p. 127), o tomar un café en Juan Valdez o Starbucks. A la hora del almuerzo, Osaki, Teriyaki Sushigozen o Wok son buenas opciones de comida asiática; y la Xarcutería, Home Burger, Chef Burger (véase p. 127), para quienes buscan hamburguesas; Insurgentes o la Taquería, para antojos mexicanos; y, para una cerveza, están London Calling, Bogotá Beer Company, The Pub o el Mono Bandido (véase p. 158). Si se trata de carnes, La Estancia Chica (véase p. 127) es una buena opción.

Salvio Hotel

(plano p. 234, www.salvio.com.co; 5717460910; carrera 12 # 93-35) Este hotel, que ofrece apartasuites y apartamentos de lujo y que se inauguró hace poco en el costado sur del parque, aglutina en su planta baja 18 locales de comida rápida. Esta rotonda de comidas con un diseño amigable, con sillas y mesas de madera espaciosas entre sí, es muy frecuentada por jóvenes que pagan en la caja directamente y esperan ser llamados para recoger sus pedidos. Aparte está el restaurante Brera (véase p. 127), que vale la pena si el plan es almuerzo tranquilo precedido de un aperitivo. También es recomendable Vista

Corona (véase p. 159), con una panorámica del parque. Salvio ofrece servicios de gimnasio, *bussiness center* y *spa*.

El parque desde arriba — Mirador

En el Centro Comercial Portobello, ubicado en el costado norte del parque, además de varios locales comerciales de muebles, joyas y accesorios, distribuidos en varios pisos, está la terraza **Cocina Abierta** (573212414149; calle 93b # 11a-84, piso 5), un concepto similar al de Salvio, con la opción de varios menús de restaurantes diferentes, pero con servicio de mesa. Hay desde hamburguesas hasta comida *thai;* desde pollo asado a gastronomía árabe. Lo mejor es pedir para compartir y disfrutar de las vistas al parque de la 93.

Cinemanía — Salas de cine

(plano p. 234; www.cinemania.com.co; 5716210122; carrera 14 # 93A-85) Para los aficionados al cine independiente, a las películas que normalmente no llegan al circuito comercial, estas salas de teatro, a una cuadra del parque, son ineludibles. Dependiendo del horario, la entrada cuesta desde 5000 $.

Cerca de allí

Click Clack — Hotel

(plano p. 234; www.clickclackhotel.com; 5717430404; carrera 11 # 93-77; h desde 300 000 $) Además de su diseño contemporáneo y atractivo, este hotel se ha convertido en un punto de encuentro para tomar algo antes de comenzar la fiesta. En el primer piso está el restaurante 100 Gramos, que, como indica su nombre,

Momento de relax en una de las terrazas del parque.

ofrece platos de ese peso para compartir. Click Clack está a unos pasos del parque de la 93, en la carrera 11.

Librería Lerner — Librería
De espaldas al parque (carrera 11 # 93A-43), es una de las librerías más tradicionales de Bogotá, abierta desde 1958. Es grande, con libreros muy bien informados y un café en el patio interior, ideal para sentarse un rato a descansar o a ojear algunos libros. Vale la pena conocerla.

Hotel Ek — Hotel
En la calle 90, a tres cuadras del parque, este hotel de negocios se ha convertido en una referencia gastronómica en la ciudad, pues alberga varios de los restaurantes más de moda: Cacio & Pepe, Black Bear, Gamberro y Toshiro (véase p. 126).

Parque del Chicó — Parque
En la carrera Novena (basta subir tres cuadras desde el parque de la 93) es ideal para familias: tiene rodaderos, columpios, areneras y mucho verde para sentarse a descansar o hacer un pícnic. Es gratuito y muy acogedor (8.30-18.00).

Picnic en el parque de la 93.

Fachada del Museo del Oro.

Museo del Oro

Forma parte de la red de museos del Banco de la República y alberga colecciones arqueológicas que reflejan la riqueza de las culturas prehispánicas que habitaban en lo que hoy es Colombia.

Este museo tiene la colección de orfebrería precolombina más grande del mundo. Antes de ser Colombia, este territorio estaba habitado por diversos grupos amerindios con tradiciones y legados simbólicos que dejaron plasmados en piezas de gran valor artístico. Este lugar recoge la apasionante cultura indígena y la sigue enriqueciendo con el tiempo. Una visita ineludible para entender el país.

Algo de historia

La colección de este museo, ubicado en la carrera Séptima esquina con calle 16, en el parque Santander, comenzó en 1939 con una obra que hoy es una de las más representativas: el Poporo Quimbaya, que, además de ser un elemento que se usaba en ceremonias, también se empleaba en el *mambeo* de coca. Hoy la muestra agrupa

Ideal para...

ⓘ Lo esencial

plano p. 220; www.banrepcultural.org/bogota/museo-del-oro; ☏ 5713432222; carrera 6 # 15-88; ⊗ 9.00-17.00 ma-ju, 9.00-19.00 vi-sa, 10.00-17.00 do; gratis do

MUSEO DEL ORO **79**

Pieza en exhibición.

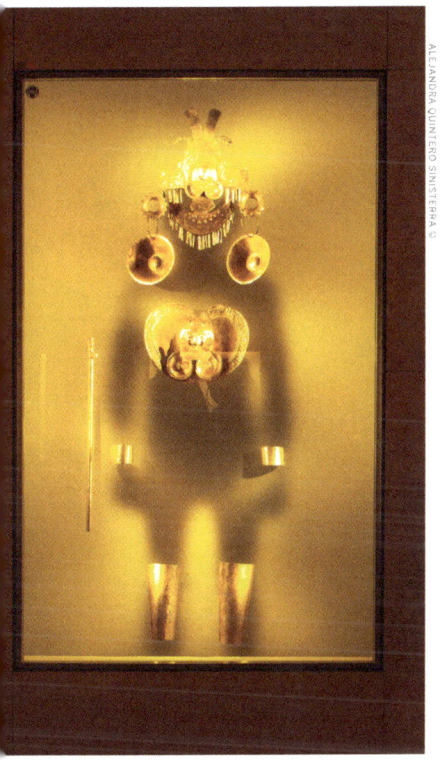

El Poporo Quimbaya.

más de 30 000 objetos que dan completo testimonio de las culturas indígenas. La sede fue Premio Nacional de Arquitectura en 1970 y en el 2008 se completó su ampliación y remodelación.

Exposiciones permanentes Colección

Orfebrería, lítico, madera y cerámica son los temas en los que está dividida la colección arqueológica. El recorrido puede tomar más de 2 h, pero, si se tiene prisa, se puede hacer en menos tiempo. Todas las fichas técnicas están en inglés y español, y se recomienda la audioguía.

La balsa muisca Orfebrería

La pieza estrella del museo es la balsa muisca, una pieza que condensa toda la simbología de la leyenda del Dorado. Los jefes muiscas eran cubiertos de oro mientras recorrían en balsas la laguna de Guatavita (véase p. 100) y arrojaban ofrendas al agua. Se realizó en algún momento entre el año 600 y el 1600 y es una pieza pequeña, de apenas 10,1 cm de ancho, 19,5 de longitud y 10,2 de altura. Se encontró en la población de Pasca, Cundinamarca, en 1969.

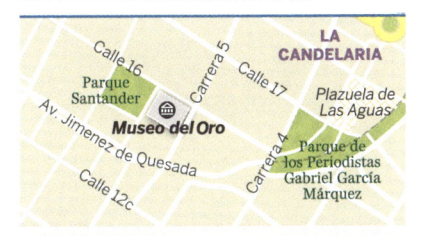

✕ Una pausa

El **restaurante la Balsa-Museo del Oro** ofrece un menú típico colombiano, con ajiaco o posta cartagenera, y buenas opciones de ensaladas.

Museo Nacional

Arte, arqueología, etnografía e historia. Los visitantes podrán conocer a fondo todas las facetas del país en el museo más antiguo de Colombia.

Ideal para...

Lo esencial

plano p. 220; www.museonacional.gov.co; 5713817460; carrera 7 # 28-66; 9.00-18.00 ma-do; entrada 1000 $, gratis do

Se fundó en 1823 en lo que antes era un panóptico, la antigua Penitenciaria Central de Cundinamarca (hay una sala dedicada a su historia). El museo tuvo varias sedes antes de la actual, algunas fueron desapareciendo con el tiempo, pues es el museo más antiguo de Colombia, desde su apertura oficial a manos de Francisco de Paula Santander. Su arquitecto fue Thomas Reed, el mismo del Capitolio Nacional (véase p. 42) y fue la cárcel más importante del país durante más de 70 años. Su imponente fachada se ve desde la carrera Séptima y contrasta con la arquitectura aledaña del Centro Internacional.

A tener en cuenta

No se pueden tomar fotos con *flash* ni usar trípodes o palos de *selfie*. Hay un guardarropa para abrigos, chaquetas y maletas. No se puede ingresar con alimentos. El museo

Sala de exposición permanente del Museo Nacional.

cuenta con una muestra permanente y exposiciones temporales que vale la pena consultar en la web. Asimismo, el auditorio Teresa Cuervo ofrece una variada programación de conciertos, charlas y espectáculos.

Tres pisos de conocimiento — Colección

El primer piso, además de la sala de exposiciones temporales y el auditorio, alberga las salas que ilustran la historia del museo y su importancia. El segundo acoge objetos relevantes para la historia del país y el tercero, obras de arte moderno y testimonios del desarrollo industrial en Colombia.

Imprescindible — Colección

Los suicidas del Sisga, obra de la maestra Beatriz González, basada en un recorte de prensa de una pareja que murió en la laguna del Sisga, a 1 h de Bogotá; La niña de la columna de Ricardo Acevedo Bernal y varias obras de Fernando Botero. En arqueología, por citar un ejemplo entre más de 2000 piezas expuestas, está la Vasija de Puerto Chacho, Bolívar, considerada el testimonio humano más antiguo en territorio colombiano (3000 a.C.).

Cerca de allí

Planetario — Museo de ciencia

Unos pasos al sur del museo, entre la plaza cultural La Santamaría y el parque de la Independencia, está el planetario con su pantalla de 360° y un domo de 23 m de diámetro. Ofrece proyecciones sobre el sistema solar, las constelaciones y también un museo del espacio y una sala didáctica para niños. La terraza tiene una gran vista sobre el parque. Hay funciones de 11.00 a 17.00.

Artesanía en la carrera Séptima.

El Septimazo

Caminar por la carrera Séptima, entre las calles 26 y la plaza de Bolívar, es un encuentro con arte callejero, música y personajes coloridos.

El Septimazo es, ante todo, cultura popular en pleno. La carrera Séptima es una de las avenidas más emblemáticas de Bogotá, con más historia y también con más kilómetros: va desde la calle 12 Sur hasta la salida al norte de Bogotá. Atraviesa la ciudad de sur a norte y varios de sus trayectos son un gran atractivo para los turistas, especialmente el comprendido entre la plaza de Bolívar y la calle 26. Este recorrido a pie se conoce como el Septimazo y es un encuentro con arte callejero, acróbatas, estatuas humanas, artesanos, caricaturistas, ajedrecistas que esperan que cualquier transeúnte sea su rival y músicos que demuestran su talento en cada esquina. Este plan se puede hacer todos los días hasta antes de caer la noche, pero es aún mejor los domingos.

Ideal para...

★ Consejo

Hay que tener a la mano alguna propina para dar a los artistas callejeros que más gusten.

Carrera Séptima a la altura de la avenida Jiménez.

Septimazo de edificios
Arquitectura

Más allá del arte callejero, caminar por el Septimazo también es un buen pretexto para ver algunos edificios cargados de historia y de buena arquitectura (como la plaza de Bolívar; véase p. 40). Sin desviarse un instante de la Séptima, entre las calles 15 y 16, están la iglesia de San Francisco, que se construyó a mediados de la década de 1500; la iglesia de La Veracruz, fundada en 1570; y la de la Tercera Orden, construida durante el s. XVIII. Más adelante está la iglesia de Las Nieves, reconstruida a comienzos del s. XX tras un terremoto, y la de San Diego, pasando la 26, en el **Centro Internacional.** El edificio de Avianca, con su sucesión de ventanales, está en la calle 16, frente el parque Santander, que también vale la pena y donde se ubica el Museo del Oro (véase p. 78). El edificio sufrió un incendio en 1973 que dejó cuatro muertos y varios heridos; hoy, otras compañías ocupan sus oficinas. El edificio de El Tiempo se emplaza en la avenida Jiménez o calle 13; se fundó en 1961, cuando el periódico, que ya no ocupa el lugar, cumplió 50 años. Otros puntos de interés son el edificio Henry Faux, también en la Jiménez, y el teatro Jorge Eliécer Gaitán, inaugurado en la década de 1940 en la calle 22 y llamado así en homenaje al candidato presidencial asesinado el 9 de abril de 1948, suceso que desató en Colombia el periodo llamado 'La Violencia'. Lo mataron en la Séptima con calle 15 y los disturbios que lo siguieron son conocidos como el Bogotazo. Los transeúntes pueden ver las placas conmemorativas. Por último, la torre Colpatria, en la calle 24, es uno de los pocos rascacielos de Bogotá, y cada tanto se ilumina de colores por las noches.

Estación del tren de la Sabana en Usaquén.

Escapada a Zipaquirá, epicentro de la sabana

Bogotá por dentro y por fuera: desde el centro de la ciudad hasta Zipaquirá, este recorrido en tren es una mezcla de paisajes urbanos y rurales en un medio de transporte que alguna vez existió en el país y que hoy es solo un motivo para la nostalgia.

Ideal para...

❶ Lo esencial

www.turistren.com.co; 5713161300; estación de la Sabana, calle 13 # 18-24; estación de Usaquén, avenida 9 # 110-08; adultos/niños hasta 12 años y mayores de 60 años 63000/57000 $; salida 8.20, llegada 17.15; taxi/Uber

Todo comienza en la estación de la Sabana, un edificio que, por sí solo, es ya un atractivo: la antigua estación central del ferrocarril de la Sabana de Bogotá y de los Ferrocarriles Nacionales de Colombia. Esta construcción de estilo neoclásico, de poco más de 100 años, fue durante mucho tiempo el punto de llegada y de salida de los convoyes que iban y venían de municipios cercanos. La compañía dejó de operar en 1991 y aunque el edificio luce deteriorado, en este momento está en recuperación.

Estaciones de Usaquén y Zipaquirá   Arquitectura

Quien salga de la estación de la Sabana podrá recorrer Bogotá desde el centro hasta la primera parada, que es la estación de Usaquén (avenida 9 # 110-08), pintoresca escala frente al Centro Comercial Santa Ana. También es posible abordar el tren en este paradero. La siguiente y última parada es la estación de Zipaquirá, municipio que tiene entre sus principales atracciones la Catedral de Sal (véase p. 68). En el tren se oye música instrumental y desde las ventanas se va viendo el cambio de paisaje urbano que da paso al rural, con los hermosos paisajes de la sabana de Bogotá.

Compra de boletas   Boletería

No se puede reservar con antelación, pero sí se pueden comprar los tiques por internet. El recorrido no incluye ningún alimento ni tampoco la entrada a la Catedral de Sal. Se pueden llevar mascotas y los niños menores de 3 años no pagan. No se puede comprar solo un trayecto ni usar el de ida un día y al siguiente, el de regreso: se deben usar los dos trayectos el mismo día.

> ★ **Consejo**
>
> Los alrededores de la estación de la Sabana son inseguros; lo ideal es llegar directamente en Uber, taxi o servicio de transporte particular. También se puede comenzar el recorrido en la estación de Usaquén, al norte de Bogotá.

Sabana de Bogotá   Paisaje

Es una extensa planicie que se caracteriza por su variedad de bosques, fauna y flora, varias reservas naturales, a lo largo del río Bogotá. La sabana acoge algunos municipios que frecuentan los bogotanos los fines de semana, como Chía, Cota, Cajicá, Guatavita (véase p. 100), Sesquilé, Tabio y Tenjo, entre otros. El tren bordea algunos de ellos antes de su llegada a Zipaquirá. Entre los planes más usuales para quienes buscan una escapada se puede ir a comer un buen postre en Sopó, por la vía a La Calera, o para quienes prefieren deportes extremos existe la posibilidad de escalar en Suesca.

> 👍 **Otro plan en la sabana**
>
> **Salto del Tequendama** (www.casamuseotequendama.org; Salto del Tequendama, km 5 vía Mesitas del Colegio salida Soacha; 10 000 $ por persona, menores de 8 años gratis; ⏰ 9.00-16.00) Este conocido salto se encuentra en la sabana, a las afueras de la ciudad, al sur, saliendo del municipio de Soacha. Es una caída de agua del río Bogotá de 157 m de altura. En la actualidad, la Casa Museo Tequendama, Bien de Interés Cultural de Colombia junto con el paraje donde se emplaza, alberga un museo sobre el salto, la sabana y las reservas naturales que lo rodean y constituye una interesante plataforma educativa para acercar este espacio natural a todos los visitantes. Entre sus propuestas, organizan recorridos guiados para estudiantes y para familias.

Vista del Museo de Arte Moderno de Bogotá (MAMBO).

Museo de Arte Moderno de Bogotá (MAMBO)

Este edificio diseñado por el arquitecto Rogelio Salmona alberga una constante programación de arte contemporáneo y moderno.

Aunque el acta de fundación es de 1955, su primera sede comenzó a operar en 1963 bajo la dirección de la crítica de arte Marta Traba, una de las mujeres que impulsó con mayor fervor el arte del momento y que con sus escritos dio un giro a la vida artística del país. En 1969 la sustituyó Gloria Zea y el museo vivió un tiempo de cambio sucesivo de sedes hasta que, en 1979, el arquitecto Rogelio Salmona finalizó la primera etapa de la construcción del edificio que hoy lo alberga. El museo cuenta también con salas de exposiciones temporales y con un auditorio que funciona asimismo como sala de cine. La colección, muy completa, se centra en el arte moderno y contemporáneo, principalmente nacional, pero también de Latinoamérica. Suele haber muestras temporales de primer nivel. Su actual directora, Claudia Hakim, ha dado un nuevo aire al museo y

Ideal para...

ⓘ Lo esencial

plano p. 220; www.mambobogota.com;
📞 5712860466; calle 24 # 6-00;
🕘 9.00-17.00 ma-sa, 12.00-16.00 do;
entrada 8000 $

MUSEO DE ARTE MODERNO DE BOGOTÁ (MAMBO) 87

Instalación al aire libre *Del medio círculo al círculo completo: un recorrido de color*.

ha programado en los últimos tiempos propuestas más novedosas. Se aconseja consultar la web para ver la programación.

Tienda MAMBO   Compras
En el interior del museo, es un gran atractivo. Además de los típicos objetos de recuerdo, ofrece objetos de diseño como pañoletas, cuadernos, carteras y catálogos. Venden combos de unos 200 000 $ que incluyen varios productos.

Cerca de allí

Biblioteca Nacional   Biblioteca
(plano p. 220; www.bibliotecanacional.gov.co; 5713816464; calle 24 # 5-60; gratis) Justo al lado del museo se levanta este edificio de 1933 declarado Monument Nacional, una de las bibliotecas públicas más antiguas y grandes de Latinoamérica. Se pueden consultar más de tres millones de títulos. Siempre hay una exposición interesante de objetos, libros o historia.

✕ Una pausa

Dentro del museo está **Crepes & Waffles** (véase p. 127). Aquí se puede desde tomar un café y algo de panadería a almorzar con un menú caracterizado por sus buenos precios (plato fuerte 22 000 $).

Parque de El Virrey

Ideal para caminar o para mantener las rutinas de running, *este parque goza de un movimiento permanente de deportistas y familias que buscan esparcimiento.*

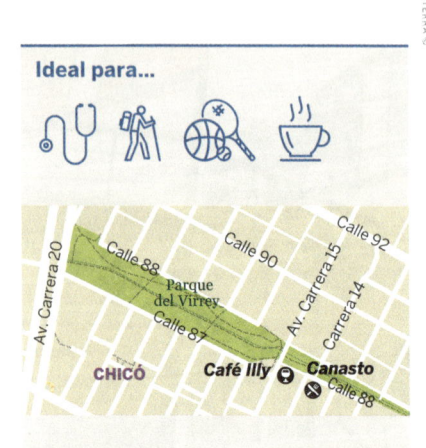

La gran cascada, de Edgar Negret.

Ideal para...

❶ Lo esencial

plano p. 234; de la autopista Norte, al oeste, a la carrera Séptima al este; entre las calles 88 y 89

Es uno de los circuitos favoritos de los *runners* (valga decir que desde hace unos años correr es toda una moda en la capital) y los 3,4 km de recorrido entre árboles y por una pista de cemento y ladrillo resultan muy atractivos por su belleza, ubicación y disposición. Es normal ver personas trotando desde las 5.00, antes de que salga el sol, y hasta mediodía; también al caer la tarde y al comienzo de la noche. Además, hay seis puntos diferentes de zonas de juegos para niños, lo que hace muy frecuente la presencia de familias. Para deportistas, hay barras y zonas de ejercicios funcionales. Es normal ver grupos practicando yoga, capoeira o clases de boxeo, todo al aire libre. En la carrera 15 hay un inmenso puesto de venta de flores que también se convierte en un punto de referencia para sus visitantes. Los domingos de Ciclovía el parque está todavía más concurrido. Es público y no tiene ningún costo.

✗ Una pausa

El **Café Illy** (carrera 15 con 88) está en una plazoleta en la carrera 15 con calle 88, en un punto frecuentado por los transeúntes y deportistas que van y vienen de El Virrey. Tiene una agradable y cómoda terraza para ver y ser visto. Ofrece, además, buenos productos de panadería. Al sur se encuentra el **café Juan Valdez,** que, aunque está al lado, tiene vistas a la carrera 15 y no al parque. En la misma calle, unos pasos al este, una muy buena opción para desayunar, tomar café y almorzar es **Canasto** (véase p. 127).

89 ARTE URBANO

Mural *El beso de los invisibles*.

Mural del colectivo de artistas urbanos MAL Crew.

Como un intento de borrar el estigma de que el grafiti es una forma de vandalismo, la misma Alcaldía de Bogotá está incentivando su práctica en varios puntos de la ciudad. Gracias a becas para artistas y programas de formación está logrando darle un impulso a un arte que cada vez es más común en muros deteriorados o abandonados, y que ahora lucen como verdaderas obras de arte. Si bien se expanden por varias zonas y localidades, la recomendación es recorrer y ver los que están en La Candelaria y el barrio de Las Nieves, y el llamado Distrito Grafiti, en Puente Aranda, la zona industrial de Bogotá. En esta última, los muros pintados lucen un nuevo aire, más atractivo y artístico.

La Candelaria Paseo

Bogotá Graffiti Tour (www.bogotagraffiti. com) está formado por un grupo de jóvenes de diferentes disciplinas que conocen muy bien la escena del grafiti. Ofrecen circuitos gratuitos (se admiten propinas) y recorridos privados (200 000 $). Hay dos rutas. La primera transcurre por La Candelaria y otras partes del centro, y en ella se explica la legislación vigente y se habla sobre los artistas, sus técnicas y sus intereses, así como de los murales concretos y del contexto social o político. El punto de encuentro está en el parque de los Periodistas y normalmente salen dos veces al día, a las 10.00 y a las 14.00. La segunda recorre Puente Aranda, donde hay más de 20 murales; el punto de encuentro está en la estación del Transmilenio Distrito Grafiti, en la avenida Las Américas. Cada recorrido tiene una duración aproximada de 1½ h. Los guías hablan en inglés y español. Otra opción para hacer estos recorridos es Bogotá Bike Tours (véase p. 55).

Arte urbano

En los últimos años Bogotá se está convirtiendo en un gran mural, en especial en este distrito, donde decenas de grafiteros ofrecen arte callejero para todos los gustos.

Ideal para...

ⓘ Lo esencial
www.bogotadistritografiti.gov.co

Plaza cultural La Santamaría.

Arquitectura del ladrillo

Buena parte de los edificios de Bogotá están hechos de ladrillo y hay algunas joyas que harán las delicias de los amantes de la arquitectura.

Si bien la arquitectura colonial predomina en La Candelaria y también se ven edificios de diferentes corrientes arquitectónicas en diversos sectores, lo cierto es que el material de construcción preponderante en Bogotá es el ladrillo. Desde finales del s. XIX, los Cerros Orientales proporcionaban la arcilla necesaria para fabricarlos. Hacia 1930 y 1940, en barrios como **La Merced** (plano p. 222) comenzó a aparecer este material, pero ya de manera más estética, con un sentido más armónico y, de alguna manera, inspirada en los suburbios ingleses. Después vino una generación de arquitectos muy importantes, como Rogelio Salmona, Fernando Martínez Sanabria, Germán Samper, Guillermo Bermúdez, algunos influenciados por arquitectos europeos como Alvar Aalto, quien trabajó mucho con ladrillo, que comenzaron a experimentar dejando importantes obras.

Ideal para...

★ Consejo

Tomarse un café sí o sí en las Torres del Parque.

ARQUITECTURA DEL LADRILLO

Biblioteca Pública Virgilio Barco.

Lo que en tiempos fue un material de lujo, se convirtió en todo lo contrario. En Bogotá, los "chircales", como se conoce a los sitios donde se producen ladrillos, son toda una industria. A continuación se listan algunos de los hitos más destacados de este tipo de arquitectura.

- Las **Torres del Parque** (carrera 5 con calle 26b) son tres edificios residenciales integrados al espacio público del sector (véase p. 95). Fueron construidas por Rogelio Salmona entre 1965 y 1970.

- La **plaza cultural La Santamaría** (carrera 6 # 26b-50), junto a las Torres del Parque, fue construida en 1931 por el arquitecto español Santiago de la Mora, aunque su fachada actual es de 1940.

- El **Archivo General de la Nación** (carrera 6 # 6-91), obra de Rogelio Salmona, se inauguró en 1992.

- La **Biblioteca Virgilio Barco** (carrera 60 # 57-60), de Rogelio Salmona, abrió sus puertas en el 2001.

- El **Centro Cultural Gabriel García Márquez** (calle 11 entre carrera 5 y 6; véase p. 38), obra de Rogelio Salmona, es del 2003.

- El **conjunto Residencial El Polo** es un conjunto de edificios de viviendas (entre carreras 24 y 23, calle 87 y avenida Ciudad de Quito) diseñados por Rogelio Salmona y Guillermo Bermúdez en 1963.

- La **ciudadela Colsubsidio** (calle 80 con carrera 111), un proyecto urbanístico muy importante, cuyo diseño estuvo a cargo de Germán Samper Gnecco, se culminó en 1986 en la localidad de Engativá.

- La **Facultad de Economía de la Universidad Nacional** es obra de Fernando Martínez y Guillermo Bermúdez (1960-1970).

- El **eje ambiental** o **avenida Jiménez** (calle 13 entre Caracas y carrera 3) es diseño de Rogelio Salmona en el 2001.

- El **edificio Giraldo** (carrera Séptima con calle 86, costado occidental) es un edificio residencial obra de Fernando Martínez Sanabria en 1958.

- El **edificio Santo Domingo** (carrera 7 con calle 88, costado oriental) fue obra de Fernando Martínez Sanabria en 1969.

- El **Seminario Mayor de Bogotá** (carrera Séptima con calle 93b) se debe a José María Montoya (1946).

Plaza de Mercado Distrital 7 de Agosto.

Visitar las plazas de mercado

Las plazas de mercado son un encuentro con la gran variedad de frutas, verduras y otros productos que se dan en Colombia, además de una oportunidad de conocer las tradiciones más arraigadas del país.

Ideal para...

ⓘ Lo esencial

Cada barrio de Bogotá tiene al menos una plaza de mercado; son en total 44, entre públicas y privadas.

Estos lugares son un encuentro con años y años de tradiciones. Buena parte de Colombia se resume en una plaza de mercado: ahí están sus frutas, sus verduras, sus postres, sus carnes, una suculenta prueba de la gastronomía del país, pero también una gran muestra de otros oficios, como la carpintería, la talla de piedra y los juegos de mesa. En las plazas se ha mantenido con el tiempo la presencia de familias que han transmitido de generación en generación los saberes del campo y de la cocina. Cada plaza tiene su propia personalidad, su carácter, pero aquí se recomienda especialmente cuatro de ellas. La **plaza de La Concordia** (calle 12C # 1-40), muy especial por estar en el corazón de La Candelaria (véase p. 36), destaca por la posibilidad de conseguir toda clase de productos, además de por sus desayunos y

> ★ **Consejo**
> Es una gran oportunidad para comer comida típica colombiana.

en ella un potencial de grandes postales, por sus personajes, historias y tradiciones. Otra opción es la **plaza del 12 de Octubre** (calle 72 # 51-62), un mercado único con buenas opciones gastronómicas. Vale la pena probar la lechona y la fritanga en sus famosos piqueteaderos.

almuerzos; hay parasoles y mesas al aire libre. Un buen ajiaco puede costar unos 13 000 $ y también hay *corrientazos* (véase p. 104). Un buen plan es visitar la Galería Santa Fe (véase p. 39), justo debajo de la plaza, y luego subir a almorzar.

La **plaza de La Perseverancia** (carrera 5 con calle 30A), en el corazón de uno de los primeros barrios obreros de la ciudad, tiene muy buena oferta de cocina tradicional: desde mazamorra, ajiacos y pescados del Pacífico hasta sancocho valluno y los tradicionales huesos de marrano. Ofrece un famoso caldo "rompe colchón" (5000 $) que, según dicen, tiene poderes afrodisíacos. La **plaza de Paloquemao** (calle 19 # 25-04), además de ser colorida, tiene una gran variedad de productos e historias de familias muy ligadas al campo. Muchos fotógrafos ven

💬 Breve glosario para las plazas

- **Vecino/vecina** Así le dicen a cualquier persona, sin importar si vive cerca de la plaza o no.

- **Cotero** La persona que carga de un lado a otro los canastos llenos de productos.

- **Ñapa o encime** Cuando se hace una compra normalmente se pide la ñapa, que es algo adicional a lo que se adquiere. Ejemplo: al comprar unas manzanas, de ñapa, regalan un par de peras.

- **Paqueteo** Cuando se hace un paquete con varias frutas. Se puede pedir de todas un poco, en un solo paquete.

- **Gringo** Turista, sin importar de dónde sea.

- **Se le tiene** Cuando el comprador pregunta por algo, normalmente esa es la respuesta si hay existencias.

- **Saldo** Cuando queda poco producto y se ofrece a bajo precio.

La Macarena

En este barrio residencial, también conocido como Zona M, confluyen bares, restaurantes y galerías de arte.

Ideal para...

Lo esencial

El barrio limita al norte con **La Perseverancia** (calle 31); al oriente con la avenida Circunvalar; al occidente con San Diego y al sur con la calle 26.

Un barrio residencial, con edificios de cuatro, cinco o seis pisos, que se comenzó a construir a comienzos de la década de 1950 y que, con el tiempo, se ha consolidado como un sector con una oferta cultural amplia, así como con una variada oferta gastronómica que derivó en lo que hoy se conoce como la Zona M, tal como se conocen otras zonas de Bogotá (véanse Zona T y Zona G, pp. 70 y 72). Está muy cerca del Museo Nacional (p. 80). Un recorrido a pie puede comenzar en la calle 27 con la carrera Quinta hacia el sur. Una primera parada puede ser la librería **Luvina**, para seguir hacia tres espacios artísticos, todos en una misma cuadra: la **Galería Alonso Garcés** (carrera 5 # 26b-92), **NC-Arte** (carrera 5 # 26b-76) y la **Galería Valenzuela & Klenner** (carrera 5 # 26b-26). A la espalda de estos lugares, en la carrera Cuarta, una

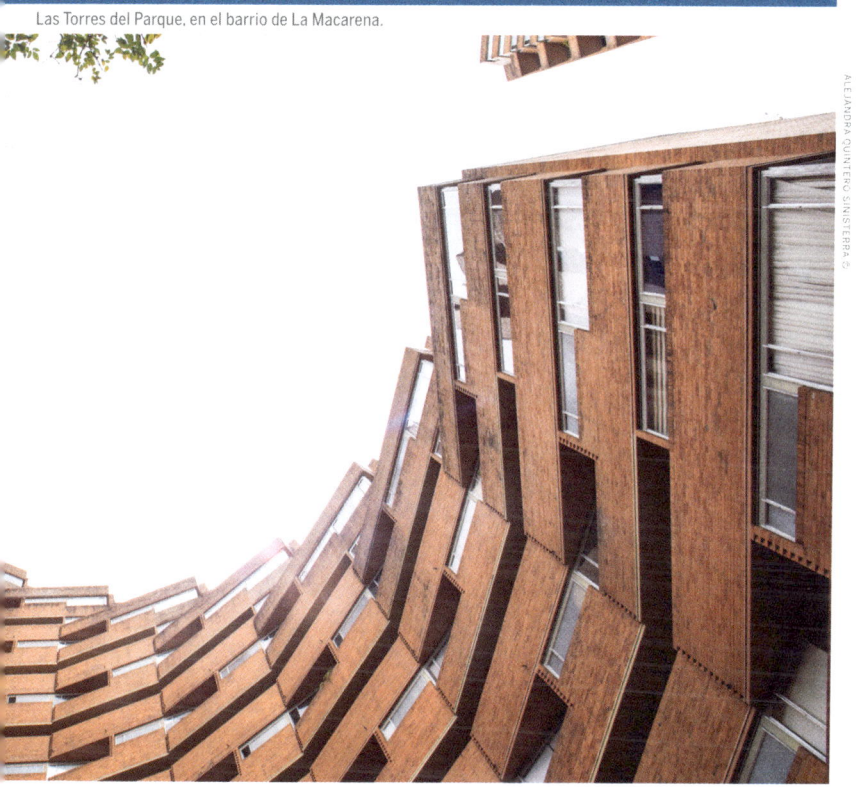

Las Torres del Parque, en el barrio de La Macarena.

Vista del barrio de La Macarena.

cuadra al norte, está el **Espacio El Dorado** (carrera 4A # 26c-37), una galería independiente dedicada a artistas emergentes con restaurantes y cafés para todos los gustos.

Torres del Parque   Arquitectura
(plano p. 222, carrera 5 con calle 26b) Uno de los referentes arquitectónicos de la ciudad, obra del reconocido arquitecto Rogelio Salmona: tres torres de apartamentos construidas de ladrillo, el material recurrente de los diseños de su creador (véase "Arquitectura del ladrillo", p. 90). Se puede caminar entre sus zonas comunes y ver cómo la construcción se amolda al recorrido desde el parque de Independencia y se complementa con la plaza de toros, también de ladrillo. Según Salmona, es un material procedente de la tierra, del barro, de ahí que sea el contraste perfecto con los cerros que sirven de fondo a los edificios.

Cinemateca de Bogotá.

Cinemateca de Bogotá

Este enorme espacio busca preservar la memoria audiovisual del país y exhibir, de paso, películas de varios lugares del mundo.

Ideal para...

ⓘ Lo esencial

plano p. 217; www.cinemateca.gov.co; ☎5713795750 Ext. 3401; carrera 3 # 19-10; precio según función; 10.00-20.00 ma-do)

Se abrió al público en junio del 2019 y desde entonces se ha convertido en el sitio predilecto de los amantes del cine, especialmente de los aficionados a películas alejadas de los circuitos tradicionales, así como de los cinéfilos interesados en el patrimonio fílmico nacional. Aunque existe desde 1971, en esta nueva sede que sobresale por su imponente edificio, la Cinemateca se ha convertido en punto de referencia para espectadores, productores e investigadores. Acoge una filmoteca y una mediateca, un espacio de consulta de cine y nuevos medios. Se aconseja consultar la programación en la web: siempre hay algo que vale la pena ver en sus tres salas. Este centro cultural de las artes audiovisuales también ofrece programación para niños de diferentes edades, concentrada en la sala Rayito. Asimismo, acoge actividades para artistas que usan la tecnología para sus creaciones.

✪ Imprescindible

Normalmente hay proyecciones de películas, así como exposiciones en La Galería. La Objetoteca es un espacio ideal para niños de entre 7 y 15 años, para crear e investigar.

Jugar al tejo

Puede que los deportes que más pasiones despiertan en Colombia sean el ciclismo y el fútbol, pero en el país se viene jugando al tejo desde tiempo inmemorial, una tradición de más de 500 años que tiene un solo propósito: pasarlo bien con los amigos.

Ideal para...

★ **Consejo**

Sí o sí el tejo se juega tomando cerveza y, en lo posible, con unas buenas empanadas.

Bocín para jugar al tejo.

El tejo en siete pasos

❶ Se puede jugar individualmente, en parejas o en equipos de cuatro personas.
❷ Consiste en lanzar un tejo (disco de acero de aproximadamente 600 gr) a un cajón de madera relleno de arcilla.
❸ En el centro de dicho cajón se dispone un bocín de 11 cm de diámetro y, sobre él, cuatro mechas (triángulos de pólvora) que estallan cuando el tejo cae sobre ellas.
❹ Mano: es un punto para quien haga caer el tejo lo más cerca del bocín.
❺ Embocinar: si el tejo cae justo en la mitad del círculo del bocín. Supone seis puntos.
❻ Moñona: cuando se estalla una mecha; son 9 puntos. Gana el que llegue primero a 27 puntos.
❼ Lo ideal es acompañar el juego con unas cervezas y unas buenas empanadas. Si no, es como jugar al fútbol sin un balón.

Tres opciones para jugarlo

Cerca de las zonas que sugiere esta guía está **Tejo Turmequé** (@tejoturmeque_bog; 3505168822; calle 57 # 13-10; ⏱13.00-23.30 ju-sa), el **Club de Tejo Piqueteadero la 28** (3112109297; carrera 28b # 77 44) y el **Tejo la Embajada** (www.tejolaembajada.com; ✆ 3227462031; carrera 24 # 76; ⏱16.00-23.00 ju-vi, 13.00-23.00 sa y 13.00-19.00 do).

Quinta de Bolívar

En esta finca con siglos de historia vivió Simón Bolívar durante algunos momentos de su agitada vida. Reúne objetos, trajes y muchas historias del Libertador.

Ideal para...

Lo esencial

fuera de plano p. 217, www.quintadebolivar.gov.co; 5713424100 Ext. 2304; calle 21 # 4ª-30 este; adultos/menores de 5 a 12 años/estudiantes/menores de 5 años y jubilados 3000/1000/2000 $/gratis; 9.00-17.00 ma-do

Esta hacienda de estilo colonial da testimonio de algunos momentos de los últimos 10 años de vida del Libertador, Simón Bolívar, quien la habitó en 1821 y 1826, en este último periodo junto a Manuelita Sáenz). El origen de esta casona se remonta a 1680, cuando se donó el lote, y a 1800, cuando se construyó. Recientes restauraciones han intentado mantener y recuperar el ambiente y la apariencia de la época en la que Bolívar la ocupó. Se muestra la habitación donde durmió el Libertador, el salón de Manuelita, mobiliario de la época y objetos como pistolas, ropa y otros accesorios que dan testimonio de este personaje histórico y el contexto en el que vivía. La quinta está muy cerca del **cerro de Monserrate** (véase p. 50), por lo que se recomienda visitar ambos lugares el mismo día. En 1974 el grupo guerrillero

QUINTA DE BOLÍVAR 99

Entrada a la casa museo Quinta de Bolívar.

Huerta de la Casa Museo Quinta de Bolívar.

★ Consejo
Antes, durante o después de esta visita, se aconseja leer *El general en su laberinto*, de Gabriel García Márquez, que narra los últimos meses de vida de Bolívar.

M-19 robó de aquí la espada de Bolívar para convertirla en símbolo de su "lucha"; en 1991 uno de sus jefes, Antonio Navarro Wolf, la devolvió, después de un largo y rocambolesco periplo. Un buen complemento a esta visita es recorrer la Casa del Florero o Museo de la Independencia (véase p. 41).

Laguna de Guatavita.

Laguna del Cacique Guatavita

A poco más de 1 h de Bogotá esta laguna supone, además de un encuentro con la naturaleza, una visita al lugar donde nació la leyenda del Dorado.

Ideal para...

ⓘ Lo esencial

parques.car.gov.co/PaginaWeb/DetallePar que.aspx; ☏ 571-580111; km 58 vía Bogotá-Sesquilé; colombianos/extranjeros 6000/13 000 $; ⏲ 8.30-16.00 ma-do y fes

Ubicada a 3100 m de altura, es accesible por la autopista Norte o por la vía La Calera. Esta laguna, que parece reposar en una gran oquedad natural, además de suponer una escapada del ajetreo urbano, es cuna de una de las leyendas más conocidas de la tradición hispanoamericana: la historia del El Dorado. Acá, según se cuenta, los muiscas se montaban en balsas para hacer ofrendas a sus dioses en un ritual donde se cubrían el cuerpo de oro y lanzaban al agua piezas áureas. Durante siglos se han hecho muchas inmersiones y excavaciones en busca de los supuestos tesoros que esconden estas aguas, sin resultado alguno. De hecho, la forma de la laguna, enclavada en una especie de hueco, se debe a esas labores. Se recomienda alquilar un servicio de transporte particular, aunque también se puede llegar en un bus intermunicipal que llegue a Guatavita y allí tomar un colectivo hasta la laguna. Un

Antigua ciudad colonial de Guatavita.

★ Consejo
Es indispensable ir bien abrigado, pues la temperatura puede bajar hasta los 4° y llevar calzado cómodo e impermeable: el clima cambia mucho, del sol a lluvia en cuestión de minutos.

buen plan es complementar la excursión con la visita al Museo del Oro para ver la balsa muisca (p. 78).

La subida — Paseo
Llegar a la laguna implica una subida a pie de al menos 40 min por un sendero ecológico. Se recomienda llegar temprano, porque el trayecto es normalmente en grupos liderados por guías de la CAR que ilustran sobre la vegetación del bosque andino y las costumbres muiscas y su adoración a la naturaleza. También es posible subir en bicicleta por un camino abierto, exigente, pero ideal para practicar ciclomontañismo.

Guatavita — Arquitectura
Este pueblo de casas blancas y tejados marrones tiene una historia reciente; fue construido en 1967. El original se inundó y dio paso a la laguna de Tominé, cerca de Sesquilé. En él hay restaurantes, tiendas de artesanías y postres (son famosas las fresas con crema). También hay hoteles y pequeñas cabañas para quedarse; se pueden buscar por Airbnb. Una noche, máximo dos, son más que suficientes si también se quiere visitar Tominé, aunque es perfectamente posible visitar la laguna en una excursión de un día desde Bogotá.

'Glamping' — Paseo
Aunque en el entorno de la laguna propiamente no se puede acampar, sí hay fincas o lotes privados que ofrecen espacio para que los visitantes puedan instalar sus carpas, hacer una fogata y usar sus baños y duchas. Una opción es **Dlahuerta** (se puede buscar en Facebook), que, además de tener una zona social, dispone de restaurante y de zonas verdes de acampada. **La Chala** (@lachalaguatavita) es otra opción.

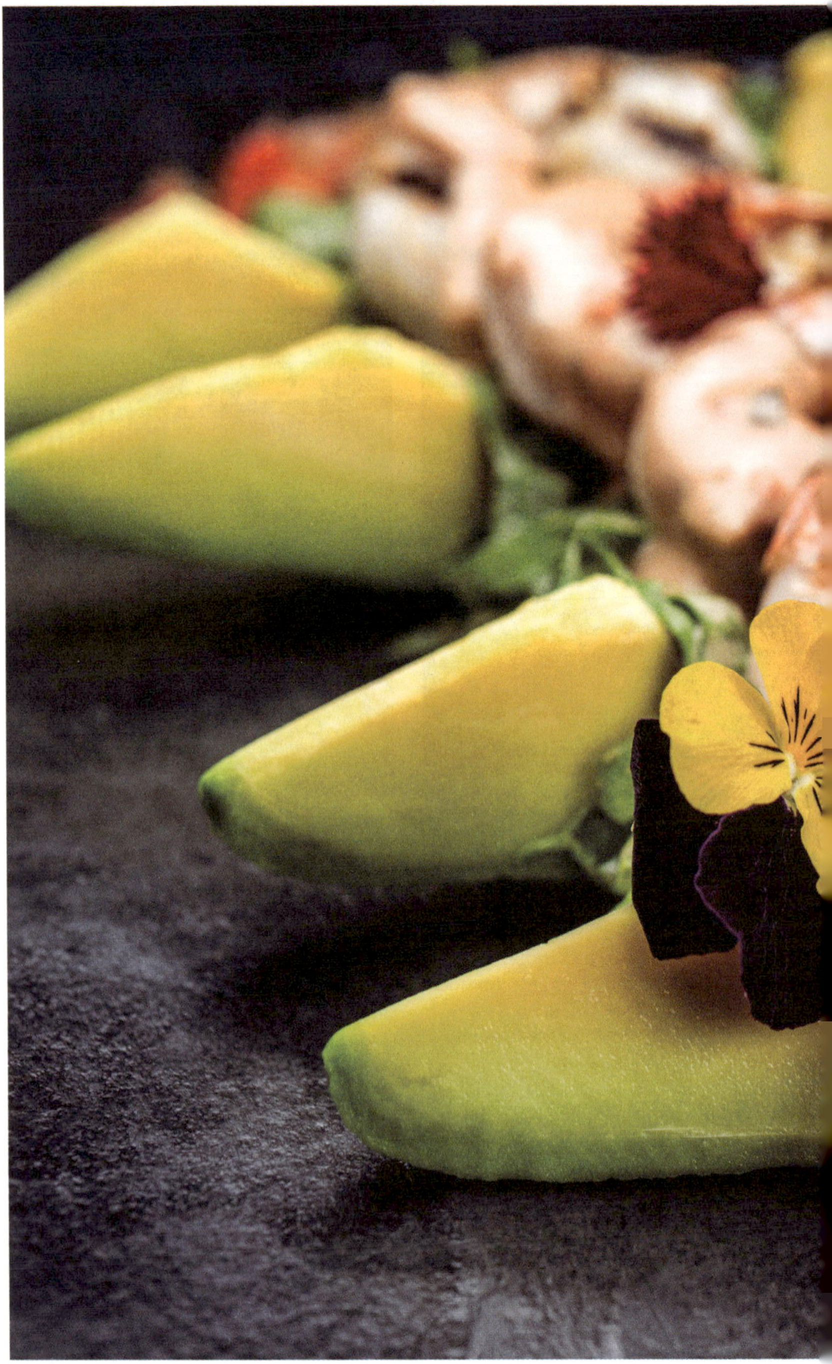

DÓNDE COMER

Comida de todos los países del mundo, los clásicos bogotanos y opciones económicas

Dónde comer

Normalmente hay cinco comidas: el desayuno (7.00-10.00 y los fines de semana hasta las 12.00, al estilo de un brunch), las mediasnueves a media mañana, el almuerzo (12.30-14.30; jueves y viernes ciertos restaurantes ofrecen "los almuerzos largos", comidas de trabajo que pueden extenderse), las onces (16.00 aprox.) y la comida, como llaman en Bogotá a la cena, (20.00-23.00). Para buscar comida a medianoche hay que ir a locales pequeños o puestos de comida callejera.

La comida bogotana suele ser pesada, más recomendable para el almuerzo que para la comida. Son imprescindibles las empanadas, así como un buen ajiaco. Se ofrecen corrientazos, almuerzos del día a bajo precio, especialmente en lugares cercanos a oficinas. La excelente oferta gastronómica satisfará a los más exigentes.

Sumario

La Candelaria	108
Centro Internacional y Las Nieves	109
La Macarena	110
Chapinero	111
Quinta Camacho	114
San Felipe	116
Rosales	116
La Cabrera y El Nogal	120
Chicó	125
Usaquén	128
Chía	129

Rango de precios

Los siguientes precios corresponden a una comida por persona en pesos colombianos

$ menos de 25 000 $

$$ menos de 40 000 $

$$$ menos de 60 000 $

$$$$ 60 000 $

La mayoría de los restaurantes incluyen en la cuenta el 10% del servicio.

Pág. anterior: Gastronomía en Bogotá.
IVONNE BOHÓRQUEZ ©

Usaquén
Lo que fue un pueblo ahora es una zona gastronómica imperdible (p. 128)

Chicó
Calles y parques rodeados de gastronomía (p. 125)

San Felipe
Donde menos se piensa hay un buen secreto (p. 116)

La Cabrera y El Nogal
Zona T y muchas calles llenas de restaurantes (p. 120)

Quinta Camacho
Lugares con buena onda y gran calidad (p. 114)

Rosales
Ahí está la G, una de las primeras zonas gastronómicas de la ciudad. (p. 116)

Chapinero
Propuestas nuevas, arriesgadas, independientes y con buen ambiente (p. 111)

Centro Internacional y Las Nieves
Entre oficinas y edificios, oferta muy variada (p. 109)

La Macarena
Clásicos en medio de un barrio bohemio (p. 110)

La Candelaria
Tradición y sabor auténtico (p. 108)

Bogotá en un plato

Empanada Masa crocante rellena de papa y carne principalmente (algunas tienen arroz).

Chocolate santafereño Para tomar a las onces y acompañarlo con panes o envueltos de mazorca.

Ajiaco Sopa hecha a base de papas sabaneras, pastusa y criolla que suele incluir pollo, aguacate, alcaparras, crema de leche y maíz.

Tamal santafereño Masa rellena de pollo, longaniza, cerdo y garbanzos envuelta en hojas de plátano. En cada región del país varían sus ingredientes.

Puchero santafereño Espinazo, tocino, longaniza, costilla, yuca, papa, auyama, repollo; todo acompañado de consomé.

Cuchuco con espinazo Sopa espesa de trigo o cebada, heredada de los indígenas, con espinazo de cerdo.

Piquete Combinación de res, cerdo, gallina, morcilla, longaniza, papa y plátano.

Changua Sopa a base de huevo y leche, aderezada con cilantro, sal y mantequilla que se sirve para el desayuno. Ya se ve poco.

Postre de natas Dulce de leche cuya tradición se remonta a tiempos de la colonia.

Lo mejor...

Para probar los mejores restaurantes y cocinas de Bogotá

'Brunch'

Gaba (p. 123) Buen ambiente, panadería dulce y salada, y buenas tostadas a la francesa.
Abasto (p. 114) Menú variado y huevos en todas las combinaciones posibles.
Bagatelle (p. 126) Preparaciones lentas, porciones grandes y pan de primera.
Canasto (p. 127) Propuesta fresca, con buenas opciones vegetarianas.

Restaurantes con historia

La Puerta Falsa (p. 108) El más antiguo de la ciudad, con recetas centenarias.
Las Margaritas (p. 113) Desde 1902 fieles al sabor bogotano.
Casa Vieja (p. 108) Añejo, como su nombre indica. Famoso por su delicioso ajiaco.

Sabores colombianos

Andrés Carne de Res (p. 129) Ambiente, música y platos de Colombia.
Salvo Patria (p. 112) Nueva cocina colombiana con productos locales.
El Chato (p. 111) Restaurante joven que ya es un clásico por su carta experimental.
Leo (p. 111) Sabores del país que ni los colombianos conocen.
Mini Mal (p. 112) Toda la geografía de Colombia en unos pocos platos.

Opciones económicas

Crepes & Waffles (p. 126) Cadena de restaurantes con menú sano muy variado.
Renata (p. 122) Taquería al estilo de las callejeras de México.
Hamburguesas El Corral Amplia oferta de hamburguesas. Esta cadena nació en un pequeño local y se ha expandido por todo el país.

LO MEJOR **107**

Vegetariana y vegana

De Raíz (p. 112) Desde pizzas hasta hamburguesas.

Pura Vida (p. 128) Local pequeño con encanto

Elektra Punk and Food (p. 120) Comida de despensa *punkera*.

Casa Lélyté (p. 114) Buena comida y sin pretensiones.

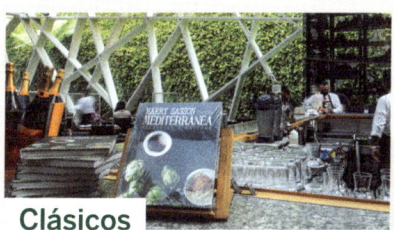

Clásicos

Harry Sasson (p. 124) Lleva el nombre de su chef, uno de los mejores de Colombia.

Pajares Salinas (p. 125) Sabor español que atrae a políticos, empresarios y a los bogotanos en general al menos una vez en la vida.

Dilucca (p. 125) Antes del *boom* de los restaurantes, aquí ya se comía como en las grandes ciudades del mundo.

La Estancia Chica (p. 127) Carnes de primera con la calidad de siempre.

El Cielo (p. 116) Menús de varios platos y maridaje. Su sede en Washington obtuvo una estrella Michelin en el 2021.

San Giorgio Trattoria (p. 124) Buena pasta con años de tradición.

Dulces

Les Amis (p. 124) En una calle donde no parece haber nada, sirve postres para chuparse los dedos.

Jacques (p. 128) Con aires de pastelería francesa, todo sabe bien.

Myriam Camhi (p. 123) Lleva el nombre de su creadora y prepara todo tipo de postres.

☆ La selección de Lonely Planet

La Brasserie (p. 120) Desde las entradas hasta los postres, todo es recomendable.

Café Bar Universal (p. 111) Aquí todo es bueno: la comida, el ambiente, el servicio, la barra.

Prudencia (p. 108) En La Candelaria, ofrece un menú de varios platos, con ingredientes de la huerta de su patio trasero.

Andrés Carne de Res (p. 129) Aquí todo sabe a Colombia, pero diferente.

Trattoria de la Plaza (p. 116) Donde menos se piensa, buena pasta, buen servicio y buenos precios.

ALEJANDRA QUINTERO SINISTERRA ©

La Candelaria

Prudencia Colombiana $$$$
(plano p. 217; 5713941678; www.prudencia.net; carrera 2 # 11-34; 12.00-17.00 vi-do, reserva previa) Tiene un comedor grande, con cocina abierta donde se ve el horno de leña y, al fondo, una huerta donde también se puede comer. Algunos toques del lugar los hizo el reconocido arquitecto Simón Vélez y el menú de siete platos varía cada dos semanas, con maridaje incluido. Solo abre a la hora del almuerzo.

La Puerta Falsa Colombiana $$
(plano p. 217; 5712865091; calle 11 # 6-50; 7.30-17.00 lu-do) Dos pisos cargados de historia: acá se respira el ambiente original de Bogotá con recetas muy tradicionales como ajiaco (26 000 $), tamal con chocolate o colaciones, unas galletas muy cachacas. A unos pasos de la plaza de Bolívar, dice ser el restaurante más antiguo de Bogotá.

Madre Pizzería $$$
(plano p. 217; 573012380575; calle 12 # 5-83; 12.00-16.00 do-lu, 12.00-22.00 ma-sa) Un alto en el camino perfecto después de caminar por La Candelaria. Su ambiente es cálido y su apariencia, rústica, con techos altos que contrastan con el aspecto de las casas del barrio. Las *pizzas* son su fuerte, pero también sirve un *rissoto* de langosta increíble.

Casa Vieja Colombiana $$
(plano p. 217; 573138701809; www.casavieja.com.co; avenida Jiménez # 3-57; 12.00-18.00 do-lu, 12.00-22.00 ma-sa) Un clásico bogotano con el auténtico sabor de la comida colombiana. Es un pionero de la gastronomía local y tiene varios locales en la ciudad, todos ideales para degustar platos típicos como su famoso ajiaco.

Rosita Restaurante Café Colombiana $$
(plano p. 217; 573053979883; calle 12 B bis # 1A-26 Chorro de Quevedo; 9.00-22.00 do-ju, 9.00-23.00 vi-sa) Tiene fama de ofrecer el mejor ajiaco (25 000 $) de Bogotá. Aunque

Restaurante Madre.

no es un sitio estiloso, está en la mágica plaza del Chorro de Quevedo.

La Bruja Restaurante Café Colombiana/internacional $$$
(plano p. 217; ☏ 573107563028; calle 12 # 3-45; ⌚12.00-20.00 lu-ma-mi-ju-do, 12.00-24.00 vi-sa) Ubicado en una antigua prisión, su fama se debe a que era frecuentado por una famosa bruja, doña Edilia. Su aspecto antiguo por fuera contrasta con el ambiente moderno de su interior. La carta juega con las leyendas de la zona: hay buenos ceviches de entrada y carnes y pescados de plato fuerte.

Fulanitos Colombiana $$
(plano p. 217; ☏ 573105729752; calle 12 # 1-60; ⌚12.00-16.00 lu-ju, 12.00-17.00 vi-do) Su fuerte es la comida valluna, la que se come en Cali, capital del valle del Cauca. Se recomienda, de entrada, unos aborrajados de plátano maduro (10 000 $) y para almorzar, chuleta de lomo de cerdo (28 000 $) o sancocho.

Casa Mamá Luz Colombiana $$
(plano p. 217; ☏ 3114809420; calle 10 # 2-23; ⌚12.00-17.00) Ofrece comida tradicional, y lo hace muy bien: desde un muy buen ajiaco hasta morcilla con papas criollas; desde sobrebarriga hasta patacones con hogao. Una buena opción si se está visitando La Candelaria.

Home Burgers Hamburguesas $
(plano p. 217; ☏ 573114461111; www.homeburgers.com; calle 11 # 5-60 Fondo de Cultura Económica; ⌚11.30-21.00 lu-sa, 11.30-20.00 do y fes) Con varios locales en la ciudad, su característica principal es que son hamburguesas muy sencillas, pero de buena calidad. Tiene una de setas portobello perfecta para vegetarianos. Para quienes han comido alguna vez en Shake Shack en Nueva York, les resultará familiar ya que el concepto es el mismo.

Andante Restaurante Café $$
(plano p. 217; ☏ 571 342 3237; www.andanterestaurante.com; carrera 3 # 10-92; ⌚10.00-15.30 ma-do) Este establecimiento resulta perfecto para un café en la mañana o en la tarde y ofrece buenas opciones para almorzar, con un menú que incluye carnes, pastas, pescados y pollo. También sirve desayunos.

🍴 Plazas de mercado

Si bien Bogotá ha crecido mucho en su oferta gastronómica, con lugares muy bien montados, buen servicio y cartas que sorprenden cada vez más, la esencia de la cultura y la tradición rola está en sus plazas de mercado. En ellas hay frutas que no se consiguen en otros lugares, verduras y carnes, sabores y colores que se han conservado generación tras generación y que mantienen la esencia de una ciudad y un país (véase p. 92).

Papa sabanera y papa criolla a la venta en puesto de verduras de la plaza de mercado de Paloquemao.
ALEJANDRA QUINTERO SINISTERRA ©

✪ Centro Internacional y Las Nieves

Compañía Casa de Rey Internacional $$
(plano p. 220; ☏ 57311555-3308; carrera 7 # 22-09; ⌚12.00-17.00 lu, 12.00-22.00 ma-vi, 8.30-22.00 sa, 8.30-17.00 do) En esta casona antigua se esconden varios locales gastronómicos para calmar todo tipo de antojos: desde panadería a tacos. Una buena opción en la zona por su variedad y ambiente.

Cantina y Punto

🍴 La Macarena

El Patio Café — Italiana $$$
(plano p. 222; ☏571 2826121; carrera 4A # 27-80; ⏱12.00-23.00 lu-sa, 12.00-17.00 do) Un clásico del barrio, con más de 30 años. Entre otras cosas se volvió famoso porque uno de sus habituales era el humorista político Jaime Garzón, quien fue asesinado en 1999. Su fuerte es la pasta, pero su fama se debe a que sigue siendo muy visitado por políticos y personalidades de la farándula.

La Juguetería — Parrilla $$$
(plano p. 222; ☏573 504536059; www.restaurantelajugueteria.com.co; calle 27 # 4A-03; ⏱12.00-15.00 y 18.00-21.00 ma-mi-ju, 12.00-22.00 vi-sa, 12.00-19.00 do y fest) Buenas opciones de comida a la parrilla, aunque es más conocido por su ambiente propicio para calentar motores para la rumba. Está muy bien para almorzar después de dar un paseo por La Macarena.

Agave Azul — Mexicana $$$
(plano p. 222; ☏573152770329; www.restauranteagaveazul.blogspot.com; carrera 3A # 26B-52; ⏱12.00-15.00 y 18.30-22.00 ma-vi, 13.00-16.00 y 19.00-22.00 sa; do y lu cerrado). Una buena alternativa para amantes de la comida mexicana, con un menú cuidado y un servicio impecable. La sugerencia es pedir platos para compartir y disfrutar de un buen ambiente a buenos precios.

La Monferrina — Italiana $$$
(plano p. 222; ☏573132814653; carrea 4A # 26B-22; ⏱12.00-15.00 y 18.00-22.30 lu-ju, 12.00-23.00 vi, 13.00-23.00 sa, 13.00-17.00 do) Ideal para quien esté de paso por el barrio. Pastas frescas con variedad de entradas que van desde antipastos hasta sopa minestrone. Buena relación calidad-precio. Preferiblemente para el almuerzo.

Anna & Otto — Pizzería $$
(plano p. 222; ☏571 755 20 48; www.annayotto.co; carrera 4A # 26 C-35; ⏱12.00-22.00 ma-sa, 12.00-18.00 do) Perfecto tanto para almorzar como para comer (cenar), las *pizzas* son muy buenas y el ambiente, a pesar de su sencillez, lo hace especial. Perfecto para una pausa después de caminar por las galerías de arte de La Macarena.

Chapinero

Leo Colombiana/fusión $$$$
(plano p. 220; ☏5716371928; www.restaurante
leo.com; calle 65 B # 4-23; ⏲12.00-15.30 y
19.00-23.00 lu-sa) Su chef es Leonor
Espinosa, muy reconocida en el país, y aquí
se ha dedicado a experimentar con
productos colombianos. Su comida es de
primera, como el ambiente. Una gran
prueba de la gastronomía nacional.

Café Bar Universal Internacional $$$
(plano p. 224; ☏573213388723; www.
cafebaruniversal.co; calle 65 # 4 A-76; ⏲10.00-
23.45 lu-sa, 11.00-16.00 do) Detrás de un
portón blanco se esconde un local con
comida excelente y muy buen servicio, un
sitio pequeño, *cool,* sin pretensiones. Lo
mejor es pedir platos para compartir entre
dos-cuatro personas, como pollo
campesino (50 000 $) o *tagliatelle cacio e
pepe* (22 000 $). Es ideal para comer o si
solo se quiere tomar una copa.

Salón Tropical Internacional $$$
(plano p. 224; ☏573213388723; carrera 5 #
65-20; ⏲12.00-24.00 lu-sa, 12.00-18.00 do)
Detrás de Café Bar Universal, un espacio
abierto para picar algo entre ceviches y
parrilla, hablar y beber en medio de un gran
ambiente.

Mesa Franca Colombiana $$$
(plano p. 224; ☏5718051787; www.restaurante-
mesafranca.com; calle 61 # 5-56; ⏲ 12.00-22.00
lu-mi, 12.00-23.00 ju-do) Cocina colombiana
con propuestas novedosas. El ambiente es
muy bueno, la comida es rica
y cumple el propósito de satisfacer al
comensal y al que busca pasarlo bien con
una cerveza o un trago. Se recomiendan las
empanadas con ají.

El Chato Colombiana $$$$
(plano p. 224; ☏5717439931; www.elchato.co;
calle 65 # 4-76; ⏲12.00-23.00 lu-sa, 12.00-17.00
do) Su nombre viene de la expresión
bogotana para referirse a otra persona:
"chato". Su chef es el joven Álvaro Clavijo,
quien trabaja solo con productos locales.
En el 2019 y el 2020 figuró como mejor
restaurante de Colombia en la lista Latin
America's 50 Best Restaurants. El menú
cambia según la temporada: desde tamales
de berenjena hasta pesca del Pacífico; de
corazones de pollo con papa *richy*
confitada y suero costeño hasta chuleta de
cerdo en *verjus* y ciruela. Raciones
pequeñas, pero sabores inolvidables.

Lorenzo el Griego Griega $$
(plano p. 224; ☏5717160668; www.lorenzoel
griego.com; calle 65 # 4-59; ⏲12.00-23.00
ma-sa, 12.00-18.00 do y fest) Comida rápida
inspirada en la gastronomía griega. Si no
hay mucho tiempo y se quiere algo barato
pero bueno, este sitio cumple. Además, es
uno de los pocos de la ciudad especializados en comida griega.

Cantina y Punto Mexicana $$$
(plano p. 224; ☏5716447766; www.cantinay
punto.co; calle 66 # 4 A-33; ⏲12.00-21.00 lu-mi,
12.00-22.00 ju-sa, 12.00-17.00 do y fes) En una
calle estrecha, este lugar invita a vivir un
pedazo de México en Bogotá, pero sin que
su ambientación recurra a pósteres de
Frida Kahlo, sarapes o manteles coloridos.
Su arquitectura sobria, con una barra larga,
ideal para pedir un mezcal, un tequila o
algún cóctel de su amplia variedad, es
perfecta para acompañar unos buenos
tacos, flautas o quesadillas.

Hache de Hamburguesa Hamburguesa $$
(plano p. 224; ☏5718418841; www.hachedeham
burguesa.com.co; calle 65 bis # 4-15; ⏲12.00-
22.00 lu-sa, 12.00-20.00 do y fes) Cada vez
más de moda en Chapinero. Hamburguesas con porciones generosas y combinaciones poco convencionales, que incluyen, por
ejemplo, mermelada y mantequilla de
maní. Su ambiente invita a tomar algo y a
comer sin prisas.

Insurgentes-Taco Bar Mexicana $$
(plano p. 224; ☏5718054997; www.insurgentes.
com.co; calle 56 # 5-21; ⏲12.00-23.00 lu-ma,
12.00-24.00 ju-sa, 12.00-21.00 do) Su nombre
lo dice todo: es tan mexicano como la
famosa avenida del DF. Su fuerte son los

tacos, aunque hay entradas diferentes (los esquites valen la pena) y también es bar para tomar tequila, mezcal o unas chelas (cervezas). El ambiente es relajado y la relación calidad-precio, muy buena.

Salvo Patria Colombiana $$$
(plano p. 224; ☎5717026367; www.salvopatria.com; calle 54 A # 4-13; ⏱12.00-22.00 ma-sa, do cerrado) Diferente y muy bueno desde todo punto de vista, una apuesta original basada en productos colombianos. En esta casa de Chapinero se experimenta con una carta con pocos platos, pero donde la calidad siempre es buena. Es una combinación perfecta entre ambiente, comida y precios razonables. Imprescindible.

Tierra Cocina de autor $$$
(plano p. 224; ☎573223622726; calle 66 # 4 A-31; ⏱12.00-21.30 lu-sa, 13.00-18.00 do) Su carta fusiona la comida peruana con toques colombianos y opciones japonesas. El pulpo a la parrilla es una buena entrada, así como las croquetas de jaiba. Las preparaciones de los cócteles son todo un espectáculo.

Sorella Italiana $$$
(plano p. 224; ☎5716447766; www.takami.co; calle 66 bis # 4-71; ⏱12.00-22.00 lu-sa, 12.00-17.00 do) Comida italiana, como pastas hechas *in situ* y *pizzas* con variedad de combinaciones. Tiene un ambiente especial y, más allá de la comida, invita a quedarse un buen rato. El servicio en la barra es muy bueno y vale la pena probar los martinis, que sirven en copas diminutas.

De Raíz Cocina Café Vegetariana $$
(plano p. 224; ☎573148495097; www.deraiz.com.co; calle 65 # 5-70; ⏱11.00-20.00 lu-ma, 10.00-20.00 mi-sa, 8.00-20.00 do, 8.00-12.00 desayunos sa, do y fes) Ingredientes aptos para veganos y vegetarianos, con un menú muy variado que incluye *pizzas*, *bowls* o una hamburguesa de quinua (21 900 $). El sitio es sencillo, tiene buen ambiente, acogedor y diferente en su propuesta.

Mini Mal Colombiana $$$
(plano p. 224; ☎5714735406; www.mini-mal.org; Trans. 4 Bis # 56ª-52; ⏱12.00-22.00 ma-sa, 12.00-17.00 do) Muy recomendable: comida colombiana basada en productos de diferentes partes del país. Fue uno de los primeros en llegar a Chapinero y desde entonces es referencia obligada. Desde los buñuelos de plátano (13 900 $) al chicharrón de calamar (15 900 $), todo es exquisito.

Mi Casa en tu Casa Colombiana $$$
(plano p. 224; ☎5716371928; www.micasaentucasa.com; carrera 4A # 65-44; ⏱12.00-22.00 ma-sa, 12.00-18.00 d) Su chef es la reconocida Leonor Espinosa, quien, en medio de la pandemia, tuvo la idea de preparar para sus clientes platos que ella misma hacía en su casa durante el encierro. El local es pequeño, acogedor y con buen servicio. Los ceviches y los tacos de chicharrón son exquisitos, así como los arroces al wok.

Mistral Café $$
(plano p. 224; ☎5713783797; www.mistralencasa.com; carrera 22 # 40-89; ⏱7.30-18.30 lu-do) Panadería de primera, con muy buenos productos. Ideal para tomar un café acompañado de un pan de chocolate.

Piqueteadero Doña Nieves Colombiana $$
(plano p. 224; ☎5712481162; calle 65 # 4-48; ⏱11.00-17.00 mi-do y fes) Si se busca algo autóctono y tradicional, este lugar es famoso desde hace décadas por su gallina criolla (45 000 $ medio piquete). Está abierto solo a la hora del almuerzo y también hay otros platos, muy pesados, pero auténticos.

Emilia Grace Italiana $$$
(plano p. 224; ☎5718051386; www.emiliagracerestaurante.com; calle 65 # 4 A-51; ⏱12.00-23.00 lu-sa, 12.00-17.00 do y fes) Tiene un antecedente muy recordado en Bogotá: Emilia Romagna. Desde hace poco tiempo cambió de nombre y de ubicación, pero mantiene su esencia con un ambiente tranquilo y buenos platos italianos. Las medias porciones son grandes.

Sorella.

La Pinta   Española/internacional $$$$
(plano p. 224; ☎573204032326; www.lapintabygrupolala.com; calle 56 # 4 A-15; ⏱ 12.00-24.00 lu-mi, 12.00-14.00 ju-sa, 12.00-17.00 do) A primera vista, el menú hace un guiño a la comida española (las patatas bravas están muy bien) pero sus platos son más bien internacionales. Es una casa muy bien ambientada, que propone buena comida y ambiente festivo por las noches: es normal que los comensales terminen bailando entre las mesas.

La Cósmica Pollería   Pollería $
(plano p. 224; ☎573003899859; calle 62 # 9 A-28; ⏱12.00-20.00 do-mi, 12.00-22.00 ju-sa) Difícil pensar que, en este diminuto local, con apenas un puñado de mesas, se ofrezca uno de los mejores sándwiches de pollo de la ciudad. Sus precios económicos y su informalidad es parte del encanto. Bueno, bonito y barato.

Gordo   Estadounidense $$
(plano p. 224; ☎5717020977; calle 65 # 4-59; ⏱12.00-23.30 lu-do) Especializado en cocina estadounidense, se ha hecho famoso por sus hamburguesas. La barra está muy bien para tomar un cóctel y picar una de las entradas que ofrece el menú. Hay varios en la ciudad, pero se recomienda el de Chapinero.

Wakei Sushi-Izakaya   Japonesa $$$
(plano p. 224; 57 316 5241783; carrera 3B # 64-31; ⏱ 17.30-21.30 lu-vi, 13.00-15.30 y 17.30-23.30 sa-do) Es un secreto muy bien guardado, incluso para los bogotanos. Su fachada pasa desapercibida y dentro su ambientación sencilla, con pocas mesas, lo hacen único. Los *makis* son grandes y el servicio, cálido, amable, cercano. El sake se sirve en recipientes de madera.

Las Margaritas   Colombiana $$
(plano p. 224; ☎5712499468; www.restaurantelasmargaritas.com; calle 62 # 7-77; ⏱ 8.00-16.30 sa-do-fes) Funciona desde finales del s. xix con un menú netamente bogotano. El local actual se inauguró en 1902 y el ambiente evoca tiempos antiguos. Ofrece platos típicos como cuchuco con espinazo (23 000 $ media ración) o lengua en salsa (32 000 $), pero nada como sus

empanadas con un buen refajo (bebida que mezcla cerveza, gaseosa y, a veces, aguardiente).

La Fama Estadounidense $$$
(plano p. 224; ☎5716447766; www.lafama.com.co; calle 65 bis # 4-51; ⏰12.00-21.00 lu-mi, 12.00-22.00 ju-sa, 12.00-17.00 do, 12.00-19.00 fes) Parada obligada si apetecen una buenas costillas o carne. Es mejor a la hora del almuerzo, para ir en familia. Se recomienda armar una "canasta" con todo tipo de carnes y compartir con una buena cerveza.

Amen Ramen Ramen $$
(plano p. 224; ☎573178868482; carrera 6 # 53-51; ⏰12.00-21.00 ma-mi, 12.00-22.00 ju-sa, 12.00-16.00 do) La especialidad ya está descrita en su nombre. Además, hay buenos *dumplings* y *bao* de cerdo, gaseosas artesanales y cócteles variados.

El Chino China/colombiana $$
(plano p. 224; ☎573178868482; carrera 6 # 53-51; ⏰17.00-24.00 ju-vi, 12.00-24.00 sa, 12.00-16.00 do y fes) Se podría decir que es un restaurante chino con sabor colombiano. En Bogotá la expresión "chino" alude también a los jóvenes. Acá las recetas conservan su apariencia china, pero con mezcla de ingredientes nacionales.

Casa Lélyté Vegetariana $$
(plano p. 224; ☎573218913364; calle 64 # 3 A-29; ⏰12.00-22.00 ma-sa, 12.00-18.00 do) Parte de un hotel-*boutique*, además de buen ambiente ofrece un menú variado con especialidades que siempre invitan a volver.

Massima Pizza Pizzería $$
(plano p. 224; ☎5713106866; calle 66 bis # 4-55; ⏰12.00-22.00 ma-ju, 12.00-23.00 vi-sa, 12.00-20.00 do) Podría pasar desapercibido, pero en su apariencia tranquila, se esconde una muy buena *pizza* hecha en horno de leña con un menú no tan variado pero de calidad.

Pollos Don Pepe Pollería $
(plano p. 224; ☎5712489850; www.pollosdonpp.com; calle 63 # 11-69; ⏰11.00-18.00 lu-do)

Justo enfrente de la plaza de Lourdes, es una buena alternativa para comer pollo a muy buen precio. Es generoso en raciones y muy famoso entre quienes trabajan y viven cerca. Sin ninguna pretensión se ha hecho muy buena fama.

El Pantera Mexicana $
(plano p. 224; ☎3173721265; calle 55 # 6-31; ⏰12.00-22.00 lu-ju, 12.00-23.00 vi-sa, 12.00-21.00 do) Un diminuto local al estilo de los puestos callejeros mexicanos y donde es normal ver gente comprando para llevar y comer en un parque cerca. Los esquites son deliciosos, así como los tacos de conchita pibil y chicharrón, a precios muy buenos. Tiene buena onda y es ideal para almorzar bien cuando no hay mucho tiempo.

⊗ Quinta Camacho

Abasto Internacional/colombiana $$$
(plano p. 227; ☎5716750492; www.abasto.com.co; calle 69A # 9-09; ⏰8.00-16.30) Tiene un sabor colombiano especial a pesar de que su carta incluye todo tipo de platos. Valen la pena sus empanadas paisas con ají de lulo (15 600 $) o sus tostadas de camarón (22 900 $). El menú se basa en productos locales. Es muy famoso por sus desayunos, de los mejores de Bogotá.

Restaurante Nueve Mediterránea/fusión $$
(plano p. 227; ☎5712487073; www.nueve.in; calle 70 A # 10A-18; ⏰12.00-15.30 y 19.00-23.30 lu-sa) Toda una experiencia gastronómica: un menú variado de platos pequeños para maridar con diferentes vinos. Hay especialidades muy originales y el concepto es llamativo. Imprescindibles los *dumplings* de lechona (22 000 $).

OAK Ahumado y Brebajes Ahumada $
(plano p. 227; ☎573044469262; www.oakahumados.com; calle 69 A # 10-15; ⏰12.00-22.30 lu-sa, 12.00-18.00 do) Aquí la combinación es agua, humo y calor. ¿Comida ahumada? Sí, y muy buena. Hay

hamburguesas de pollo y un sándwich de costilla muy recomendable.

Merci Sándwiches $$
(plano p. 227; ☏5719371660; www.mercicolombia.co/menu; calle 70 A # 9-04; ⏲12.00-20.00 lu-mi, 12.00-22.00 ju-sa, 12.00-17.00 do y fes) Sopas, ensaladas, hamburguesas y buenos sándwiches. Muy buena alternativa. Las entradas son muy buenas también, desde albóndigas hasta *burratas*.

La Grande Mexicana/peruana $$
(plano p. 227; ☏5717114015; www.lagrande.co; calle 69A # 10-04; ⏲12.00-22.00 lu-sa, 12.00-16.00 do) Su nombre parece aludir al local: es enorme. Tiene buen ambiente y sirve una mezcla de comida colombiana, mexicana y peruana.

Don Abel Pollo Mexicano Pollería $
(plano p. 227; ☏5713002765; www.pollosdonabel.com; carrera 9 # 70-29; ⏲11.30-22.00 lu-do) Nació durante la pandemia como servicio a domicilio y se quedó para deleitar a los comensales como restaurante. Es de los mismos creadores de Gordo (véase p. 113).

Rose Pastry Shop Pastelería $$
(plano p. 227; 573202415034; carrera 9 # 70 A-11; ⏲12.00-21.00 mi-sa, 10.00-17.00 do) Parece una casa de juguetes, pintoresca, con mucho color rosado y desde su fachada indica que es un lugar muy diferente. Ofrece buenos postres, aunque también valen la pena las minihamburguesas de res y las veganas. También es bueno para tomar un *gin pink* al caer la tarde.

Sauvage Bistró $$$
(plano p. 227; ☏573506256402; www.sauvagebogota.com; carrera 10 A # 67-88; ⏲12.00-22.00 lu-mi, 12.00-23.00 ju-sa, 12.00-18.00 do) Se presenta como un restaurante-cóctel-bar, y es una buena alternativa en el barrio, con un menú que cambia constantemente. De día es ideal para sentarse en su terraza. Los tacos de cordero (16 000 $) son una buena entrada y el asado de tira (36 000 $) está muy bien para compartir. Y siempre con un cóctel.

Ixcacau Chocolate y salón de té $$
(plano p. 227; ☏5713217434; www.ixcacau.com; calle 70 # 9-83; ⏲10.00-19.00 lu-vi, 10.00-16.00

Restaurante La Fama.

sa) Una parada ideal para los amantes del chocolate: postres, bollería, galletas y vinos para acompañar el producto escogido. También hay variedad de tés.

San Felipe

Oculto Cenas clandestinas $$$
(plano p. 228; ☎573158577555; calle 75 # 20 C-21) No siempre está abierto, se hizo famoso por sus "cenas clandestinas" y tiene la particularidad de que su menú se renueva permanentemente. La iniciativa es de David Orozco, su chef, quien adecuó la casa para este experimento gastronómico que vale la pena en el barrio San Felipe.

Trattoria de la Plaza Italiana $$$
(plano p. 228; ☎573188827938; www.trattoriadelaplaza.com; calle 66 # 22-45 piso 2; ⊙12.00-17.00 do-mi, 12.00-22.00 ju-sa) Su principal encanto está en su ubicación. En medio de talleres y ferreterías, en un sector netamente de locales comerciales, unas escaleras conducen al 2º piso, donde se abre este espacio de moda en Bogotá. Lejos de las zonas convencionales, la comida y el ambiente lo hacen muy agradable. Sus precios también son muy razonables, otro plus para conocerlo.

Tapería de la Plaza Española $$$
(plano p. 228; ☎573188827938; www.taperiadelaplaza.co; calle 66 # 22-39; ⊙12.00-17.00 do-mi, 12.00-22.00 ju-sa) Otra apuesta más en el barrio 7 de Agosto, con un concepto muy español. Es un lugar escondido, pequeño y acogedor, que ofrece buenos vinos y tapas. Vale la pena.

Chichería Demente Fusión $$$
(plano p. 228; ☎573209373488; www.chicheriademente.com; calle 69 # 15-08; ⊙ 12.00-23.00 lu-sa, 12.00-19.00 do y fes) En esta casa de patrimonio arquitectónico, con chimenea, techos altos y grafitis, se ofrece una carta variada con entradas como empanadas de queso manchego o *dumplings* de langostinos (18 000 $). Se recomienda pedir varias entradas para compartir y acompañarlas con un buen trago, pues el ambiente invita a quedarse varias horas.

Doña Segunda Colombiana $$
(plano p. 228; ☎573176866240; carrera 51 # 73-09; ⊙8.00-15.30 lu-sa) Uno de los locales más famosos de Bogotá por sus fritangas (morcillas, chunchullo, chicharrones, papas, entre otras, desde 10 000 $) y su gallina acompañada de papa salada, yuca y plátano (28 000 $ media ración). También sirve otros platos típicos, como ajiaco y cuchuco con espinazo. Es un sitio popular: suele haber cola a la hora del almuerzo.

Rosales

El Cielo Cocina de autor $$$$
(plano p. 233; ☎ 573209189074; calle 70 # 4-47; ⊙12.00-15.00 lu-sa) Dos pisos llenos de jardines y experiencias: la propuesta de su chef, Juan Manuel Barrientos, con una estrella Michelin en el 2021 por su sede en Washington, es un menú de degustación de 12 a 15 platos pequeños preparados con técnicas culinarias como *esferificación,* criococina u ósmosis acelerada. Lo dicho, toda una experiencia.

Criterión Francesa $$$$
(plano p. 233; ☎ 573223534609; calle 69A # 5-75; ⊙12.00-16.00 y 19.00-22.00 ma-sa, 12.00-17.00) Un restaurante muy laureado y famoso, liderado por los hermanos Rausch, muy reconocidos en el país. Ofrece comida de autor, con productos locales, inspirada en la gastronomía europea. La calidad es alta; es uno de los clásicos de la ciudad.

El Árabe Árabe $$$
(plano p. 233; ☎ 57 3227846919; www.elarabe.co; calle 69A # 6-41; ⊙11.00-21.00 lu-ju, 11.00-23.00 vi-sa, 11.00-17.00 do y fes) Uno de los mejores restaurantes de la Zona G, con un menú que incluye los clásicos de siempre (*kibbes,* arroz de almendras, hojas de parra rellenas, *tabbouleh* y carnes variadas) y opciones más originales. Un lugar espacioso, tranquilo y con buen servicio.

El ajiaco es una sopa tradicional a base de pollo, tres variedades de patatas y hierba de guasca..

Vitto — Italiana $$$

(plano p. 233; ☏ 5717035417; calle 69 # 4-97; ⏱12.00-23.00 lu-sa, 12.00-21.00 do) Establecimiento italiano que prepara buenas *pizzas*. Su ambiente y decoración son lo mejor y se recomienda pedir algo para compartir cuando no hay mucha hambre, siempre con un buen vino. Mejor de noche que a la hora del almuerzo.

Masa — Panadería/café $$

(plano p. 233; ☏ 5716531001; www.somosmasa.com; calle 70 # 4-83; ⏱7.00-21.00 lu-sa, 7.00-18.00 do y fes) Su terraza es ideal para desayunar, tomar un café a media mañana con algún producto de pastelería o almorzar una ensalada o un sándwich.

El día que me quieras — Argentina $$$

(plano p. 233; ☏ 5715404585; www.parrillaeldiaquemequieras.com; calle 69 A # 4-26; ⏱12.00-22.00 lu-sa, 12.00-18.00 do) Tiene nombre de tango y, por supuesto, es muy argentino: carnes a la parrilla, morcillas y chorizos de primera. Para un asado con buen vino.

Corral Gourmet — Hamburguesas $$

(plano p. 233; ☏5716543354; www.elcorralgourmet.com; calle 69A # 5-09; ⏱10.45-21.00 lu-vi, 8.00-21.00 sa-do/fes) Local de la cadena presente en varios barrios, con más de 30 años de historia, pensado para comer sin prisas.

La Lupita Restorán — Mexicana $$$

(plano p. 233; ☏573227649465; www.lalupitarestaurante.com; calle 69 A # 4-40; ⏱12.00-24.00 lu-sa, 10.00-18.00 do y fes) Es una buena opción de comida mexicana en la Zona G. Su decoración y buen ambiente lo hace acogedor e invita a pedir unos margaritas para acompañar los diferentes platos del menú.

Mister Ribs — Estadounidense $$$

(plano p. 233; ☏5712495271; www.mrribs.co; carera 6 # 69 A-20; ⏱12.00-23.00 do-ju, 12.00-24.00 vi-sa) Tiene más de 30 años de historia y es famoso por sus costillas y aros de cebolla. Su carta ofrece los clásicos de EE UU. El ambiente es tranquilo, sobrio, con clientes fieles a un lugar que es un clásico.

Calles gastronómicas de Bogotá

Dónde encontrar el sitio ideal

Si bien cada barrio tiene sus propias panaderías, restaurantes con almuerzos del día o cadenas de comida rápida, hay zonas y calles donde se concentra buena parte de la gastronomía de la ciudad. Se les denomina con letras: Zona G (véase p. 72), Zona T (véase p. 70), Zona M o Macarena (véase p. 94), al margen de Usaquén. En Bogotá hay oferta de comida de cualquier rincón del mundo y de gran calidad. Cada vez los sitios lucen un diseñado más sofisticado, con mejor servicio y chefs más formados.

Sin embargo, no todo está en estas zonas. También hay buenas ofertas en calles impensables, así como en las plazas de mercado (véase p. 109), con sabores auténticos y tradicionales en un ambiente informal a precios económicos.

Café con sabor colombiano

El café colombiano es mundialmente famoso, pero además de su sabor, en Bogotá se puede degustar en lugares muy bien diseñados para disfrutar de toda la experiencia: conversar, leer un libro o matar el tiempo mientras se define el plan que sigue. Tomar café es un placer, pero, aún más, en sitios que se han adaptado para que –además de ofrecer buenos almuerzos y comidas (cenas)– la experiencia de saborear y degustar el producto colombiano por excelencia sea exquisita.

Para tomar el mejor café

Libertario (p. 120)
Brot (p. 124)
Masa (p. 117)
Mistral (p. 112)

CALLES GASTRONÓMICAS DE BOGOTÁ **119**

Lugares secretos (incluso para los bogotanos)

Wakei (p. 113) Un japonés muy diferente a los demás.

Amen Ramen (p. 114) Exquisitas preparaciones de *ramen*.

El Chino (p. 114) ¿Una mezcla de comida china con colombiana? Pues sí, aquí.

Vitapas Gastrobar (p. 128) Buena paella donde menos se piensa.

Chez Jack (p. 129) Aunque lleva años sirviendo buena comida francesa, sigue siendo un secreto para muchos.

Comida callejera

Los puestos de comida callejera están casi siempre cerca de los sitios de diversión. Son lugares a los que la gente va a calmar el hambre con comida rápida: mazorca desgranada con salsa, perros calientes, hamburguesas o arepas de carne, pollo o chorizo. Durante el día es posible ver camionetas de comida cerca de la Zona T o del parque de la 93, que venden desde café a sándwiches o quesos, como en el parqueadero de la Zona G (carrera 5 # 69). Incluso, Andrés Carne de Res (véase p. 64) tiene una opción de este tipo, Andrés Express, en algunos puntos de la ciudad (calle 93b con carrera 13).

☆ Frases útiles

"Me regala un..." No quiere decir que den algo gratis, es solo una forma cortés de pedir lo que se quiere: "me regala un café", "me regala una carne con papas".

"Le voy a robar un poco de..." Nadie roba a nadie, pero si alguien va a la barra y quiere algo que no le llevaron a la mesa dice, por ejemplo, "le voy a robar pimienta", "le voy a robar azúcar".

"¿Quién pidió pollo?" En el contexto de un restaurante, es una pregunta sarcástica cuando la cuenta es muy cara.

"El último y nos vamos" Cuando alguien se pasa de tragos y aun así sabe que el último no está cerca.

"¡A la orden!" Si algo caracteriza a los colombianos es su amabilidad y más en los meseros, que repiten esto para decir que están al servicio del comensal.

ALEJANDRA QUINTERO SINISTERRA ©; ISAAC MONROY GARDEAZABAL ©

Julia
Pizzería $$

(plano p. 233; ☎5713482835; www.juliapizzeria.com; carrera 5 # 69A-19; ⊕ 12.00-22.00 lu-do) Un ambiente sencillo, acogedor y un menú con unas pocas entradas para dar paso a *pizzas* de primera que se pueden combinar con una gran cantidad de vinos, principalmente italianos.

Libertario Coffee
Café $$

(plano p. 233; ☎573196766715; www.libertariocoffee.co; calle 70A # 5-37; ⊕8.00-17.00 lu-sa, 8.00-16.00 do-fes) Con su gran variedad de cafés, este lugar es perfecto para probar el producto insignia de Colombia. También venden grano molido para llevar.

Elektra Punk & Food
Vegetariana $

(plano p. 233; ☎573104305275; carrera 5 # 69-27; ⊕12.00-21.00 lu-ju, 12.00-23.00 vi-sa, 12.00-17.30 do) Se define como comida y despensa punk, estética que predomina en su decoración, y su oferta es variada. Valen la pena las quesadillas de hongos (16 000 $).

Le Coco Café
Café $$

(plano p. 233; 573054257404; carrera 5 # 69-15; ⊕12.00-21.00 do-mi, 12.00-22.00 ju-sa) *Pizzas* a buenos precios y postres a precios económicos. También sirven vino por copas. Lo mejor es pasarse al final de la tarde.

⊗ La Cabrera y El Nogal

Di Lucca
Italiana $$$

(plano p. 230; ☎5712574269; www.diluccarestaurante.com; carrera 13 # 85-32; ⊕12.00-22.00 do-mi, 12.00-23.00 ju-sa) Se fundó hace poco menos de 30 años y es uno de los más tradicionales de Bogotá. El ambiente, el servicio y la calidad de sus pastas hacen que siempre esté lleno. Si es de día, la terraza invita a que el almuerzo se alargue con unos tragos. Es mejor reservar, porque es un lugar muy frecuentado.

Casa
Española contemporánea $$$$

(plano p. 230; ☎5712363755; www.restaurantecasa.com; carrera 13 # 85-24; ⊕12.00-22.00 ma-sa, 12.00-18.00 do y fes) Ubicado en una casa del reconocido arquitecto Guillermo Bermúdez, luce en su decoración obras de arte y una chimenea muy acogedora cerca de la barra; para quien prefiera comer al aire libre, hay dos terrazas. Los platos pueden ser para una persona, pero lo ideal es compartir: el tartar de atún (31 900 $) es muy recomendable, así como el pulpo a la parrilla (39 900 $). Y, como plato principal, arroz meloso de mariscos (39 900 $) o confit de pato con *risotto* de setas y ensalada (58 900 $).

La Brasserie
Francesa $$$$

(plano p. 230; ☎5712576402; www.labrasserierestaurante.com; carrera 13 # 85-35; ⊕12.00-22.00 lu-mi, 12.00-23.00 ju-sa, 12.00-18.00 do y fes) Buen ambiente, buen servicio, buena barra, buenos vinos, dos terrazas muy acogedoras y un menú que satisface todos los antojos: desde entradas como albóndigas de cordero y croquetas de cangrejo; hasta brie crocante y el tartar de atún. Como platos fuertes, el entrecot París es muy recomendable (46 900 $), así como el pollo al horno, el *risotto* de mar o los *moules marinières* (42 900 $).

Primi
Italiana $$$

(plano p. 230; ☎5717444369; www.restaurante primi.com; carrea 13 # 85-85; ⊕12.00-22.00 lu-mi, 12.00-23.00 ju-sa, 12.00-18.00 do y fes) El menú está pensado para compartir. Es famoso por sus *pizzettas* delgadas y crujientes, desde la tradicional margarita hasta la de tocineta crocante con higos y salsa de queso. De platos fuertes, sobresalen los raviolis rellenos de rabo de toro, la lasaña de alcachofa o el arroz caldoso. Ante todo, buen ambiente.

Osaka
Japonesa/peruana $$$$

(plano p. 230; ☎5716318175; www.osakanikkei.com/es/local/bogota; carrera 13 # 85-25; ⊕ 12.30-23.00 lu-sa, 12.30-21.00 do) Está inspirado en el original de Lima, y ofrece una combinación de comida japonesa con el mejor sabor peruano. La comida es realmente buena. Hay *makis*, ceviches, tiraditos… y todo el menú es una invitación a pedir para compartir. El ambiente invita siempre a acompañar la comida con un buen trago. Es costoso, pero igualmente rico.

Central Cevichería — Comida de mar $$$$

(plano p. 230; ☎5716447766; www.centralcevi cheria.com; carrera 13 # 85-14; ⏱12.00-21.30 lu-ju, 12.00-22.00 vi-sa, 12.00-21.00 do y fes) Su fuerte son los ceviches, pero también hay pescados (el pargo frito con arroz con coco es perfecto para un almuerzo) y otras opciones como sándwich de cangrejo (29 900 $) o la parrillada de mariscos (79 900 $). El son cubano ambienta el lugar.

Agadón — Estadounidense $$

(plano p. 230; ☎5716917997; www.restaurante agadon.com; carrera 13 # 85-75; ⏱12.00-22.00 ma-ju, 12.00-23.00 vi, 8.00-23.00 sa, 8.00-21.30 do y fes) Aunque su menú ofrece variedad de platos de comida estadounidense, también tipo *tex-mex*, la verdadera especialidad son las hamburguesas, de las mejores de Bogotá. Los perros calientes y los sándwiches no se quedan atrás, así como las costillas. Comida rápida para comer sin prisas.

Oficial — Peruana $$$

(plano p. 230; ☎5716447766; www.oficial.com.co; calle 85 # 12-90; ⏱11.00-21.30 lu-ju, 11.00-22.00 vi-sa, 11.00-21.00 do) En un segundo piso, es un experimento muy bien logrado entre el reconocido chef peruano Rafael Osterling y el grupo Takami (80 Sillas, Central Cevichería, Osaki, entre otros). El ambiente es perfecto para tomar algo y compartir algunos platos. Los *sanguchitos* peruanos son muy buenos, así como los tiraditos y los ceviches.

Cristóbal — Gastropub $$$

(plano p. 230; ☎573229447115; carrera 12 # 84-57; ⏱11.30-24.00) Ideal para quien quiere buen ambiente para acompañar su comida. Se recomienda reservar y probar, además, los cócteles que ofrece la carta. Es perfecto para comenzar una noche larga.

Watakushi — Asiática $$

(plano p. 230; ☎5712180642; www.watakushi.com.co; carrera 12 # 83-17; ⏱12.00-23.00 lu-sa,

Restaurante Central Cevicheria.

12.00-17.00 do y fes) Un clásico bogotano con un menú asiático variado, ambiente cómodo y un gran servicio. Si apetece sushi, es el lugar indicado. Tiene buenas entradas para compartir, como *gyosas* o camarones rebozados con mayonesa *sriracha*.

Wok Izakaya Asiática $$

(plano p. 230; 5716225980; www.wok.com.co/wps/portal/wok/wok-izakaya; carrera 13 # 82-74, 3 piso; 12.00-21.30 lu-ju, 12.00-22.00 vi-sa, 12.00-20.30 do y fes) En el último piso, ofrece un menú y ambiente diferente a otros lugares de su tipo en la ciudad. Invita a acompañar la comida con un vino.

Renata Tacos Mexicana $

(plano p. 230; 5718058437; www.renatatacos.com; carrera 14 # 85-22; 11.30-22.00 lu-mi, 11.30-20.00 do y fes) Tacos de los buenos, al estilo de los puestos callejeros mexicanos: sillas de plástico, decoración sin pretensiones y neveras a la vista hacen que su ambiente sea muy informal. La calidad es muy buena y sus precios, muy económicos.

La Lucha Sanguchería Criolla Peruana $

(plano p. 230; 573194122414; www.lalucha.localhero.com.co; calle 85 # 12-95; 10.00-21.00 do-ju, 10.00-23.00 vi-sa) Directamente desde Perú, esta cadena de *sanguchitos* para pedir en la caja y comer en la mesa ofrece comida rápida a precios económicos.

Lina's Francesa $$

(plano p. 230; 5716168585; www.linassandwiches.co; carrera 11 # 82-71 local 150, Centro Andino; 7.30-21.00 lu-vi, 8.30-22.00 sa, 9.00-20.00 do y fes) Después de hacer compras en el Centro Andino o El Retiro, un buen plan puede ser tomarse aquí un café con algún postre. Hay sándwiches, sopas y ensaladas. Su terraza al aire libre es ideal para un alto en el camino.

Il Pomeriggio Italiana $$

(plano p. 230; 5716168615; www.ilpomeriggio.com.co; carrera 11 # 82-00 local 158, Centro Andino; 7.30-12.00 lu-do) Un tradicional café con una terraza muy agradable en el costado sur del Centro Comercial Andino,

Renata Tacos.

ideal para pasar la tarde con un café o un trago. En su carta hay buenos *carpaccios* y *paninos*.

Qun Peruana $$$
(plano p. 230; 573157652425; www.restaurante qun.com; calle 85 # 12-72; 12.00-24.00 lu-sa, 12.00-17.00 do y fes) En el sótano del hotel Marriot, es un espacio novedoso con comida peruana. Se recomienda sentarse a la barra, pedir un trago y algo para compartir. El fuerte del lugar es su ambiente.

La Xarcutería Estadounidense $$
(plano p. 230; 573058150601; www. laxarcuteria.com.co; calle 85 # 12-13; 11.00-21.00 lu-ju, 11.00-23.00 vi, 10.00-23.00 sa, 8.00-21.00 do) A simple vista parece comida rápida, pero realmente es estadounidense con ingredientes bien escogidos. Sus hamburguesas son muy famosas y los chicharrones crujientes (19 000 $) de entrada son exquisitos.

Andrés D.C. Colombiana $$$$
(plano p. 230; 573153559096; www.andrescarne deres.com/andres-dc; calle 82 # 12-21; 12.00-22.00 do-ju, 12.00-24.00 vi-sa) Es la sucursal del Andrés Carne de Res original que queda en Chía (véase p. 64). El menú es el mismo; el servicio, el ambiente y la música también. Si no hay tiempo de escaparse de Bogotá hasta el original, es una buena opción para conocer uno de los restaurantes más famosos de Colombia.

Myriam Camhi Postres $$
(plano p. 230; 573176444035; www. myriamcamhi.com; calle 77 # 13-08; 8.00-18.00 lu-do) Aunque se puede almorzar un buen sándwich o una ensalada, lo realmente recomendable son sus postres, y los hay de todo tipo. Ideal para hacer un alto en el camino y acompañar con un tinto (café solo).

Salvaje Japonesa $$$
(plano p. 230; 573217556108; www.bogota. salvaje.world; calle 83 # 9-48 Hotel Bioxury; 12.00-21.30 lu-mi, 12.00-22.00 vi-do) Con una arquitectura llamativa y un ambiente que busca convertir la comida en un gran festejo (los músicos van tocando entre las mesas), propone un menú japonés en presentaciones diferentes. Se recomienda reservar.

Gaba Internacional $$$
(plano p. 230; 573123924936; calle 85 # 12-47; 8.00-22.00 ma-sa, 8.00-17.00 do-lu) Un gran diseño, un espacio agradable y una carta impecable para cualquier hora del día: del desayuno a la noche. Situado cerca de los centros comerciales de la Zona Rosa.

Café Monstruo Café $
(plano p. 230; 573112615249; www.cafe monstruo.com; carrera 18 # 84-84; 8.00-19.00 lu-ma, 8.00-20.00 mi-sa, 8.00-16.00 do y fes) A pesar de estar en la bulliciosa calle 85, una alta vegetación esconde este café que destaca por sus desayunos (hay variedad de panes, huevos al gusto y cereales) y por sus variadas *pizzas* al almuerzo. También sirve un buen café.

Gringo Cantina Mexicana $
(plano p. 230; 571 6222906; calle 80 # 12 A-29; 11.30-21.30 lu-ju, 11.30-21.00 vi-sa, 11.30-18.00 do) Los burritos de chicharrón son espectaculares, pero la oferta tiene todo tipo de platos *tex-mex*, desde flautas hasta *poutine*. Muy buena relación calidad-precio.

La Taquería Mexicana $
(plano p. 230; 5716366422; www.lataqueria. com.co; calle 82 # 12A-25/27; 12.00-21.00 lu-ju 12.00-22.00 vi-sa, 12-21.00 do) Raciones generosas y un menú variado de comida mexicana. Tiene versiones saludables de burritos. Hay varios puntos en la ciudad.

La Cesta Panadería $$
(plano p. 230; 5714674944; www.lacesta.com. co; calle 81 # 8-70; 7.00-19.00 lu-vi, 8.00-19.00 sa-do) Para ir a cualquier hora del día: es bueno para un café, unas *onces* (tiene buena panadería) y para almorzar de manera saludable. Hay plato del día, así como un menú variado de sándwiches, sopas y ensaladas.

San Giorgio Trattoria Italiana $$$

(plano p. 230; ☎5714790584; www.sangiorgio trattoria.com; calle 81 # 8-81; ⊙12.00-22.00 lu-sa, 12.00-17.00 do y fes) San Giorgio Lucano es un pequeño pueblo al sur de Italia y este local es un pequeño rincón trasalpino en Bogotá. Ideal para los que prefieren un ambiente tranquilo con comida de primera. Hay pastas en todas sus versiones, además del famoso *pesce* San Giorgio (34 900 $) y, de postre, helados de todos los sabores.

Ugly American Hamburguesas $$

(plano p. 230; ☎5716447766; www.uglyamerican. co; calle 81 # 9-12, entrada por carrera 9; ⊙9.30-14.00 *brunch* sa-do-fest, 12.00-21.00 lu-mi, 12.00-22.00 ju-vi, 9.30-21.00 sa, 9.30-17.00 do) Acá siempre es de noche, incluso a la hora del almuerzo, pues está ubicado en un sótano. Es oscuro, con un ambiente de bar que es su gran atractivo, y con unas de las mejores hamburguesas de la ciudad. Para almorzar está más que bien, y por la noche lo ideal es sentarse en la barra, tomar algo y picar.

La Bifería Argentina $$$

(plano p. 230; ☎5712142673; www.labiferia.com. co; calle 79 B # 8-79; ⊙12.00-20.00 lu-ju, 12.00-21.00 vi-sa, 12.00-17.00 do y fes) Ofrece todos los cortes de carne posibles y tiene entradas como chinchulines, provolone o choripanes. Los platos se acompañan con ensalada y papas de varios tipos, a elegir. Ideal para almorzar cuando se tiene mucho apetito.

El Bandido Bistró Bistró $$$$

(plano p. 230; ☎573114722327; calle 79 B # 7-12; ⊙18.00-22.00 lu, 12.30-24.00 ma-do) En el extremo oriental de la calle de los Anticuarios, se esconde este lugar con aire de bistró francés. Lo mejor, por encima de todo, es su ambiente. La comida está bien, sobresale el pulpo que ofrecen de entrada. La barra tiene ambiente y al fondo hay un bar llamado Enano, ideal para las noches (véase p. 157).

Harry Sasson Internacional/colombiana $$$$

(plano p. 230; ☎5713477155; www.harrysasson. com; carrera 9 #75-70; ⊙12.00-24.00 ju-sa, 12.00-18.00 do) Sin duda, uno de los mejores restaurantes de Bogotá, que lleva el nombre de su chef y creador. Ya solo por la casa donde se halla (enfrente del Gimnasio Moderno) ya se sabe que la experiencia será más que buena. El servicio y el ambiente son excelentes, perfectos para cualquier hora del día. Los chicharrones para compartir son muy recomendables, y sus platos fuertes van desde lomo de res hasta arroces al wok.

Casa Mexicana Mexicana $

(plano p. 230; ☎5718050220; carrera 12A # 77-37; ⊙9.00-17.00 lu-sa, 9.00-16.00 do) Antes estaba cerca de la Zona T, en un sitio más amplio, pero este nuevo local con ambiente de cafetería sigue ofreciendo una carta de alta calidad: desde enchiladas verdes hasta sopa de tortilla, botanas y tacos. Los precios son comedidos. Se recomienda para almorzar.

Cuarto Frío Gastrobar Mediterránea $$$

(plano p. 230; ☎573145289338; carrera 14 # 86 A-12; ⊙12.00-23.30 lu-sa, 12.00-17.00 do) El propósito de sus creadores es generar una experiencia diferente. Detrás del concepto está el chef español Koldo Miranda y el menú es poco convencional. Se recomiendan platos para compartir y dejarse aconsejar.

Les Amis Pastelería $$

(plano p. 230; ☎573175150373; www. lesamisbizcocheria.com; carrera 14 # 86A-12 piso 2; ⊙ 9.00-19.00 lu-sa, 09.00-18.00 do y fes) Unos pasos al sur del parque de El Virrey (véase p. 88), es ideal si se buscan postres y pasteles de primera.

Brot Panadería $

(plano p. 230; ☎5717037304; www.brot.com.co; calle 81 # 7-93; ⊙6.30-19.00 lu-do) Su especialidad son los desayunos (huevos en diferentes presentaciones) y una panadería exquisita con productos salados y dulces. Son famosos sus cruasanes con jamón y queso, los de chocolate y almendras, los dedos de queso, así como sus panes de yuca. Durante el día es un lugar ideal para tomar un café y compartir unas *onces*. Para almorzar, hay sopas, sándwiches y ensaladas.

Ugly American.

🍴 Chicó

Pajares Salinas   Española $$$$
(plano p. 234; ☏573112542840; www.pajaressalinas.com; carrera 10 # 96-08; ⏰12.20-16.00 y 19.00-22.30 lu-do) Clásico de clásicos con más de 60 años de historia. Era y es muy frecuentado por políticos y empresarios, y siempre se ha dicho que en sus mesas se han tomado muchas decisiones trascendentales para el país. Ambiente tranquilo y buena carta española.

La Fragata Giratoria   Comida de mar $$$
(plano p. 234; ☏5716167461; www.lafragata.com; calle 100 # 8 A-55 piso 12; ⏰12.00-23.00 ma-sa, 12.00-17.00 do) Está en el último piso de las torres del World Trade Center y es un clásico bogotano. Hay pescados, mariscos, paella, pero, ante todo, su punto fuerte es la ubicación: va girando lentamente para permitir una vista de 360º de Bogotá. Es bastante formal; hay que vestir en consecuencia.

Las Cuatro Estaciones   Española $$$
(plano p. 234; ☏573135843440; carrera 8A # 98-38; ⏰12.00-23.00 lu-sa, 12.00-17.00 do) Un clásico bogotano con comida española de primera y buenos vinos en un ambiente muy tranquilo.

Ko   Asiática $$$
(plano p. 234; ☏573184052239; www.koasiankitchen.com; calle 93 A # 12-35; ⏰12.00-22.00 do-ju, 12.00-23.00 vi-sa) Una propuesta que ha ayudado a renovar el parque de la 93. El ambiente es muy bueno y la propuesta de sus chefs, raciones para compartir. Los *nori* tacos ya se han vuelto famosos, así como sus curris. La decoración, ubicación y servicio aseguran una buena experiencia. Si es posible, mejor pedir una mesa en la terraza.

Wok   Asiática $$
(plano p. 234; ☏5712364939; www.wok.com.co; calle 93 B # 12-28; ⏰11.30-20.30 lu-ju, 11.30-21.00 vi-sa, 11.15-20.00 do y fes) Hay varios en la ciudad. El primero que abrió fue el del parque de la 93 y su menú se ha ido ampliando con el tiempo: comida

asiática con buenos arroces, sopas y, claro, *sushi*. Tiene una buena terraza y, dentro, mesas largas.

Crepes & Waffles Crepes $$
(plano p. 234; ☏5716767610; www.crepesywaffles.com; calle 93B # 12-10; ⊙8.00-22.00 lu-sa, 8.00-21.00 do) Hay varios en la ciudad y es normal que a mediodía se vean largas filas de personas esperando para almorzar. Es un clásico bogotano en el que su fuerte es la calidad de sus productos y sus precios accesibles. Los desayunos son muy buenos y para almorzar la oferta es variada.

Sushigozen Japonesa $$
(plano p. 234; ☏5712570282; carrera 14 # 93 b-45; ⊙12.00-22.00 lu-ju, 12.00-23.00 vi-do) Es normal ver a muchos comensales japoneses aquí y esto habla muy bien del *sushi* que ofrece, que, en efecto, es delicioso. Lo ideal es pedir varios *makis* para compartir y entradas como *edamames* y *gyosas*. Se recomienda más a la hora del almuerzo.

Al Agua Patos Internacional $
(plano p. 234; ☏5717437452; www.alaguapatos.com.co; calle 93 # 11 A-11 local 2; ⊙7.00-20.00 lu-sa, 7.00-19.00 do y fes) El fuerte son los desayunos, en especial por sus tostadas: con aguacate, huevo, tocineta y muchos ingredientes más. Durante el día está bien para un café. Los domingos por la mañana suele haber fila.

La Diva Pizzería $$
(plano p. 234; ☏573106304384; calle 93 # 13 A-44; ⊙12.00-22.00 do-mi, 12.00-23.00 ju-sa) Con varios locales, prepara una de las mejores *pizzas* de Bogotá. Su decoración es algo recargada, pero sus propuestas y las combinaciones de sus productos la hacen única.

Teriyaki Asiática $$$
(plano p. 234; ☏5713210215; www.teriyaki.com.co; calle 69 A # 05-79; ⊙11.30-22.00 lu-ju, 11.30-23.00 vi-sa, 12.00-21.30 do) Una muy buena opción para almorzar comida asiática a precios razonables. Junto al parque de la 93, se puede ver a los chefs preparando los platos delante de los comensales, mientras explican lo que hacen. Los arroces son muy buenos y el *sushi* también.

Bagatelle Panadería/café $$
(plano p. 234; ☏573173652042; www.bagatelle.com.co; carrera 13 # 93A-45; ⊙6.30-21.30 lu-sa, 6.30-21.00 do y fes) Es famoso por sus desayunos tipo *brunch* y por la variedad de panes que se encuentran a cualquier hora del día para acompañar con un café. También hay menú de almuerzo. Su nueva sede en el parque de la 93 es amplia y acogedora.

Gamberro Española $$$
(plano p. 234; ☏5715556923; www.restaurantegamberro.com; calle 90 # 11-13; ⊙12.00-21.00 lu-mi, 12.00-22.00 lu-sa, 12.00-17.00 do y fes) Comida de fusión con acento español. Es el primero que se ve al entrar por la calle 90, y su terraza y ambiente son perfectos para tomar y picar algo.

Black Bear Estadounidense $$
(plano p. 234; ☏5716447766; www.blackbear.com.co; carrera 11A # 89-10; ⊙12.00-22.00 lu-ju y sa, 12.00-23.00 vi, 12.00-18.00 do) Si se busca buen ambiente, este es el lugar. Se recomienda sentarse en la barra, pedir algo de beber y acompañarlo con algunas entradas o platos pequeños, por ejemplo, unos nachos de cordero o unas setas con *fondue* de brie. Lo mejor es ir al final de la tarde o ya de noche.

Toshiro Asiática $$$
(plano p. 234; ☏573219283179; www.toshirocolombia.com; calle 90 # 11-13, local 5; ⊙11.00-21.00 lu-mi, 12.00-22.00 ju-sa, 12.00-20.00 do) En un 2º piso, ofrece un extenso menú asiático con buenas opciones vegetarianas, desde *makis* hasta *ramen*. Buen servicio y buen ambiente.

Cacio & Pepe Italiana $$
(plano p. 234; ☏5716447766; www.cacioepepe.com.co; carrera 11A # 89-38; ⊙12.00-21.00 lu-mi y do, 12.00-22.00 ju-sa) Muy completo por su

ambiente, servicio y calidad. Es italiano, con buenas *pizzas* y unos sobresalientes raviolis de salmón o de cangrejo y un recomendable osobuco. La terraza es perfecta para almorzar sin prisas o para quedarse tomando unos tragos.

La Estancia Chica — Argentina $$$

(plano p. 234; 5716184093; www.estanciachicabogota.com; calle 93A # 13B-50; 12.00-20.30 lu-sa, 12.00-17.00 do) Un clásico con carnes de primera. Hay empanadas y chinchulines de entrada, muy recomendables. El ambiente es sobrio, con mucho público maduro. La terraza es una buena opción, el servicio es muy bueno y pese a los años (que son muchos) ha mantenido su calidad.

Le Grand — Café $$

(plano p. 234; 573102664111; www.legrandcafe.com.co; calle 92 # 10-89; 7.00-23.00 lu-sa, 7.00-20.00 do) Se abrió en plena pandemia y tiene decoración y ambiente de café francés. Su diseño es imponente, todo parece muy bien pensado, y su carta va desde desayunos con tostadas, panes, huevos y cereales, hasta almuerzos y comida con variedad de carnes. Se recomienda un café por la tarde acompañado de un postre.

Chef Burger — Hamburguesas $

(plano p. 234; 5714326881; www.chefburger.co; calle 93 # 11A-31; 12.00-22.30 do-mi, 12.00-24.30 ju-do) Esta cadena de hamburgueserías nació en Medellín, llegó a Bogotá hace poco tiempo y se ha ganado muchos fans por la calidad de sus productos y el buen servicio. Además, ofrece precios económicos.

Canasto Picnic Bistró — Bistró $$$

(plano p. 234; 573138282547; calle 88 # 13 A-51; 11.00-22.00 lu, 8.00-22.00 ma-sa, 8.00-18.00 doy fes) Ideal para desayunar y con una carta, en general, saludable y variada. Casi todo el local es una gran terraza cubierta que da al parque de El Virrey y eso forma parte de la experiencia. Se puede almorzar también un buen sándwich o una ensalada.

Los mejores helados

Crepes & Waflfes (www.crepesywaflles.com)

Orso (www.orsoheladeria.com)

Michelle (www.michelle.com.co)

Le Pain Quotidien — Panadería $$

(plano p. 234; 573172554008; www.lepainquotidien.com/co/es; calle 93A # 12-35; 7.00-21.00 lu-sa, 8.00-19.00 do) Tiene una terraza con vistas al parque y, al igual que los otros de esta cadena internacional, una carta variada de desayunos, buena panadería, café y oferta saludable para el almuerzo. Muy buena opción si se está en el parque de la 93.

Brera Italian Restaurant & Wine Bar — Italiana $$$

(plano p. 234; 573154279415; www.brerarestaurante.com; calle 93 # 12-35; 12.00-22.00 lu-mi, do y fest, 12.00-23.00 ju-sa) En Salvio, en el 2º piso, comida italiana, con variedad de *pizzas*, pero sobre todo buen ambiente. Su ubicación y su vista al parque le añaden un atractivo especial para tomar algo más allá de un almuerzo con un menú correcto, sin muchas sorpresas.

Osaki — Asiática $$

(plano p. 234; 5716447766; www.osaki.com.co; carrera 11A # 93 A-46; 12.00-21.00 lu-ju y sa, 12.00-24.00 vi, 12.00-21.30 do) En medio de tanta oferta de comida asiática, esta es una opción informal, con buenos *makis* y *pokes*. Tiene varios locales, como los del parque de la 93 y la Zona G. En cualquiera de ellos se encontrará buen servicio y platos de calidad.

Bubu Burger Joint — Hamburguesas $

(plano p. 234; 573213388723; carrera 17 # 109-25; 12.00-22.00 lu-sa, 12.00-21.00 do) De los mismos creadores de Café Bar Universal, estas hamburguesas se volvieron famosas durante la pandemia, pues eran una alternativa económica de servicio a domicilio.

Mercado del Chicó   Plaza de comidas $$
(plano p. 234; 573214409092; www.mercado delchico.com; calle 90 # 16-56; 11.30-23.00 lu-mi, 11.30-24.00 ju-sa, 11.30-21.30 do) Ideal para ir en grupo y pedir en varios sitios: hay desde comida árabe hasta hamburguesas. Es como entrar a una plaza de mercado con pequeños locales, coloridos, que ofrecen comida de todo tipo. Una buena opción a precios económicos.

Jacques   Pastelería $$
(plano p. 234; 5716205747; www.panaderiajacques.com; calle 109 #15-48; 8.00-18.00 ma-do y fes) Con aires de pastelería francesa, lleva años deleitando a los bogotanos con productos dulces y salados. Su ubicación es ideal para hacer un alto en una tarde de compras.

Juan Valdez   Café $
(plano p. 234; 5717423995; www.juanvaldez.com; carretera 11A # 93A-10) Una de las marcas más conocidas de Colombia. Ofrece también productos de panadería, granizados, capuchinos y todas las posibilidades del café.

Pura Vida   Vegetariana $
(plano p. 234; 573196586584; www.comidasaludable.purozumoespuravida.com; calle 93B # 13-91; 8.30-19.30 lu-mi, 09.00-21.00 ju-sa, 9.00-19.00 do y fes) Una excelente opción con barra de jugos, menús de *brunch,* desayunos y almuerzos. Un local pequeño muy bien atendido.

Vitapas Gastrobar   Gastrobar $$$
(plano p. 234; 5717171060; www.gastrobarvitapas.com; calle 94A # 11A-90; 12.00-22.00 lu-sa, 12.00-18.00 do y fes) Desde afuera pareciera que es todo menos un restaurante. Dentro, su carta, muy española, sorprende por la calidad, especialmente la paella.

Usaquén

80 Sillas   Peruana $$$
(plano p. 237; 5716447766; www.80sillas.com; calle 118 # 6 A-05; 12.00-16.00 y 19.00-22.00 ma-vi, 12.00-23.00 sa, 12.00-17.00 do) Su nombre se debe a que, efectivamente, solo dispone de 80 sillas. Es un clásico de Usaquén y tiene en su carta ceviches, tiraditos y las famosas causas peruanas. Está bien para todo el día si se busca un ambiente más tranquilo.

Café Amarti   Italiana $$$
(plano p. 237; 5712149017; www.amarti.com.co; calle 119 # 6-24; 11.00-24.00 lu-ju, 8.30-24.00 vi-do-fes) Uno de los clásicos de Usaquén, justo enfrente del parque. Es grande, espacioso, con un jardín en la parte de atrás muy acogedor para quien quiera comer sin prisas. Hay pastas y pizzas, y algo muy especial que es, además, gratis: el pan que ofrecen apenas el comensal se sienta.

Taj Mahal   India $$$
(plano p. 237; 5713002790; www.tajmahal.com.co; calle 119b # 6A-34; 12.00-16.00 y 17:30-21:30 ma-mi, 12.00-16.00 y 17.30-22.00 ju-vi, 12.00-17.00 y 18.30-22:00 sa, 12.00-18.00 do) Grande y espacioso, ofrece platos indios de pollo y cordero, ideales para compartir. Ofrece un menú de degustación (26 700 $) con un poco de todo. Ojo: es realmente picante.

Oliveto Pizza Gourmet   Italiana $$
(plano p. 237; 5712134124; carrera 6A # 118-57; 12.00-21.00 lu-ju, 12.00-22.00 vi-sa, 12.00-20.00 do) Es informal, sin grandes pretensiones; ese es su encanto. Si se buscan precios accesibles y buenas pastas y *pizzas,* es perfecto. Su ubicación frente el parque de Usaquén es ideal para terminar un recorrido por la zona.

La Mar   Peruana $$$
(plano p. 237; 5716292177; www.lamarcebicheria.com/es/Bogota; calle 119 B # 6-01; 12.00-24.00 lu-do) Un sitio amplio, con muchas mesas y con una carta enfocada en comida peruana, desde causas hasta arroces (las conchitas parmesanas son muy buenas). Ambiente agradable.

7.16   Mediterránea $$$$
(plano p. 237; 5712134271; www.716.com.co; calle 119 B # 6-28; 12.00-20.00 lu-vi,

Arte folclórico en el restaurante Andrés Carne de Res.

9.00-20.00 sa-do-fes) Para amantes de la buena carne, esta enorme casa en Usaquén tiene un muy buen ambiente y un patio muy llamativo. Se recomienda compartir unas tapas españolas de entrada y después, algún corte de carne. Entre semana es normal ver muchas reuniones de trabajo y gente que trabaja en las oficinas cercanas.

Conosur Asiática $

(plano p. 237; 573125641421; calle 117 # 6-64; 12.00-22.00 lu-do) Conos de patacón rellenos de chicharrón, pescado o chorizo o *sushi*. Es una muy buena alternativa de comida rápida, pero diferente a las demás.

Trattoria Sole Rosso Italiana $$$

(plano p. 237; 573044151506; www.solerosso.co; carrera 7 # 120-20, Zula; 11.00-19.00) Ideal para rematar un día de compras en Zula (véase p. 145) o después de caminar por Usaquén. Buen *risotto, pizzas* y antipastos.

Chez Jack Francesa $$$

(plano p. 237; 5712142905; calle 126 A # 7C-18; 12.00-17.00 lu-ju y do, 12.00-23.00 vi-sa) En el lugar menos pensado, cerca de la zona más popular de Usaquén, está este clásico pero, a la vez, secreto para los bogotanos. Ofrece un menú amplio y un ambiente acogedor.

Chía

Andrés Carne de Res Colombiana $$$$

(573153559096; www.andrescarnederes.com/andres-carne-de-res; calle 3 # 11A-56 Chía; 12.00-22.00 mi-ju-do, 12.00-24.00 vi-sa cerrado lu-ma) Es toda una experiencia y bien vale la pena ir hasta Chía. Acá todo está pensado: desde la decoración con objetos de cultura popular colombiana hasta las coreografías que cada tanto hacen los meseros; también hay actores y magos, y una zona infantil. En la carta, las carnes son el fuerte, pero también hay platos tradicionales como ajiaco, sancocho, fríjoles o empanadas, entre otros.

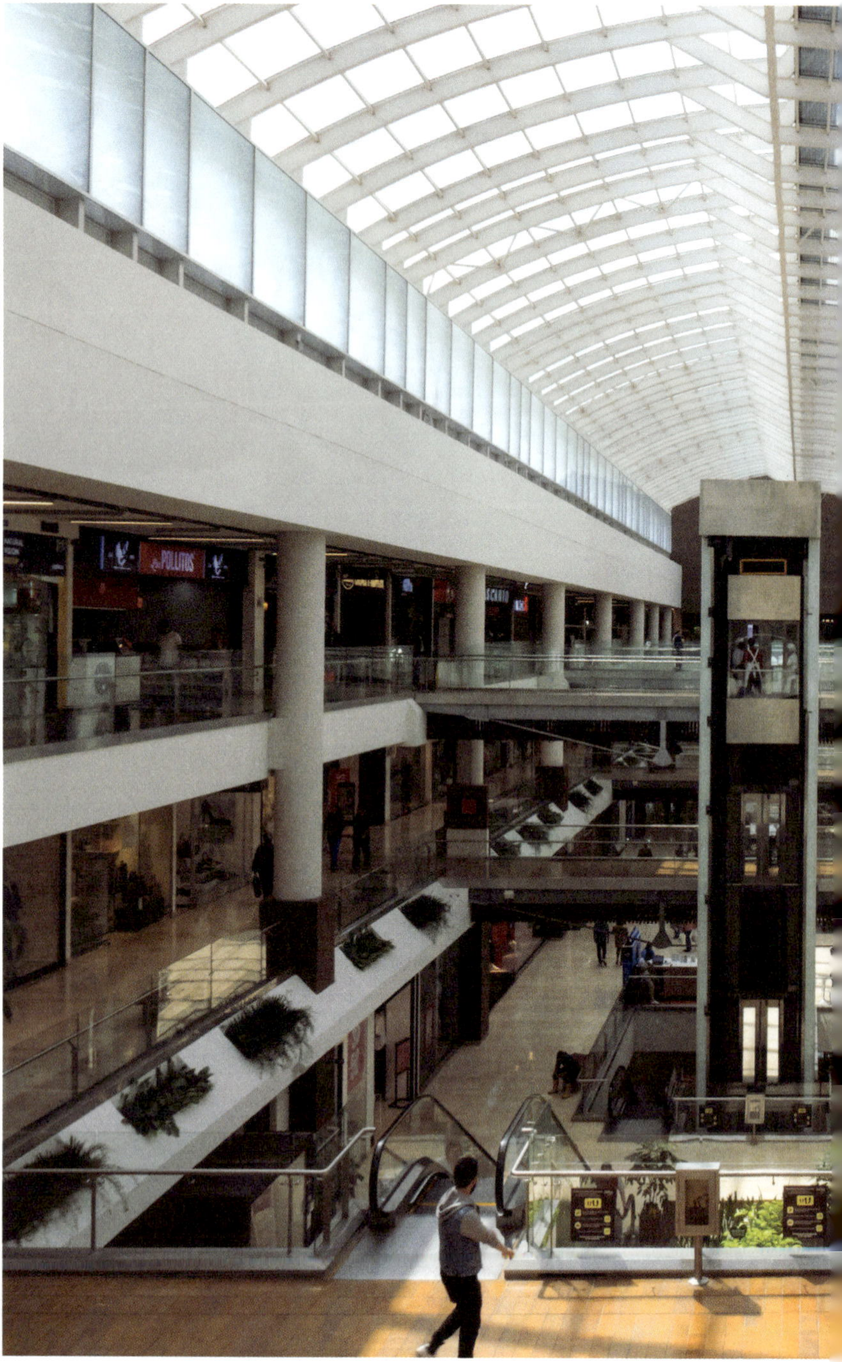
POLLITOS

DE COMPRAS

Grandes almacenes, grandes artesanos y grandes diseñadores

De compras

En Bogotá cada vez hay más oferta y variedad con sello nacional: desde moda hasta artesanía o joyería, y también hay un boom *de marcas, muchas de ellas con expansión internacional. La ciudad cuenta, además con más de 30 centros comerciales. En julio y diciembre la feria Buró promueve el mejor diseño colombiano. Si se buscan las principales marcas internacionales, también es posible encontrarlas. Hay* outlets *en la zona industrial (avenida de las Américas con carrera 62) y el domingo hay que ir al famoso mercado de las pulgas de Usaquén. En Bogotá se consiguen, además, verdaderas joyas musicales.*

Sumario

La Candelaria 136
Chapinero y alrededores 136
Quinta Camacho 137
San Felipe y alrededores 137
Rosales 138
La Cabrera y El Nogal 138
Chicó 144
Usaquén 145

Horario comercial

Grandes almacenes 10.00-20.00 diario

Tiendas de electrónica 10.00-20.00 diario

Pág. anterior: Centro comercial Salitre ubicado en el norte de Bogotá.
MARK PITT IMAGES/SHUTTERSTOCK ©

Usaquén
Centros comerciales
y marcas nacionales (p. 145)

Chicó
Boutiques, tiendas de diseño
y artesanías (p. 144)

San Felipe
Arte emergente colombiano (p. 137)

La Cabrera y El Nogal
Centro comerciales, y marcas
nacionales e internacionales (p. 138)

Quinta Camacho
Casas de marcas independientes
y locales con buen diseño nacional (p. 137)

Rosales
Para llevarse un buen café (p. 138)

Chapinero
Showrooms y tiendas
independientes (p. 136)

La Candelaria
Moda colombiana (p. 136)

Rebajas

En marzo se lleva a cabo el **Hotsale,** una venta *online* de moda y electrodomésticos, entre otros; en julio, el **Cyber Monday** (electrónica y tecnología) y el último viernes de noviembre, el **Black Friday.**

Tiendas de música en el centro y Chapinero

En Bogotá hay una explosión del vinilo. Hay lugares para todos los gustos: **Three Little Birds** (carrera 7 # 54A-36), **Santo y Seña** (carrera 4 # 54A-10), en Chapinero; o, en el centro, **Discos Vértigo** y **Mort Discos** (carrera 7 # 22-31), **Interdiscos** (calle 19 # 5-21) o **Zapatería Cosmos** (calle 17 # 8-42), sí, es una tienda de vinilos.

Lo mejor...

Tiendas imprescindibles

Diseño

Carmiña Villegas (p. 141) Cuando la elegancia es sobria es mejor. Desde lámparas a vajillas.
Zientte (p. 140) Muebles de diseños y gran manufactura.
Inkanta (p. 142) Objetos nacionales e importados.

Hogar y cocina

Hechizoo (p. 142) Tapetes tejidos a mano.
Ambiente Living (p. 144) Artículos para el hogar de todos los estilos y diseños.
Finlandek (www.exito.com.co/finlandek) El sello de hogar del grupo Éxito: desde electrodomésticos hasta elementos para la cocina.

Arte y artesanías

Artesanías de Colombia (p. 141) Un gran compendio del trabajo de los artesanos del país.
San Felipe (p. 58) Galerías de arte y talleres de artistas para todos los gustos.
Casa Cicuta (p. 136) En plena Candelaria, esta casona acoge una gran muestra.

Comida y bebida

Juan Valdez (p. 138) Imposible irse de Colombia sin buen café.
Market Colombina (p. 145) Dulces muy colombianos como el famoso Bom Bom Bum.
La Tienda de la Empatía (p. 136) Productos de comunidades en diferentes regiones del país.

Moda

St. Dom (p. 138) Marcas y diseñadores de primer nivel.

Pepa Pombo (p. 142) Para mujeres y hombres, con el sello de una reconocida diseñadora.

Arturo Calle (p. 142 Marca muy colombiana con precios accesibles. Para hombres.

Silvia Tcherassi (p. 138) Con reconocimiento internacional, una tienda imprescindible para ellas.

Johanna Ortiz (p. 141) Una celebración de lo exquisito.

Cultura pop

Almacén Andrés Carne de Res (p. 141) Objetos para llevarse un recuerdo de Colombia.

Mercado de las pulgas (p. 140) Una muestra del trabajo de artesanos en el corazón de Usaquén.

Septimazo (p. 82) Caminando por esta calle se ve el ingenio de sus vendedores.

Música

La Roma Récords (p. 137) Vinilos que no se encuentran en ninguna otra parte.

RPM Récords (p. 144) Vinilos, reproductores y CD que son auténticas reliquias.

Tornamesa (p. 138) Además de ser una gran librería, tiene una colección de música envidiable.

☆ La selección de Lonely Planet

Calle de los Anticuarios (p. 145) St Dom, Casa San Miguel, Casa Santa María y muchos otros.

Calle 109 (p. 144) Llena de tiendas, *boutiques* y almacenes para todos los gustos.

Zona Rosa (p. 138) Además del Centro Andino, El Retiro y Atlantis Plaza, en pocas cuadras se despliegan marcas internacionales y nacionales.

Usaquén (p. 145) Desde Zula, pasando por Hacienda Santa Bárbara, hasta el mercado de las pulgas.

Mercedes Salazar (p. 140) Joyería con un sello especial.

VINJUSOUL/SHUTTERSTOCK ©; NOWACZYK/SHUTTERSTOCK ©; LAUREN SQUIRE/SHUTTERSTOCK ©; ALEJANDRA QUINTERO SINISTERRA ©; GABRIEL LEONARDO GUERRERO/SHUTTERSTOCK ©; RADU BERCAN/SHUTTERSTOCK ©

La Tienda de la Empatía

(☎ 573213286001; www.latiendadelaempatia.com) Los pedidos se hacen por encargo y los artículos (desde 15 000 $) están hechos por comunidades rurales víctimas de la violencia. Detrás de cada producto –todos de gran calidad– hay una historia de empoderamiento: desde las hamacas de El Salado hasta las mochilas kankuamas, y también cacao y miel.

La Candelaria

Casa Cicuta Multimarca

(plano p. 217; ☎ 573175155552; calle 9 # 1-95; ⏲ 11.00-18.00 ma-sa) Acá confluye el diseño, el arte, y las artesanías con la muestra del trabajo de Olga Piedrahita, Andrés Caro, Sebastián Fierro, Jeisson Sierra y Taller Vivo. La casa tiene un encanto especial y cada tanto hay eventos a los que vale la pena seguirles la pista en su cuenta de Instagram.

Olga Piedrahita Moda

(plano p. 217; www.olgapiedrahita.com; calle 9 # 1-95; ⏲ 11.00-18.00 ma-sa) Convencida de que la moda y el arte van de la mano, sus diseños son siempre sorprendentes, diferentes y muy bien logrados. Su tienda en Casa Cicuta, en La Candelaria, goza de gran de reconocimiento.

Chapinero y alrededores

La Rock N Rola Moda urbana

(plano p. 217; ☎ 5718055418; carrera 7 # 54 A-48; ⏲ 11.00-20.00 lu-sa) Se define como moda experimental para mujeres y hombres. Hay prendas de todo tipo, de chaquetas a impermeables. Un híbrido entre lo *vintage* y, según ellos mismos, un estilo *rock´n roll*. El promedio de precios está entre 150 000 y 300 000 $.

Laura Laurens Moda femenina

(plano p. 217; ☎ 5713461445; www.lauralaurens.com; calle 60 A # 3D-32; ⏲ 8.00-18.00 lu-vi, previa cita) Diseñadora independiente comprometida con el cuidado del medio ambiente y que busca en sus diseños la reinterpretación de la realidad colombiana. Es normal ver prendas basadas en los colores de uniformes militares, por ejemplo, y busca en cada modelo contar una historia. En esta casa de Chapinero está su *showroom*.

Hernán Zajar Moda

(plano p. 217; ☎ 573202329673; www.hernanzajar.com; calle 64 # 3-41; previa cita) Ha vestido a reinas de la belleza colombianas y a personalidades internacionales como Claudia Schiffer o Jennifer López. Su trabajo es muy reconocido en el país. Además de ropa también tiene una línea para el hogar. Su *boutique* está en Chapinero y vale la pena pedir cita para conocerla.

Ochoinfinito Mobiliario y objetos

(plano p. 217; ☎ 573004286510; www.ochoinfinito.com; calle 36 # 15-23; previa cita) Todo lo que se necesita para el hogar, con diseños novedosos, desde cojines, mobiliario artesanal y platos de porcelana hasta sofás. Está en Teusaquillo, otro barrio tradicional no lejos de Chapinero. Para ver su *showroom* hay que pedir cita previa.

Balnearios Moda y fotografía

(☎ 573202753775) En este proyecto se fusiona la fotografía de Alejandra Quintero, la moda y el arte con el propósito de hacer un homenaje al cuerpo humano con imágenes capturadas durante 10 años, en 32 balnearios de 12 países diferentes. No tiene local, es con cita previa. Un propuesta buena y diferente.

The Bosa York Dream Moda

(tienda virtual en @thebosayorkdream) Bosa es un barrio al sur de la ciudad, con muchas tensiones sociales y económicas. Ahí se forjó el diseñador Cristian Colorado, quien ha llegado a las principales ciudades del mundo con sus diseños. Esta propuesta integra el barrio con las grandes capitales de la moda. Una apuesta más que interesante que busca cerrar las brechas sociales.

La Roma Récords — Música
(plano p. 217; ☎5716613629; www.laroma records.co; Tr. 17A Bis # 36-21; ⊙12.00-20.00 lu-sa) Un sitio ideal para los melómanos que buscan clásicos, vinilos y reproductores. En Teusaquillo.

Quinta Camacho

Ba hué — Moda
(plano p. 227; ☎573183882825; www.ba-hue.com; calle 70 # 11A-12; ⊙11.00-20.00 lu-sa) En esta casa de Quinta Camacho esta tienda, que nació como iniciativa de dos amigos, busca ser punto de encuentro de moda, cultura y arte. Ofrecen 80 marcas con diseños de todo tipo. Tiene un café en el jardín.

Becara — Muebles y decoración
(plano p. 227; ☎ 573103261384; www.becara.co; carrera 7 A # 69-83, previa cita) Dos amigas colombianas han llevado la franquicia de esta reconocida marca española dirigida por una mujer muy reconocida, Begoña Zunzunegui. Cojines, asientos, muebles y elementos de decoración en un mismo local.

San Librario — Librería
(plano p. 227; ☎57122110568; calle 70 # 12-48; ⊙10.00-19.00 lu-sa) Este pequeño local en Quinta Camacho ofrece muchos títulos de humanidades y literatura, la gran mayoría usados, algunos firmados por el autor, primeras ediciones y, sobre todo, muy difíciles de conseguir en otras partes. No es una librería cualquiera, tiene un encanto particular por la disposición de los libros y por las joyas que se pueden encontrar.

Guay — Moda femenina
(plano p. 227; 571 3029654; calle 69 # 10 A-29; ⊙11.00-19.00 mi-sa) Todo nació cuando un grupo de diseñadores unieron sus fuerzas para abrir un lugar donde el público pudiera encontrar sus diseños. Con concepto *vintage*, ofrece muchas posibilidades de estilos, colores y materiales.

Trajes de baño muy colombianos

Hay marcas y diseños ideales para la playa con años de trayectoria y tiendas en varias ciudades de Colombia y el mundo: **Touché** (www.touche.com.co; Centro Andino o El Retiro) **Onda de Mar** (www.ondademar.co; El Retiro), **Agua Bendita** (www.aguabendita.com.co; Centro Andino), **Ancora Swimwear** (www.ancoraswimwear.com; calle 90 # 13A-31, local 501), **Bahía María** (www.bahiamaria.com; calle 81 # 9-75), **Verdelimón** (www.verdelimon.com; carrera 12 # 84-27), **Martín Pescador** (www.martinpescador.co; Centro Comercial El Retiro). También se pueden comprar *online* los de **Juan de Dios** (www.juandedios.co), **Maaji Swimwear** (www.maaji.co) y **Puntamar** (www.puntamarofficial.com.co).

MAURICIO DUENAS/GETTYIMAGES ©

San Felipe y alrededores

San Felipe — Arte
En este barrio, comprendido entre las calles 72 y 80 y la carrera 24 con la avenida Caracas hay varias galerías de arte, talleres y exposiciones de jóvenes artistas. Son al menos 30 espacios, que se pueden visitar en las **Noches de San Felipe** (un jueves al mes) y en **Open San Felipe** (sábados, sin fecha fija). La programación de estos eventos se puede seguir en las cuentas de Instagram @nochessanfelipe y @opensanfelipe (véase p. 58).

Armatura — Moda
(plano p. 228; ☎5713133683065; www.armatura.com.co; carrera 27 # 83-23; ⊙ 11.00-18.00 lu-sa, do cerrado) Partiendo de la base de que la

Misceláneas

En los barrios bogotanos hay unas tiendas que son una mezcla entre papelerías, droguerías, productos de belleza y de tecnología, como fundas para celulares o cargadores. Tienen un encanto particular y, si se mira bien, siempre se encontrará algo útil.

---

ropa no debe ser costosa y que lo mejor no necesariamente es lo más caro, esta marca es reconocida por su calidad y sus precios accesibles. Hay diseños para mujeres y hombres. Tiene un punto de devoluciones y cambios y se puede comprar *online*.

Verdi Design Textil
(plano p. 228; 573508112884; www.verdi.com.co; carrera 69 # 78-67; 9.00-17.00 lu-ju, 8:00–16:00 vi, previa cita) Es un estudio textil de lujo, con piezas de arte, decoración y moda. Nació en 1995 y emplea las técnicas de los tejedores de costales de café. Desde tapetes hasta mochilas o accesorios de mesa donde la fibra se puede mezclar con plata y oro. Productos de alta calidad.

Rosales

Tiendas Juan Valdez Café
(plano p. 233; 5717423995; www.tiendasjuanvaldez.com; calle 70 # 6-09; 7.00-20.00 lu-vi, 9.00-21.00 sa, 11.00-18.00 do) Juan Valdez es una marca colombiana que se ha expandido por el mundo y que ofrece el producto más emblemático del país: café. En varios de sus locales hay bolsas de grano para llevar y otros productos como ropa, *mugs* y cafeteras. Productos muy colombianos con sabor especial.

Tornamesa Música y libros
(plano p. 233; 3208796746; www.tornamesa.co; calle 70 # 5-23; 9.00-18.30 lu-ju, 10.30-20.00 vi-sa, cerrado do) En pleno corazón de la Zona G (véase p. 72) esta librería es un excelente plan no solo para quienes buscan las novedades literarias, sino también para encontrar vinilos que no se encuentran en otra parte. Una casa grande, para entretenerse.

La Cabrera y El Nogal

St. Dom Grandes marcas
(plano p. 230; 573176354353; www.stdom.co; calle 79b # 8-40; 10.00-20.00 lu-sa, 11.00-17.00 do) En plena calle de los Anticuarios, en una casa republicana que no pasa desapercibida, agrupa a varios de los principales diseñadores del país: Pepa Pombo, Mercedes Salazar y Leal Dacarett, entre otros. Hay ropa para hombre, niño y mujer, además de joyas y objetos para el hogar. Imprescindible.

Silvia Tcherassi Moda
(plano p. 230; 5716350540;www.silviatcherassi.com; carrera 12 # 84*17; 10.00-19.00 lu-sa) La tienda de una de las diseñadoras más exitosas de Colombia y el mundo, con participaciones en las semanas de la moda en Milán y París. Este local es uno de los varios que tiene en Europa, Norteamérica y Sudamérica. Ofrece desde calzado a vestidos de novia.

Casa Precis Multimarca
(plano p. 230; 573187421010; https://co.casaprecis.com; calle 79 A # 8-45; 10.00-19.00 lu-sa) Es una *boutique* multimarca en la que confluye el trabajo de varios diseñadores con una amplia oferta: desde zapatos hasta sombreros. La casa es espectacular, al igual que lo que se vende en ella: marcas como Agua de Dios, Baobab, Alma, Cala de la Cruz, Atelier Crump y Diana Taborda, entre otras.

Bethel Diseño independiente
(plano p. 230; 573168309199; www.amobethel.com; calle 79b #7-30; 11.00-19.00 ma-do) Una muy buena propuesta en plena calle de los Anticuarios. Crea piezas esenciales y clásicas para todo tipo de mujer. Sus blusas, pantalones, tops, zapatos y faldas resaltan las líneas y recrean *looks* icónicos de la historia de la moda. Incorpora detalles

LA CABRERA Y EL NOGAL

Verdi Design.

en materiales como cuero sintético (de plásticos reciclados), textiles pintados a mano, cueros vegetales en materiales clásicos como algodón y lino. Precios: 175 000-530 000 $.

Casa Santa María — Multimarca
(plano p. 230; 5712488776; www.casasanta maria.co; calle 79 B # 7-38; 7.00-19.00 lu-sa, 10.00-14.00 do) Desde hace varios años esta casa en plena calle de los Anticuarios reúne a un grupo de diseñadores emergentes. También organizan catas, eventos, degustaciones y lanzamientos de colecciones que se pueden consultar en su página web.

Casa San Miguel — Arte y moda
(plano p. 230; 573022817958; www. casa-san-miguel.business.site; calle 79 B # 7-30; 10.00-19.00 lu-sa, 11.00-18.00 do) En esta casa, a pocos metros de la carrera Séptima, en plena calle de los Anticuarios, se reúnen varios emprendedores para mostrar lo mejor de su trabajo: Bethel Tucurinca, Marandú, Victoria Hernández, Paula Osorio, The Nylon Club, Artes Anita, Víctor del Peral, Camila Tamara, Zoé, Wonder for people, La Garzetta o Four Brothers.

Feroz — Accesorios mascotas
(plano p. 230; 573213723648; www.feroz.com. co; calle 79b # 7-60; 10.00-12.00 y 15.00-18.00 lu-sa) Es un *urban pet fashion*: moda y diseño para mascotas. Todas sus piezas son elaboradas artesanalmente, Artisan, una de sus líneas para perros y gatos, se basó en el trabajo de comunidades indígenas. También ofrece piezas de lujo con herrajes metálicos en baño de oro o en cuero 100% natural. Precios: 45 000-200 000 $.

Diamantina y La Perla — Decoración y mobiliario
(plano p. 230; 573206325693; www. diamantinaylaperla.com; calle 82 # 12-44; 11.00-19.00 lu-vi, 11.00-18.00 sa) A partir del hierro, vidrio o cobre se crean macetas, lámparas y todo tipo de adornos para las casas. Es una tienda con muy buen gusto y durante más de siete años se ha propuesto trabajar de la mano de artesanos para que la decoración de espacios sea todo un arte. Vale la pena.

Mercado de las pulgas y Septimazo

Con más de 30 años de tradición, el mercado de las pulgas de Usaquén es una gran oportunidad para comprar artesanías, arte, caricaturas y libros usados mientras se disfruta de espectáculos al aire libre. Se celebra los domingos y festivos desde las 9.00 hasta las 17.30. Está ubicado en la carrera 6ª, entre las calles 119 y 120A.

En el centro (véase p. 82), una oportunidad para ver también lo mejor del arte callejero y del ingenio y creatividad de los colombianos es caminar por la carrera Séptima entre la plaza de Bolívar y la calle 26. En este tramo, conocido como el 'Septimazo', hay de todo y para todos los gustos.

ALEJANDRA QUINTERO SINISTERRA ©

Tucurinca — Muebles
(plano p. 230; ☏573177314672; www.tucurinca.com.co; calle 79B #7-30; ⏱10.00-18.00 lu-vi, 10.00-15.00 sa) Se presentan como el "rescate" de la silla tradicional costeña. Y sí, acá hay mucho sabor caribe en sus lámparas, mecedoras, sillas, mesas tejidas con materiales como cuerdas de PVC, acero o mimbre. Todo se hace en Santa Marta, en el Caribe. Las sillas cuestan 350 000 -1 500 000 $.

A Modo Mío — Moda
(plano p. 230; ☏573124866072; www.amodomio.com.co; carrera 11 # 86-32, oficina 201; ⏱10.00-19.00 lu-vi, 13.00-17.00 sa) Una marca pensada para mujeres, con muchos estampados de frases o palabras que expresan las emociones femeninas. Busca promover la libertad de las mujeres con diseños irreverentes.

Lina Cantillo — Moda
(plano p. 230; ☏573108503401; www.linacantillo.com; carrera 19 # 85-68; ⏱10.00-19.00 lu-vi, 10.00-17.00 sa, cerrado do) Ropa para hombre y mujer donde se mezclan una gran cantidad de diseños, texturas y formas. Hay también guayaberas.

Cachivaches — Decoración
(plano p. 230; ☏5716115590; www.cachivaches.com; avenida 82 # 9-24; ⏱11.00-20.00 lu-sa, 11.00-18.00 do) Un clásico de Bogotá, una tienda donde es posible encontrar de todo: desde muebles hasta artesanías. Aquí vale la pena curiosear sin prisas. Variedad y muy buena calidad.

Mercedes Salazar — Joyería
(plano p. 230; ☏5718059331; www.mercedessalazar.com; calle 81 # 11-94 Centro Comercial El Retiro; ⏱10.00-20.00 lu-sa, 12.00-18.00 do) Aretes, collares, pulseras, anillos y otros productos, todo un universo con el sello de una mujer que se ha destacado durante muchos años por su talento y persistencia. Todo está lleno de detalles, de dedicación. Una tienda que no se puede dejar de lado. Muy recomendable.

Zientte — Muebles
(plano p. 230; ☏573153157171; www.zientte.com; calle 81 # 9-09; ⏱10.00-19.00 lu-vi, 11.00-19.00 sa, 11.00-17.00 do) Nació en 1985 como un lugar especializado en sofás de cuero y desde entonces su oferta se ha expandido internacionalmente. Muebles de buena calidad.

Priscila Lab — Moda
(plano p. 230; ☏573176039108; www.priscilalab.com; carrera 12 # 77 A-64, previa cita) Tres posibilidades: comprar ropa "cómoda y

creativa", alquiler de ropa y una asesoría de imagen personal. Hay prendas de todo tipo y es perfecto para mujeres de todas las edades y estilos.

Estefanía Turbay Moda femenina
(plano p. 230; 573507298606; www.estefaniaturbay.com; carrera 13 # 81-24, 2º piso; previa cita) En el 2015, Estefanía Turbay decidió lanzar su propia marca para brindar versatilidad con diseños multifuncionales y prácticos, diseños que no pasan de moda. Sus productos también se pueden conseguir en www.fallabella.com.

Cavalier Footwear Zapatos de hombre
(plano p. 230; 573214711568; www.cavalierfootwear; carrera 13 # 79-43; 10.00-19.00 lu-sa) Pensando en que cada cliente es diferente, se busca personalizar el diseño, los materiales y hasta la suela de los zapatos. Un concepto interesante, cuidadoso y con conciencia ecológica.

Carmiña Villegas Decoración
(plano p. 230; 573153305104; www.carminavillegas.com; carrera 11 # 85-20; 10.00-19.30 lu-vi, 10.00-19.00 sa, cerrado do) A pocos pasos del Centro Andino y de la Zona Rosa, este lugar multimarca ofrece una amplia variedad de productos para la mesa y también objetos de decoración en general: copas de todos los estilos, vajillas, portarretratos, ceniceros... Un clásico que tiene otra sede en Quinta Camacho (carrera 7 A # 69-64).

Almacén Andrés Carne de Res Objetos pop
(plano p. 230; 5718612233; www.andrescarnederes.com; calle 3 # 11A-53, Chía, Centro Comercial El Retiro, Bogotá; 12.00 -23.00 lu-do) Después de disfrutar de la comida de este lugar ya sea en su sede original de Chía o en Andrés D.C. en Bogotá (Centro Comercial El Retiro) (véase p. 64), vale la pena visitar la tienda para llevarse un buen recuerdo, desde vasos, mochilas, jarras o muñecas hasta alcancías y portavasos, todo con un toque popular, colorido, muy acorde a la decoración de este lugar.

También se puede comprar *online* www.andrescarnederes.com/almacen.

Johanna Ortiz Moda femenina
(plano p. 230; 573162712696; www.johannaortiz.com; calle 81 # 11-94, local 157, 2º piso; 10.00-20.00 lu-sa) Amal Clooney, esposa del actor George Clooney, posó en Vogue con prendas de Johanna Ortiz, una diseñadora que empezó vendiendo trajes de baño y ahora ofrece una amplia variedad de productos.

Artesanías de Colombia Artesanía
(plano p. 230; 5716917149; www.artesaniasdecolombia.com.co; calle 86 A # 13A-10; 10.00-18.00 lu-sa) Este lugar de tres pisos está dedicado a difundir el trabajo de los oficios artesanales de todas las regiones del país. Es posible conseguir desde las máscaras del carnaval de Barranquilla hasta hamacas o cerámicas de la cultura huitoto. También hay joyería, productos de diseño, mochilas o bolsas de fibra. Ideal para llevarse un recuerdo de Colombia.

Sterling Joyeros Joyería
(plano p. 230; 5716353061; www.sterlingjoyeros.com; carrera 11 # 82-85, Centro Comercial Andino, local 135; 10.30-19.00 lu-ju, 10.30-21.00 vi-sa) Acá el fuerte es la joyería que, según la propia marca, inspira un estilo de vida. Lo cierto es que cuando se buscan aretes, gargantillas, argollas, relojes, entre otros productos en oro, diamantes o plata, es una gran opción. Tiene otras tiendas en Bogotá.

Quiero un Pérez Moda femenina
(plano p. 230; 573166955632; calle 82 # 14-33, 3er piso) Su creador se llama Juan García Pérez y su concepto busca resaltar el "brillo interior" de las mujeres. Precisamente ese es su diferencial: materiales resplandecientes de lentejuelas generan ese efecto de noche y de día. Hay desde tapabocas hasta todo tipo de prendas de vestir.

Larome Velas
(plano p. 230; 573104032579; www.larome.com.co; carrera 13A # 86A-57; 10.00-18.00 lu-sa) Aquí comprar velas se convierte en

toda una experiencia: hay de todos los aromas que, a su vez, generan diversas sensaciones. Velas artesanales y aromatizadas para que cada cual elija el olor que más le guste.

Tok Tok — Moda infantil
(plano p. 230; 573022813213; www.toktokkids.com; calle 80 # 11-42; 10.00-19.00 lu-vi, 10.00-18.00 sa) Una tienda muy colombiana pensada para bebés, niñas y niños, con productos que van desde ropa hasta juguetes; desde morrales y mochilas hasta zapatos y libros. Todo para pequeños de 0 a 10 años. Una apuesta diferente.

Chaló Chaló — Accesorios
(plano p. 230; 573013878733; www.chalochalo.co; carrera 13 A # 79-38, Centro Comercial Parque La Colina; 12.00-21.00 lu-sa; 12.00-20.00 do) Esta tienda tiene un encanto particular porque está llena de cosas aparentemente innecesarias, pero con diseños realmente buenos: desde papelería hasta fundas para teléfonos móviles, forros y tapabocas.

Ricardo Pava — Moda masculina
(plano p. 230; 5717561669; www.ricardopava.co; calle 81 #12-62, Centro Comercial El Retiro; 11.30-20.00 lu-sa, 12.00-18.00 do) Para el hombre "moderno, sofisticado, elegante y culto", al menos eso dice su publicidad. Trabaja con diferentes materiales, como algodón, cuero, paño y dril. Marca muy reconocida, con más de 20 años de trayectoria.

Arturo Calle — Moda masculina
(plano p. 230; 573153633709; www.arturocalle.com; carrera 11 # 82-71, local 103; 10.00-21.00 lu-sa, 11.00-19.00 do) Un sello muy colombiano, con varias tiendas en Bogotá y en el país. Su calidad y sus precios la hacen accesible, pero también muy colombiano. Un dato: el Premio Nobel de la Paz, Juan Manuel Santos, se vistió de Arturo Calle el día de su posesión como Presidente de Colombia.

Whitman — Moda masculina
(plano p. 230; 573123616370; www.whitmanstore.com; carrera 11 # 84-09, local 18; 10.30-20.00 lu-sa, 11.00-18.00 do) Ropa clásica para cualquier ocasión. Tiene tres tiendas más, pero se recomienda esta, en el paseo La Cabrera, por su ubicación y cercanía a otros comercios del sector. Chaquetas, pantalones, camisas, todo de muy buena calidad.

Hechizoo — Textil
(plano p. 230; 5717470583; www.hechizoo.com; calle 79 B # 7-85; previa cita) Detrás de cada tapete, tejido a mano, hay varios artesanos que han trabajado bajo la dirección del arquitecto Jorge Lizarazo, el creador de esta marca que se posicionó rápidamente. Su taller queda en el barrio 20 de Julio y en este local, en la calle de los Anticuarios, se pueden ver tapetes de varios colores y medidas, y también objetos de diseño para espacios interiores.

Mario Hernández — Marroquinería
(plano p. 230; 573219615562; www.mariohernandez.con.co; carrera 11 # 82-71, local 132, Centro Comercial Andino; 9.30-20.30 lu-ju, 9.30-21.00 vi-sa, 11.00-19.00 do) Con casi 40 años en el mercado, esta marca es muy conocida entre los colombianos, y se ha expandido a otros países. Cuidadoso trabajo en cuero con productos como zapatos, mocasines y bolsos. En Bogotá tiene varias tiendas; se recomienda la del Centro Comercial Andino.

Inkanta — Diseño
(plano p. 230; 573212951478; www.inkanta.com.co; carrera 11 # 82-71, local 115; 10.00-20.00 lu-ju, 10.00-21.00 vi-sa, 12.00-18.00 do) Para amantes del diseño, propone productos para el hogar y la oficina obra de reconocidos diseñadores, como Karim Rashid, Naoto Fukasawa, Knud Holscher, Marc Berthier o Wolfgang Fabian, entre otros. Desde plumas estilográficas hasta *gadgets* tecnológicos.

Pepa Pombo — Moda
(plano p. 230; 5712365958; www.pepapombo.com; carrera 14 # 83-46, calle 79b # 7-97; 10.00-19.00 lu-sa) Diseñadora colombiana muy reconocida por su trabajo de tejido de

punto desde 1978. Desde entonces su empresa familiar se ha expandido por Colombia y el mundo con un trabajo muy cuidadoso con el bordado y el tejido. Los domingos sus *boutiques,* muy bien montadas –las direcciones corresponden a la Zona Rosa y la calle de los Anticuarios– atienden con cita previa.

Pink Filosofy — Moda femenina
(plano. p. 230; 5716067039; www.pinkfilosofy.com; calle 82 # 11-75, Centro Comercial El Retiro, local 2-183; 10.00-20.00 lu-ju, 10.00-21.00 vi-sa, 12.00-19.00 do) Ropa casual que nació del trabajo de la diseñadora Johanna Ortiz y la modelo Adriana Arboleda. Este lugar es perfecto para mujeres de todas las edades comprometidas con el medio ambiente. "Moda atemporal por un mundo consciente", tal es la propuesta del lugar.

Lotto del Sur — Aromas
(plano p. 230; 5717035886; www.lotodelsur.com; carrera 11 # 82-71, Centro Comercial Andino; 10.00-20.30 lu-ju; 10.00-21.00 vi-sa; 11.00-19.00 do) A partir de una exploración botánica, esta tienda propone fragancias y olores desde formulaciones de científicos y perfumistas expertos. Su creadora bogotana, retomando tradiciones familiares, se propuso redescubrir el continente americano desde sus olores. Hay jabones, cremas, aceites, velas para masajes, todo ideal para un buen regalo.

Lina Hernández — Joyería
(plano p. 230; 573143362448; www.linaher.com; calle 82 # 11-75, Centro Comercial El Retiro, local 3-238; 10.00-19.00 lu-sa) Su creadora se inspira en el realismo mágico colombiano (para entender ese término se sugiere leer la obra de Gabriel García Márquez) buscando siempre la perfección de cada joya para las mujeres. En este local de El Retiro hay anillos, topos, aretes, pulseras, entre otros.

Hebrante — Moda
(plano p. 230; 573165777959; www.hebrante.co; carrera 15 # 85-15, piso 202; 12.00-19.00 mi-sa) Nace de la unión de dos conceptos:

Librerías

Librería Lerner (carrera 11 # 93A-43)
Prólogo (calle 67 #6-32)
Librería Fondo de Cultura Económica (calle 11 # 60)
Wilborada 1047 (calle 71 # 10-47)
Casa Tomada (transversal 19 bis # 45D-23)

hebra y tejido. Es una empresa familiar que se ha mantenido por varias generaciones y que trabaja con mucho cuidado el tejido de punto. Se basan en la *slow fashion* y trabajan con materiales reciclados.

El Balay — Artesanías
(plano p. 230; 5713471462; carrera 16 # 75-65; 9.30-19.00 lu-sa) Un pequeño local con artesanías de todas las regiones del país. Lleva más de 50 años ofreciendo estos productos hechos a mano en comunidades rurales que mantienen las más arraigadas tradiciones. Vale la pena para llevarse un recuerdo de Colombia.

Dulcementa — Moda
(plano p. 230; 5715307248; www.dulcementa.com.co; carrera 11 # 82-18; 11.00-19.00 lu-sa, 11.00-18.00 do) Enfrente del Centro Andino, este lugar ofrece diseños para mujer y hombre incluyendo más de 30 marcas diferentes. La oferta es muy amplia, el local es grande, espacioso y es una buena opción por la variedad de diseñadores que se encuentran.

Totto — Morrales y maletas
(plano p. 230; 5716102635; www.totto.com; calle 83 # 12-49; 10.00-22.00 lu-ju, 10-00-21.00 vi-sa, 11.00-19.00 do) Ropa para niños, niñas, hombre, mujer, pero, ante todo, una tienda con muchos morrales y maletas de todos los diseños posibles. Hoy Totto, que comenzó en 1987, está en más de 50 países del mundo.

Amelia Toro — Moda femenina
(plano p. 230; 573133483617; www.ameliatoro.com; avenida 82 # 12-10; 10.30-19.00 lu-vi,

Calle 109

Con anchas aceras en ambos lados, en la calle 109 (plano p. 230; entre carreras 15 y 19) hay tiendas, almacenes y locales para comprar de todo: ropa, decoración u objetos para el hogar. Lo ideal es caminarla e ir descubriéndola. También hay buenas opciones para tomar un café y almorzar.

10.30-19.00 sa, cerrado do) Esta diseñadora que vivió y estudió en Nueva York y complementó su aprendizaje en la India, ha creado una marca que busca exaltar la feminidad. Fue reconocida en el 2017 con el premio Women Together de las Naciones Unidas.

Renata Lozano — Moda femenina
(plano p. 230; 573228856390; www.renatalozano.com; calle 81 #11-94, Centro Comercial El Retiro; 10.00-20.00 lu-sa; 10.00-19.00 do y fes) Una tienda pensada para mujeres, con prendas de vestir para cualquier ocasión. Tiene tres líneas de diseño: Silvestre, Nómada y Exótica, que se plasman en blusas, pantalones, faldas, zapatos y más productos.

Francesca Miranda — Moda
(plano p. 230; 5716458781; www.francescamiranda.com/es; previa cita) Empezó en 1995 con ropa de hombre, pero después también inició una línea de mujer. Los ancestros indígenas han estado muy presentes en su trabajo y sus diseños han trascendido las fronteras.

Julieta Suárez — Moda femenina
(plano p. 230; 5713471418; www.julietasuarez.com; calle 79B # 7-90; 10.30-19.00 lu-ju, 10.30-19.30 vi-sa, cerrado do) Tiene la particularidad de que involucra en el proceso a las compradoras. La prenda está lista, pero la clienta puede dar las puntadas finales. Tienda acogedora para que las mujeres también experimenten con su propia personalidad.

Aysha Bilgrami — Joyería
(plano p. 230; 573219038074; www.ayshabilgrami.com; calle 79 A # 8-63; 10.00-17.00 lu-sa, cerrado do) Productos que dan una gran importancia a la sostenibilidad en el uso de materiales como la plata. Joyas muy bien trabajadas; detrás de cada diseño hay una historia, que contarán gustosos en la tienda.

RPM Récords — Música
(plano p. 230; 5717025452; www.store.rpmrecords.co; carrera 14 # 83-04; 12.00-18.00 lu-vi, cerrado sa-do) Una tienda en el corazón de la Zona Rosa para los amantes de la música: vinilos y joyas musicales para descubrir.

María Elena Villamil — Moda femenina
(plano p. 230; 573137590008; www.mariaelenavillamil.com; calle 82 # 11-75, Centro Comercial El Retiro; 10.00-20-00 lu-do) Una diseñadora que heredó la pasión por el arte de su familia y que ahora la plasma con una gran vocación por el tejido hecho a mano. Ropa cómoda para mujeres que no paran un segundo durante el día.

Chicó

Cosse — Mobiliario
(plano p. 234; 5716728686; www.cosse.com.co; calle 109 # 16-41; 10.30-19.00 lu-sa, 10.30-18.00 do y fes) Acá el fuerte son los muebles que mantienen el equilibrio entre lo tradicional y lo artesanal: desde camas hasta mesas de noche; desde comedores hasta sillas, todo de gran calidad.

Argenta — Platería
(plano p. 234; 5716232116; www.argentaplateria.com; carrera 11 #94-35; 10.00-19.00 lu-sa) Todo lo que el visitante se encuentra está hecho a base de plata: artesanías, joyas, portarretratos, bandejas... Tienen más de 30 años de experiencia y trabajan con comunidades indígenas del país.

Ambiente Living — Muebles
(plano p. 234; 5717451509; www.ambientegourmet.com/ambiente-living; calle 109 # 18 B-77; 10.00-20.00 lu-sa, 12.00-19.00 do) En este almacén, que destaca por su fachada

a la calle 109, hay muebles para todos los gustos, pero también objetos decorativos y tapetes. Productos pensados para todos los espacios de la casa.

Market Colombina Dulces colombianos
(plano p. 234; 571877300; www.marketcolombina.com; avenida 15 # 92-49; 7.00-19.00 lu-vi, 9.00-17.00 sa, cerrado do) Golosinas con las que han crecido varias generaciones de colombianos. Tiene varios puntos de venta y se consiguen en diversos supermercados. El Choco Break o el Bom Bom Bum son clásicos. Hay de todos los sabores.

Pylones Accesorios
(plano p. 234; 5712130559; www.pylones.com.co; carrera 15 # 123-30, Centro Comercial Unicentro; 10.00-20.00 lu-ma, 10.00-21.00 mi-vi, 11.00-19.00 sa, 10.00-20.00 do) Acá confluye la tradición y la tecnología en objetos y productos de todo tipo para el hogar, además de en accesorios como billeteras, carteras o estuches para gafas. Hasta una cafetera está pintada con paciencia, detallismo y, sobre todo, muchos colores.

🔒 Usaquén

Caná Producciones Moda y menaje del hogar
(plano p. 237; 573208160411; carrera 7 # 120-20; 12.00-19.00 ma-vi, 10.00-20.00 sa, 10.00-19.00 do, lu cerrado) Un buen espacio multimarca que busca promover el diseño colombiano con buena oferta de ropa, accesorios y decoración para el hogar. En el Centro Comercial Zula, si se pasa por Usaquén, vale la pena visitarlo.

Zula Moda y gastronomía
(plano p. 237; 5712572160; www.isarco.com.co; carrera 7 # 120-20; 10.00-20.00 lu-do) Una gran muestra de diseñadores y artesanos (hay que pasar por Caná) en un solo espacio de este centro comercial que, además, ofrece opciones gastronómicas. Parada obligatoria en Usaquén.

Isabel Henao Moda femenina
(plano p. 237; 573212025553; www.isabelhenao.com; Centro Comercial Hacienda Santa Bárbara, local 403, previa cita) Tiene una amplia oferta, pero es reconocida especialmente por sus vestidos de novia, aunque las demás colecciones también valen la pena.

Centro Comercial Centro
Hacienda Santa Bárbara comercial
(plano p. 237; 5717034194; www.haciendasantabarbara.com.co; carrera 7 con calle 116; 10.00-20.00 lu-do) Un clásico de la zona, con muchos años de historia y tiendas y locales para todos los gustos, como la Librería Nacional, en el 1er piso.

🛍️ Calle de los Anticuarios

Esta angosta **calle** (plano p. 237; entre carreras 7 y 9, calle 79b) es muy tradicional en Bogotá, con varios locales en sus dos lados que invitan a conocer lo mejor del diseño colombiano. Hay arte, gastronomía, moda, decoración y varias casas que ofrecen productos de muchas marcas: St. Dom, Casa Santamaría o Casa San Miguel, por ejemplo.

ALEJANDRA QUINTERO SINISTERRA ©

🛍️ Los mejores centros comerciales

Gran Estación (Av. calle 26 #62-47)
Centro Comercial Parque Colina (carrera 58D # 146-51)
Unicentro (carrera 15 con calle 123)
Centro Comercial Andino (carrera 11 # 82-71)
El Retiro (calle 81 # 11-94)
Santafé (calle 185 # 45-03)

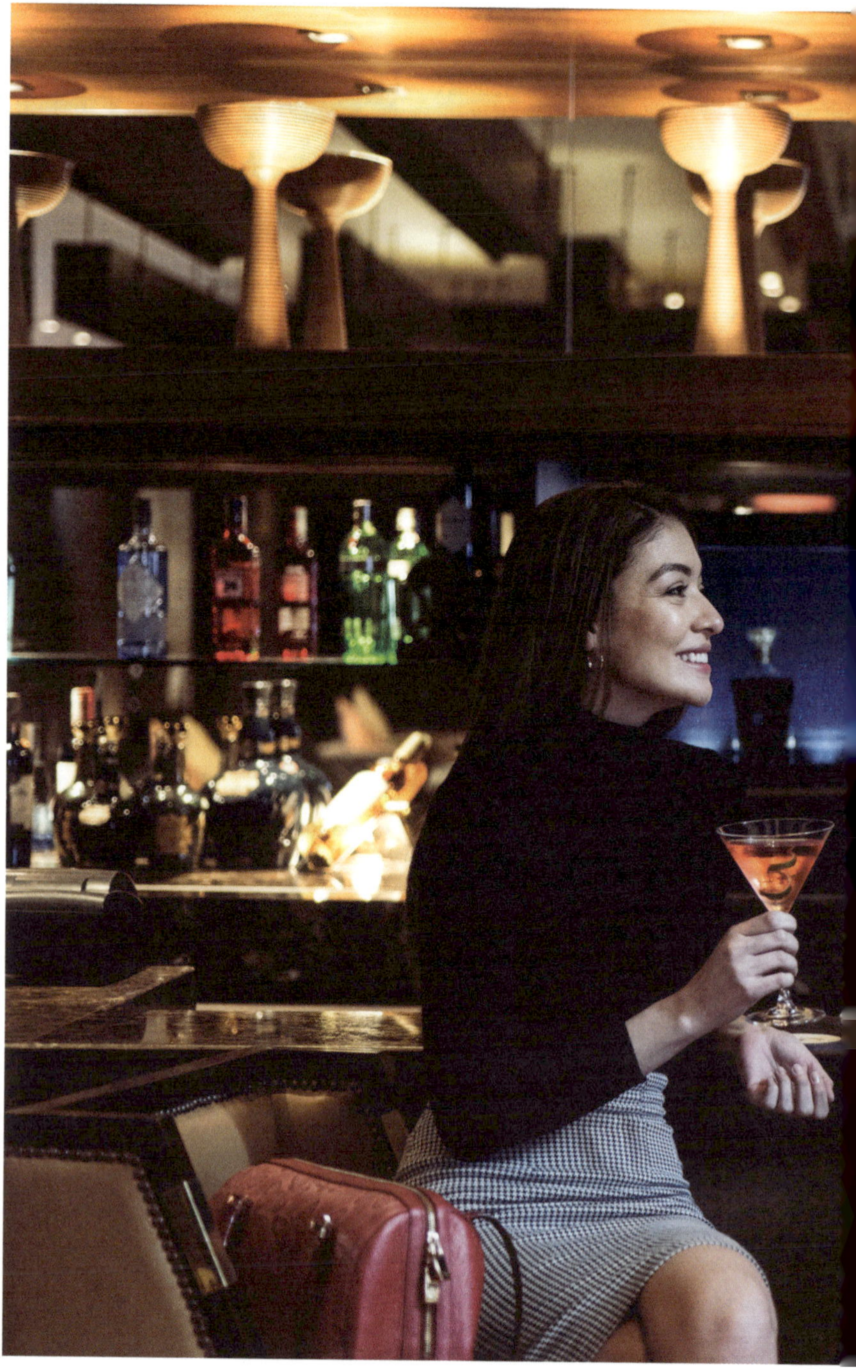

DÓNDE BEBER

Cervecerías artesanales, barras con cócteles inimaginables y muy buenos bares con vista a la ciudad

Dónde beber

No importa el día, en Bogotá siempre hay opciones para tomarse un buen trago y la gente lo sabe: desde cervezas (Colombia es un país muy cervecero) hasta cócteles. Los bares han sofisticado su oferta e incluso los restaurantes ya no solo se preocupan por un buen menú, también prestan atención a sus barras y a que el ambiente invite a quedarse con un vaso en la mano.

Si se trata de bailar, hay ritmos muy colombianos que se encuentran en bares y discotecas por toda Bogotá: reguetón (Medellín es su epicentro), salsa (Cali) y vallenato (la costa caribe). Las discotecas ofrecen todo tipo de música y por donde se mire hay ofertas para satisfacer todos los gustos. ¡Salud!

Sumario

La Candelaria	152
Centro Internacional y Las Nieves	152
La Macarena	152
Chapinero	152
Quinta Camacho	153
San Felipe	154
Rosales	154
La Cabrera y El Nogal	154
Chicó	158
Usaquén	159

Propinas

Cuando se pide la cuenta se pregunta a los clientes si se quiere incluir el servicio que, normalmente, es del 10% del total consumido. Ese porcentaje se da por hecho, aunque si alguien está en desacuerdo, puede indicar que no desea pagarlo, si bien no se considerará muy correcto, a no ser que el servicio haya sido realmente nefasto.

Pág. anterior: De cócteles por Bogotá.
IVONNE BOHÓRQUEZ ©

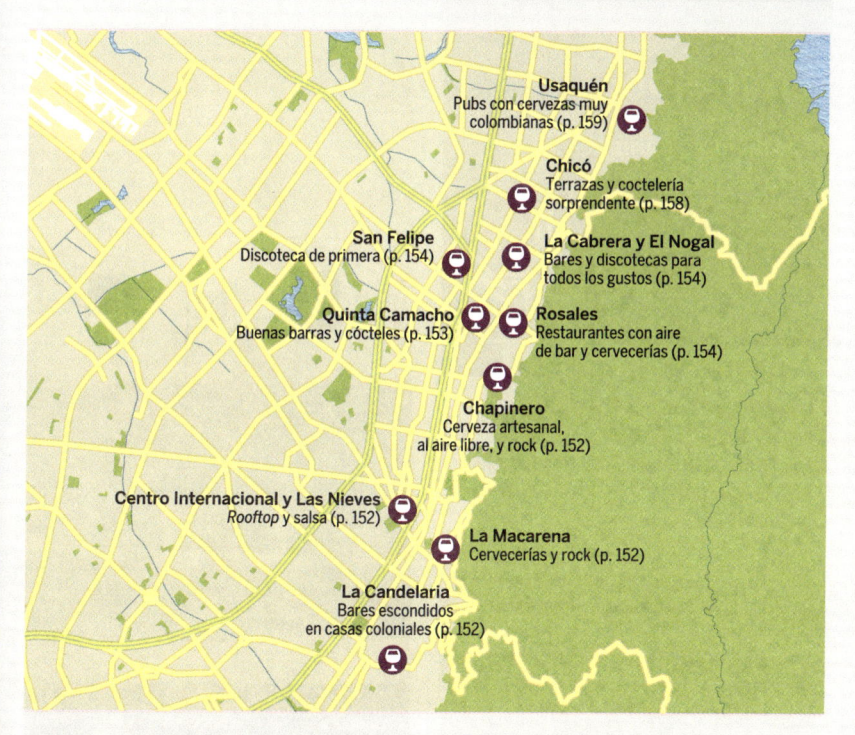

Usaquén
Pubs con cervezas muy colombianas (p. 159)

Chicó
Terrazas y coctelería sorprendente (p. 158)

San Felipe
Discoteca de primera (p. 154)

La Cabrera y El Nogal
Bares y discotecas para todos los gustos (p. 154)

Quinta Camacho
Buenas barras y cócteles (p. 153)

Rosales
Restaurantes con aire de bar y cervecerías (p. 154)

Chapinero
Cerveza artesanal, al aire libre, y rock (p. 152)

Centro Internacional y Las Nieves
Rooftop y salsa (p. 152)

La Macarena
Cervecerías y rock (p. 152)

La Candelaria
Bares escondidos en casas coloniales (p. 152)

Horario comercial

Desde los lunes las cervecerías están abiertas a mediodía e incluso hay personas que optan por almorzar en ellas mientras ven en las pantallas de TV algún partido de fútbol de las ligas europeas. Estas cervecerías están abiertas hasta altas horas de la noche. Algunos bares abren a partir del miércoles, pero la gran mayoría solo de jueves a sábado o domingo cuando el lunes es festivo. Los jueves son noches de mucha fiesta en Bogotá, casi o más que los viernes. Los bares y discotecas están abiertos desde las 20.00 pero, dependiendo del lugar, se llenan después de las 23.00. Antes de ir a una discoteca es normal empezar tomando un par de tragos en un bar o incluso en la barra de un restaurante.

De domingo a domingo siempre hay un buen lugar para tomar una copa.

Lo mejor...

Los mejores bares para vivir Bogotá

Amantes de la música

Galería Café Libro (p. 157) Salsa y un pedazo de Cuba en Bogotá.
Full 80s (p. 158) Música y fiesta ochentera.
Smoking Molly (p. 152) Un buen espacio para *rock* y *jazz*.

Cerveza artesanal

Bárbaros Brewing Co. (p. 153) En Chapinero, una parada imprescindible.
Cervecería irlandesa (p. 152) Cervezas de varios colores y sabores y mucho *rock*.
BBC (Bogotá Beer Company) (p. 154) Pioneros en cervecería artesanal con varios puntos en Bogotá.

Alargar la noche

Ghetto (p. 154) Para música electrónica.
El Fabuloso (p. 154) Música tropical con mucho roguctón.
El Coq (p. 155) *Indie* y *electro rock*.
Theatron (p. 152) La discoteca más grande de la ciudad.

Tragos con buenas vistas

Pravda (p. 155) Delicioso cócteles en una terraza deliciosa.

Vista Corona (p. 158) Cerveza y comida mexicana.

Las mejores barras

Black Bear (p. 157) Todas las botellas, todas las marcas, todos los cócteles.

El Enano (p. 157) Pequeño en espacio, grande en personalidad.

Ugly American (p. 157) Se puede comer, pero es imposible no beber.

Interiores 'cool'

Andrés Carne de Res (p. 157) Cultura pop en cada detalle.

Llorente (p. 153) La casa, la barra y el mobiliario son únicos.

☆ Los favoritos de Lonely Planet

Guetto (p. 154) DJ, ambiente, decoración, todo es espectacular.

Andrés Carne de Res (p. 157) La mejor definición de "experiencia".

Atlas (p. 153) La sencillez como la mejor de las cualidades.

Galería Café Libro (p. 157) Música en vivo con salsa, son cubano y colombiana.

ⓘ Lo básico

La edad mínima para tomar es 18 años.

🍷 La Candelaria

Cuban Jazz Café — Bar-jazz
(plano p. 217; ☎5713413714; carrera 7 # 12C-36; ⏱18.00-02.00 ma-do) Indicado para quienes buscan música cubana y en vivo. También es restaurante, pero lo mejor es tomar algo y gozarse el buen ambiente.

🍷 Centro Internacional y Las Nieves

La Piel Roja — Tropical
(plano p. 217; ☎573106828072; transversal 6 #27-57; ⏱12.00-16.00 lu-do; 12.00-23.00 vi, 11.30-23.00 sa, cerrado do) Música "guapachosa" o tropical, para tomarse unas *polas* (cervezas) a muy buen precio. en la tarde, es un espacio ideal para charlar; en la noche mejor para unos tragos, los dos planes funcionan a la perfección.

✨ Sitios para oír vallenato

El vallenato es muy colombiano, más de la costa caribe que del interior, pero igualmente los bogotanos gustan de esta música. El vallenato se toca normalmente con acordeón, guacharaca (una especie de maraca) y caja. Para conocer algo más de este género se puede ir a **Matilde Lina** (calle 81 # 11-34), **La CaciK** (calle 116 # 19-40), **La Casa en el Aire** (carrera 13 # 82-37). En los tres hay música en vivo y mucho sabor caribe.

🍷 La Macarena

Smoking Molly — Blues y rock
(plano p. 222; ☎573124669726; www.smokinmolly.com.co; calle 29Bis # 5-74; ⏱12.00-23.00 ma-do, cerrado lu) Muy buena opción para oír *blues* y *rock*, con menú de comidas (buenas hamburguesas) y cócteles de estilo estadounidense.

Cervecería irlandesa — Cervecería
(plano p. 222; ☎573505015320; www.observatoriodistrital.co; calle 63 # 13-11; ⏱17.00-24.00 mi, 14.00-2.30 ju-sa, 14.00-24.00 do) Con ambiente de *pub*, pero conservando la esencia de una cervecería de barrio, este local ofrece cervezas artesanales preparadas allí mismo. Una buena parada después de caminar por Chapinero.

🍷 Chapinero

Theatron — Discoteca
(plano p. 224; ☎5712356879; www.portaltheatron.co; calle 58 bis # 10-32; ⏱21.00-3.00 mi-sa) Es uno de los sitios más frecuentados por la comunidad gay y una de las discotecas más grandes de Latinoamérica. Tiene varios espacios y ambientes, *shows* en vivo y DJ. La entrada varía dependiendo de la fiesta.

Odem — Bar/terraza
(plano p. 224; ☎573505015320; www.observatoriodistrital.co; calle 63 # 13-11; ⏱17.00-24.00 mi, 14.00-2.30 ju-sa, 14.00-24.00 do) Muy buena ubicación, cerca de la iglesia de Lourdes, y un muy buen ambiente para tomarse unas cervezas al caer la tarde o algún cóctel (mojito lulo 19 900 $, *old fashion* 24 000, miche margarita 23 000 $). La música es variada, incluido el "reguetón a la mesa". Los tacos son buenos, por si se quiere picar algo, y la vista, espectacular.

Disco Jaguar — Discoteca
(plano p. 224; ☎573124417308; carrera 7 # 59-30; ⏱20.00-1.00 vi-sa) Tiene dos ambientes, un de salsa vieja y otro *crossover* con rock, *reggae,* y algo de

reguetón. Se puede pasar de una lado a otro y vivir varias fiestas en una.

Atlas — Bar de barrio
(plano p. 224; ☏573203875326; calle 57 # 4-17; ⏱12.00-21.00 ma, mi y do, 12.00-23.00 ju-sa, cerrado lu) Se define como un bar de barrio y así es. En esta calle de Chapinero se abre un local con un puñado de mesas que salen a la calle y que, sin más pretensiones que hacer que la gente se siente bajo las estrellas de la noche, ofrecen una carta con buenos cócteles, mezcales y sangría. Su apuesta es sencilla, sobria, pero la vegetación y los árboles ayudan a que el trago sepa mejor.

Bárbaros Brewing Co — Cervecería artesanal
(plano p. 224; ☏573044564560; calle 45 # 16-09; ⏱17.00-1.00 ma-ju, 16.00-2.30, vi-sa) Una buena oferta de cerveza artesanal, con ambiente sencillo y un servicio muy amable. Se sugiere probar varias de las cervezas de la carta, todas valen la pena.

Lateral Cervecería Local — Cervecería
(plano p. 224; ☏5712185828; calle 65 # 3B-07; ⏱16.00-23.00 lu-mi, 15.00-1.00 ju-sa) Tiene otros dos locales en la ciudad y quiere diferenciarse de los *pubs* tradicionales con el concepto de cervecería de barrio. La Golden Ale de 4,5 grados de alcohol es de producción propia. La decoración es simple, rústica y muy acogedora. No es un sitio para comer.

🍸 Quinta Camacho

La Huerta Coctelería Artesanal — Bar
(plano p. 227; ☏573017854934; www.huertabar.com; calle 69A # 10-15; ⏱15.00-24.00 lu-ju, 12.00-22.00 vi-do) En el 2º piso de una casa de Quinta Camacho, este espacio propone cócteles con productos muy colombianos y con procesos que buscan impactar lo menos posible el medio ambiente, promoviendo el reciclaje. Se presenta como un bar sostenible, con buenos sabores y buen ambiente (*mandrake* 32 000 $, *chocoramo old fashioned* 28 000 $, ambos de 135 ml).

🍷 Bogotá en una copa

En Bogotá, y en Colombia en general, se toma principalmente aguardiente y cerveza. El aguardiente viene de la caña de azúcar con esencias de anís y jarabe de azúcar. También se le llama guaro. El aguardiente se sirve solo, en una copa corta, y normalmente se toma de un solo sorbo o máximo en dos. La cerveza está por todas partes, empezando por las tiendas de barrio, que la venden a cualquier hora. El refajo es la mezcla de gaseosa (se recomienda la marca Colombiana) con cerveza. La chicha es una bebida fermentada de maíz, herencia de los chibchas.

ILLPAXPHOTOMATIC/SHUTTERSTOCK ©

Llorente — Bar-restaurante
(plano p. 227; ☏573507840444; www.llorente-bar.com; carrera 9 # 69-07; ⏱17.00-24.00 lu-sa) Con sabores muy colombianos, el fuerte de este lugar es la coctelería. La casa tiene dos pisos: en el primero, el bar; en el segundo, el restaurante. Es un sitio ideal para picar algo, como el pulpo a la parrilla o los raviolis negros en tinta de calamar acompañados quizás por un *cover club* (ginebra, corozo, vermú seco, limón, clara de huevo) o un turrón (burbon avellanado, esencia de maíz morado, gotas amargas y panela).

Salsa Camará — Discoteca
(plano p. 227; ☏573138308844; carrera 11 # 70 A-22; ⏱16.00-3.30 ma-sa) Para los que quieren salsa y son cubano, este lugar es referencia obligada. Acá se viene a bailar

Bogotá LGBT+

Theatron (plano p. 224; ☎5712356879; www.portaltheatron.co; calle 58 bis # 10-32; ⊙21.00-3.00 mi-sa) Una manzana entera con muchos espacios para la rumba, enorme y siempre lleno, con espectáculos, música en vivo y DJ. Un clásico.

Estación Café Colombia (plano p. 224; ☎57 317 3624623; www.estacioncafecolombia.com; calle 62 #7-13; ⊙12.00-3.00 lu-vi, 16.00-3.00 sa, do cerrado) Café, restaurante y bar con *rock* como música de fondo. Por las tardes el ambiente es tranquilo para tomar algo y hablar con calma.

Rosales

BBC Cervecería
(plano p. 227; ☎5717429292; www.bbccerveceria.com; carrera 5 # 71A-75; ⊙12.30-1.00) Tiene varias sucursales en la ciudad, incluso en los barrios. Se creó en el 2002, es una de las pioneras en cervecería artesanal, su calidad es muy buena y también se encuentra en los supermercados. También hay nachos o empanadas para acompañar.

La Cabrera y el Nogal

El Fabuloso Discoteca
(plano p. 230; ☎57 3219555541; calle 85 # 14-05, 7º piso; ⊙20.00-2.30 ju-sa) Si pudiera definirse con un adjetivo sería el de su nombre: buena barra, buen ambiente y buena comida (valen la pena las *pizzas*), pero el plan, sin duda, es la fiesta. Acá se baila de todo y no hay excusa para quedarse sentado.

El Ovejo Bar
(plano p. 230; ☎573105820731; calle 82 # 12-15; ⊙12.00-24.00 do-ma, 12.00-2.45 mi-sa) Un clásico bogotano que en los años noventa estaba en otra ubicación. Hoy es una gran opción para tomar unos tragos mientras se oye algo de *rock*. Sus hamburguesas (15 000 $ la doble) tienen mucho éxito, al igual que el sándwich de pastrami (15 000 $).

Sánchez Cervecería Artesanal Cervecería
(plano p. 230; ☎573104131859; www.sanchezcerveceria.com; calle 85 # 12-25; ⊙16.00-24.00; mi-sa) Acá se unen dos planes: oír a las mejores bandas independientes colombianas y probar buena cerveza artesanal (rubia de la casa vaso 13 000 $, pinta 19 000 $, jarra 55 000 $). El sitio está muy bien montado y tiene una buena oferta para comer, desde la "picada trifásica" (31 000 $) hasta unos buenos nachos (21 000 $).

sin parar los grandes clásicos de la salsa. Antes estaba en la Zona Rosa pero este nuevo local conserva la magia de siempre.

Hanna Hops Cervecería
(plano p. 227; ☎573503204842; www.hannahops.com; calle 69 A # 9-40; ⊙16.00-24.00 ma-do) Una gran opción para los cerveceros: buenas cervezas artesanales para disfrutar en medio de un espacio con vegetación muy típico de la arquitectura de Quinta Camacho. Sencillo, con buen servicio, ideal para hablar, con un volumen de música moderado.

San Felipe

Guetto Discoteca
(plano p. 227; ☎573004880819; www.theghettoproject.com; carrera 72a # 20-40; ⊙21.00-5.00 ju-sa) Sin duda uno de los mejores sitios de Bogotá, en una zona poco convencional, con varias opciones en una: Kaputt, Sector, Pantera y Meridian, cada uno con una propuesta diferente para complacer todos los gustos. El ambiente es muy bueno y vale la pena recorrer todo el lugar y probar todas posibilidades de fiesta.

El Fabuloso.

The Pub
Pub

(plano p. 230; ☎5712134147; www.poladelpub.com; carrera 12A # 83-48; ⏱12.00-23.00 lu-do) En plena Zona T, este *pub* con aire irlandés ofrece cervezas artesanales. Tiene una terraza agradable y la comida es buena incluso para almorzar: las hamburguesas valen la pena.

El Coq
Bar/discoteca

(plano p. 230; ☎5716112496; calle 84 A # 14-02; ⏱22.00-3.00 mi-do) El Coq, "gallo" en francés, se caracteriza por su buen ambiente, donde predomina la música electrónica. Un lugar que ha mantenido su vigencia con los años y que siempre está lleno, lo que habla muy bien de él.

Pravda
Bar

(plano p. 230; ☎5716185302; www.pravda.com.co; calle 83 # 12-26; ⏱9.00-24.00 lu-vi, 9.00-14.00 sa-do y fes) Siempre ha sido famoso por sus martinis y por su buena terraza con vistas a la Zona T. Lo ideal es ir pronto, antes de seguir la fiesta en otro lugar cerca, aunque también se puede uno quedar hasta el final de la noche.

4.40 Music Hall
Discoteca

(plano p. 230; 57 3114403333; carrera 13 # 83-47; ⏱18.00-24.00 ju-sa) Acá la consigna es bailar música de todos los ritmos posibles, a veces en vivo y en un buen ambiente contagioso. Para una buena rumba con mucho regueton.

Bungalow
Rooftop

(plano p. 230; ☎573173697889; carrera 13 # 83-47; ⏱19.00-3.00 ju-sa) Es un *rooftop* donde predominan la música electrónica, con buen ambiente y buenas vistas. Para fiesta de largo aliento, siempre con alto flujo de gente joven a la entrada. Cócteles a 25 000 $ de promedio.

Chamois
Bar

(plano p. 230; ☎573128459107; https://chamois-restaurante-bar.business.site/; Ac. 85 # 11-69; ⏱16.00-24.00 mi-sa) En los años ochenta y noventa era punto de encuentro de adolescentes que acudían por sus cócteles: la famosa guaya lleva hasta siete licores. Las cosas no han cambiado mucho, el reto sigue siendo el mismo: ver cuántas guayas soporta el cuerpo.

B.O.G Hotel Bar/rooftop
(plano p. 230; ☎573506982140; www.boghotel.com; carrera 11 # 86-64; ⏰15.00-23.00) La vista es increíble, pero también su buen ambiente, su barra y el servicio. Está en el último piso de este hotel en el barrio La Cabrera, donde también está la piscina. Ideal para pasar la tarde, pedir un cóctel y seguir después la fiesta en otra parte.

Upper Side Bar/rooftop
(plano p. 230; ☎5715304490; carrera 13 # 81-24; ⏰12.00-23.00 lu-mi; 12.00-1.00 ju-sa, 12.00-17.00 do) Un buen *rooftop* que se mantiene con los años: buenas vistas, buena barra y buenos tragos, y un menú no muy extenso, pero justo para pasar la tarde y recibir la noche, con opciones vegetarianas.

El Techo Mexicano Mariachis
(plano p. 230; ☎5716108194; www.eltecho.co; calle 82 # 11-94; ⏰12.00-24.00 ma-mi, 12.00-3.00 ju-sa; 12.00-17.00 do, cerrado lu) Mariachis en vivo, comida mexicana y, por supuesto, tequilas, mezcales y margaritas. En este lugar tradicional, destaca la gran vista desde el 5º piso del Centro Comercial El Retiro y su buen ambiente.

Sky 15 Bar/rooftop
(plano p. 230; ☎5716006100; www.hoteleshilton.com/colombia; carrera 7 # 72-42; ⏰12.00-23.00 lu-do) En el último piso del Hotel Hilton, en el centro financiero de la ciudad, este bar con terraza ofrece una espectacular vista de los Cerros Orientales. Mesas y sillas altas, para ver el atardecer y tomarse un buen trago.

Patria Cervecería Cervecería
(plano p. 230; ☎573174393130; calle 81 # 10-60; ⏰12.00-21.00 lu-mi, 12.00-2.00 ju-do) Una alternativa para los amantes de la cerveza (vale la pena probar la *honey blonde ale*) y acompañarla con unos tacos. El ambiente es perfecto para hablar y hacer una parada después de irse de compras por el barrio.

Federal Rooftop Bar
(plano p. 230; ☎573132799159; calle 82 # 12-25; ⏰14.00-24.00 ma-do) Otro muy buen *rooftop* en la Zona Rosa, con buen ambiente, variedad de cócteles, cervezas y algunos

Bar Enano.

platos para picar; las minihamburguesas son una muy buena opción.

Bar Enano Bar
(plano p. 230; ☎5712125709; calle 79 B # 7-12; ⏱17.00-2.00 ma-sa) Literalmente es un espacio pequeño, con buen ambiente. La barra es de primera y también se puede picar algo. Si acaso se llena, la barra de Bandido también es recomendable, y no hay que salir del lugar: por la misma puerta se entra a los dos sitios.

Solar Bar
(plano p. 230; ☎573102740670; www.solarbog.com; calle 84 bis # 13-86; ⏱20.00-3.00 ju-sa y do antes de fes) El sitio está muy bien montado, con sofás, mesas altas en el centro y mucha vegetación que lo hace acogedor. Perfecto para tomarse un trago y bailar.

Andrés Carne de Res Restaurante/pista de baile
(plano p. 230; ☎573153559096; www.andrescarnederes.com/andres-carne-de-res; calle 3 # 11A-56 Chía y Centro Comercial El Retiro, Bogotá; ⏱12.00-22.00 mi-ju-do, 12.00-24.00 vi-sa, cerrado lu-ma) Acá han rumbeado los bogotanos desde hace casi 30 años y son varias las generaciones que siguen siendo fieles a este lugar donde todo está perfectamente pensado. Su calidad sigue intacta y, ante todo, es una experiencia donde cada detalle cuenta (véase p. 64).

Black Bear Restaurante/bar
(plano p. 230; ☎5716447766; www.blackbear.com.co; carrera 11 A # 89-10; ⏱12.00-22.00 lu-ju y sa, 12.00-23.00 vi, 12.00-18.00 do) Se puede ir a almorzar o a comer (cenar), pero su ambiente invita a tomarse un trago y ese es precisamente su fuerte: una barra siempre muy bien atendida con una variedad infinita de cócteles, *whiskies*, ginebras y otros licores.

Ugly American Bar/restaurante
(plano p. 230; ☎5716447766; www.uglyamerican.co; calle 81 # 9-12, entrada por carrera 9; ⏱9.30-14.00 *brunch* sa-do-fes, 12.00-21.00 lu-mi, 12.00-22.00 ju-vi, 9.30-21.00 sa, 9.30-17.00 do) En este sótano, donde también hay una muy buena comida (las hamburguesas son excelentes) la barra es un gran atractivo y la variedad de cócteles, también. Una buena idea es sentarse a la barra para ver cómo preparan los cócteles mientras se oye buena música.

Cristóbal Restaurante/bar
(plano p. 230; ☎573229447115; carrera 12 # 84-57; ⏱11.30-24.00) La comida está bien y su ambiente, todavía mejor (cócteles 40 000 $ de media) Si bien hay mesas para sentarse y pasar toda la noche, la música va animando a los comensales a pedir un trago y "enfiestarse", como dicen los rolos o cachacos.

🅰 Chicó

Galería Café Libro Discoteca de salsa
(plano p. 234; ☎5712183435; www.galeriacafelibro.com.co; carrera 11 A # 93-42; ⏱12.00-3.00 ma-do) Antes del *boom* de bares y discotecas, este sitio ya ponía a bailar salsa a los bogotanos. Es un clásico que se resiste al paso del tiempo, tiene dos pistas

---

Protocolo para beber

Dice la leyenda que, si al momento del brindis no se mira a los ojos, vendrán siete años de mal sexo. Y así se brinda acá, mirando a los ojos, y nadie toma un sorbo de su cerveza o trago antes del brindis. En tiendas de barrio se riega en el piso un poco de aguardiente "por los muertos" antes del primer trago y en bares o barras de restaurantes se acostumbra a que el *shot* se sirva enfrente del cliente. Hay frases que se repiten, como "sírveme un *whisky* sencillo con cara de doble", una manera sutil de decir que llenen el vaso un poco más. En el caso de vinos, siempre se sirve un pequeño sorbo para que alguien en la mesa lo pruebe y dé su aprobación.

Vista Corona.

de baile, música en vivo, y un ambiente para los que añoran la salsa vieja. Una botella de aguardiente Antioqueño cuesta 150 000 $.

El Mono Bandido — Cervecería
(plano p. 234; ☎573123419393; www.elmonobandido.com; carrera 12 # 93-08; ⊙16.00-23.00 lu-mi, 16.00-3.00 ju, 12.00-3.00 vi-sa, 12.00-23.00 do) Un sitio ideal para tomar cerveza artesanal y picar algo. Muy frecuentado por gente joven, su ambiente es relajado, ideal para hablar con amigos. Los fines de semana abre desde mediodía para quien quiera una cerveza temprano.

Vista Corona — Rooftop
(plano p. 234; ☎573175407348; carrera 12 # 93-99, 11º piso; ⊙12.00-23.00 lu-sa, 10.00-20.00 do) Esta terraza con una muy buena vista al parque de la 93, es un espacio para tomar cerveza Corona (4000 $) y cócteles también con Corona, con opciones de acompañar todo con un menú mexicano: de guacamole con totopos a tacos. Precios cómodos (desde 7000 $).

Full 80s — Bar
(plano p. 234; ☎573174281123; www.full80s.com; carrera 19 # 118-52; ⊙18.00-2.00; ju-do) El mejor sitio para quienes añoran la década de los ochenta: clásicos del *rock* en inglés y español y otros géneros que marcaron a toda una generación. Ideal para tomar una cerveza y también para bailar.

Hércules — Bar
(plano p. 234; ☎573102759987; carrera 13 # 90-17, local 2; ⊙12.30-22.00 ju, 12.30-24.00 vi, 14.00-22.00 sa) Este sitio es ideal para pasar una tarde, pedir una cerveza o un trago y calentar motores mientras se decide cuál será el plan de la noche. La terraza ofrece vistas de la calle 90 y es ideal para una tarde soleada.

Usaquén

Brew Pub — Cervecería artesanal
(plano p. 237; ☎573053477368; carrera 7 # 123-35. 11er piso; ⊙12.00-24.00 do-mi, 12.00-3.00 ju-sa) Aquí producen su propia cerveza y los visitantes pueden ver las máquinas y el proceso antes de escoger su

preferida. Cuenta además con vistas a los cerros, una barra y ambiente cálido.

London Calling Pub

(plano p. 237; ☏573229475960; www.londoncallingpub.co; calle 120A # 6A-28; ⏱15.00-23.00 mi-do) Tiene también otra sede en el parque de la 93. La ambientación es de *pub* inglés, con buenas cervezas y *whiskies*. Es un sitio con muchos años de tradición en Bogotá.

Sitios para tomar chicha

La chicha es una bebida heredada de los muiscas, los indígenas que habitaron la sabana de Bogotá antes de su fundación, y que se hace con maíz fermentado. No es una bebida que se encuentre en cualquier bar, solo en sitios especializados que se llaman chicherías. La mayoría están concentradas en La Perseverancia (véase p. 93) y en el Chorro de Quevedo (véase p. 37). Algunas de ellas son **La Bendita** (calle 12b con carrera 1,); **Casa Galería** (carrera 2 # 12B-92) y **Chichería Demente** (calle 65 # 15-08).

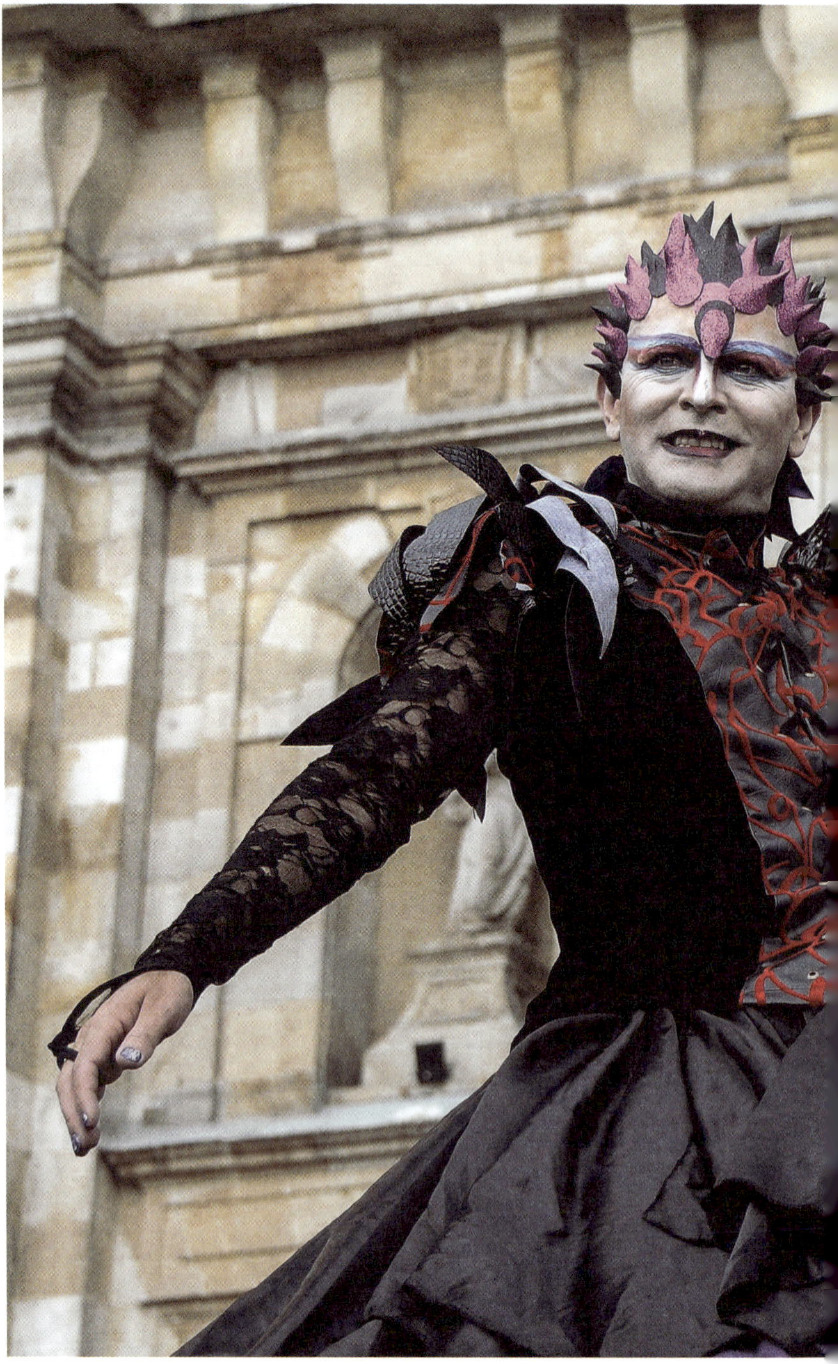

ESPECTÁCULOS

Teatro, espectáculos internacionales, espacios para oír *rock* nacional y música sinfónica

Espectáculos

En Bogotá es normal tener a la mano conciertos de los mejores exponentes de la música en grandes escenarios, pero también en teatros y auditorios donde hay una oferta permanente de conciertos sinfónicos, de jazz, danza y mucho teatro. A los festivales (como el Festival Iberoamericano de Teatro, Rock al Parque o Estéreo Pícnic) se suma la programación de espacios que siempre invitan a ver algo nuevo.

Los conciertos y las obras de teatro normalmente comienzan hacia las 20.00, justo después de las horas altas de tráfico (17-00-19.00). Los fines de semana es posible a veces ver dos espectáculos el mismo día en el mismo escenario.

Sumario

La Candelaria 164
Centro Internacional y Las Nieves.....164
La Macarena y el parque Nacional 165
Chapinero y Ciudad Universitaria......165
Quinta Camacho 166
Rosales 166
La Cabrera y El Nogal 166
Chicó..167
Usaquén 167
San José de Bavaria...........................167

Webs de entradas

Hay páginas web donde se pueden comprar entradas para muchos conciertos, espectáculos y obras de teatro: www.tuboleta.com, www.eticket.co y www.primerafila.com.co. Los teatros también las venden directamente en sus taquillas y se pueden comprar con anterioridad.

Pág. anterior: Festival Iberoamericano de Teatro.
WILLIAM CARDOZO/SHUTTERSTOCK ©

El patio de butacas y los palcos del Teatro Colón.

Teatro

Teatro Nacional (p. 166) Está en Quinta Camacho y La Castellana con obras siempre de primer nivel.

Teatro Colón (p. 164) El más antiguo de la ciudad para ver espectáculos de todo tipo.

Teatro La Candelaria (p. 164) Una antigua casa es escenario de los montajes de este grupo.

Teatro Libre (p. 165) Con dos sedes en La Candelaria y Chapinero, acá se pueden ver los grandes clásicos.

Música en vivo

Teatro Mayor Julio Mario Santo Domingo (p. 167) Programación permanente muy bien seleccionada.

Biblioteca Luis Ángel Arango (p. 164) Además de ofrecer conciertos de gran calidad, el auditorio es imprescindible, Premio Nacional de Arquitectura.

Teatro Jorge Eliécer Gaitán (p. 164) Un clásico bogotano, en el corazón de la ciudad, con presentaciones musicales, artísticas y teatrales.

Auditorio de la Jorge Tadeo Lozano (p. 164) Un escenario reciente que ha servido para presenciar grandes conciertos.

Auditorio León de Greiff (p. 165) Conciertos para todos los públicos en este espacio en la Universidad Nacional.

Grandes conciertos

Bogotá es sede permanentemente de grandes conciertos, con la visita de grupos, compositores y solistas de primer nivel. En algunos de estos casos los escenarios escogidos son el **estadio Nemesio Camacho El Campín** (www.idrd.gov.co/estadio-el-campin), el **Movistar Arena** (www.movistarena.co), el **Palacio de los Deportes** (www.idrd.gov.co/palacio-los-deportes), el **parque Simón Bolívar** (www.idrd.gov.co/parque-metropolitano-simon-bolivar) y la **plaza cultural La Santamaría**. Se recomienda estar pendiente de la agenda antes de la visita a Bogotá. De igual forma, estos lugares también acogen otros espectáculos culturales y deportivos con frecuencia.

★ La Candelaria

Teatro Colón Espectáculos
(plano p. 217; 5713816380; www.teatrocolon.gov.co; calle 10 # 5-32; adultos mayores de 62 años y estudiantes 50% de descuento) Acá hay espectáculos de todo tipo permanentemente y el teatro en sí es una llamativa construcción neoclásica, en la que destacan los balcones y el mobiliario. La sala principal tiene casi 800 plazas y acoge la lámpara Ramelli, toda una atracción. Fue construido entre 1885 y 1895. Tiene dos salas más que sirven para ensayos de grupos de danza.

Sala de conciertos de la Biblioteca Luis Ángel Arango Música
(plano p. 217; www.banrepcultural.org; 57134341316; calle 11 # 4-41) La acústica de la sala es perfecta y su diseño le mereció el Premio Nacional de Arquitectura en 1966 y fue declarada Bien de Interés Cultural en el 2010. Acá hay programación todo el año especialmente de música de cámara, pero también tiene un programa de jóvenes concertistas. Hay series de "profesionales" y "jóvenes intérpretes", siempre de muy buena calidad.

Teatro La Candelaria Teatro
(plano p. 217; 0319372433; www.teatrolacandelaria.com; calle 12 # 2-59) Tiene más de 50 años de historia. Su fundador, Santiago García (1928-2020), es un referente obligado de la historia del teatro en Colombia. Hacen montajes propios y también clásicos. Normalmente montan dos obras al año, una en cada semestre.

La Media Torta Artes escénicas
(plano p. 217; 5713798750; Ext 200; www.culturarecreacionydeporte.gov.co; calle 18 # 1-05 Este) Cuando se habla de "tortazos" los bogotanos se refieren a ir a ver algún espectáculo en este escenario que, literalmente, parece una torta cortada por la mitad. Está ubicado en medio de los Cerros Orientales y acoge eventos de todo tipo, gratuitos, casi siempre promoviendo el talento local.

★ Centro Internacional y Las Nieves

Teatro Jorge Eliécer Gaitán Música/espectáculos
(plano p. 220; 5713795750; www.idartes.gov.co/es/teatro-eliecer-gaitan; carrera 7 con calle 22) Debe su nombre a Jorge Eliécer Gaitán, político asesinado el 9 de abril de 1948. Uno de los teatros más tradicionales de la ciudad y con capacidad para más de 1000 personas, tiene una programación constante de todo tipo. Está a 300 m del Centro Internacional.

Auditorio de la Jorge Tadeo Lozano Música/espectáculos
(plano p. 220; 5712427030; www.utadeo.edu.co; carrera 4 # 22-61) Desde conciertos de la Orquesta Sinfónica de Colombia hasta música de cámara; desde recitales de la Orquesta Filarmónica hasta intérpretes internacionales de música clásica. La oferta es variada y constante.

**Auditorio Teresa
Cuervo Borda**　Música/espectáculos
(plano p. 220; ☏5713816470; www.museonacional.gov.co; carrera 7 # 28-66) El auditorio del Museo Nacional fue antaño una prisión y luego un museo. En 1954 se adecuó este escenario donde hay presentaciones de danzas, música y charlas. Tiene un aforo para 255 personas.

✪ La Macarena y el parque Nacional

**Teatro
El Parque**　Teatro infantil/marionetas
(plano p. 222; 573795750 Ext 2201; https://soyteatro.com/teatro-el-parque; carrera 5 # 36-05) A unos 10 min a pie de La Macarena, en el parque Nacional, uno de los más conocidos de Bogotá, está este escenario que nació con el propósito de ofrecer obras de teatro a los pequeños. Un buen plan en familia, gratis los sábados y domingos.

✪ Chapinero y Ciudad Universitaria

Auditorio León de Greiff　Música
(plano p. 224; ☏5713165000; www.patrimoniocultural.bogota.unal.edu.co; carrera 45 # 26-85) En las instalaciones de la Universidad Nacional, buen pretexto para conocer el campus, que tiene grandes joyas arquitectónicas, como este mismo auditorio, que recibió el Premio Nacional de Arquitectura en 1974. Lleva el nombre de uno de los mejores poetas colombianos. Acoge sobre todo música sinfónica, pero hay conciertos de todo tipo, nacionales e internacionales.

Teatro Libre　Teatro
(plano p. 224; ☏5712171988; www.teatrolibre.com; calle 62 # 9A-65) Se fundó en 1973 y tiene otra sede en **La Candelaria** (calle 12B # 2-44). Es un grupo estable, que ha hecho más de 100 montajes de obras de grandes maestros, desde Shakespeare hasta Esquilo. Esta sala puede albergar a 650 espectadores; la otra, a 200.

📖 El teatro en Colombia

Las primeras obras de teatro en Colombia de las que se tienen noticia son del s. XVI, en tiempos de la colonia, pero realmente no tuvo un impulso definitivo hasta finales del s. XIX, cuando ya los cachacos lo veían como una posibilidad de entretenimiento en los escenarios que comenzaban a consolidarse. El **Teatro Colón** (p. 164) ya recibía espectadores y obras de calidad por entonces. Desde mediados del s. XX comienzan a aparecer personajes muy importantes para el desarrollo de este género en Colombia: Enrique Buenaventura (1925-2003), Carlos José Reyes (1941), Jorge Alí Triana (1942), Santiago García (1928-2020). Grupos como **Teatro Experimental de Cali,** el **TPB** (Teatro Popular de Bogotá), **Teatro La Candelaria** (p. 164) y **Teatro La Mama** apostaron por puestas en escena propias, fieles a visiones políticas y al contexto de su tiempo. El teatro se volvió más exigente y los bogotanos vieron el surgimiento de un verdadero auge de obras experimentales que se fue expandiendo a otros grupos como **Teatro Libre,** dirigido por Ricardo Camacho, y más iniciativas que hoy persisten en brindar al público entretenimiento y cultura. El clímax llegó en 1988, cuando surge el **Festival Iberoamericano de Teatro,** iniciativa de Fanny Mikey (1930-2008), que se celebra cada dos años con la presencia de los mejores representantes internacionales.

Teatro La Mama　Teatro
(plano p. 224; 5712112709; https://soyteatro.com/teatro-la-mama/; calle 63 # 9-60) Lo fundó el dramaturgo Eddy Armando hace más de 50 años y es uno de los escenarios con más historia de la ciudad. Está dedicado a presentar obras de teatro clásico, pero también se ha abierto a otro tipo de

géneros como la danza o la *stand up comedy*.

Latino Power — Música en vivo
(plano p. 224; ☎03-5432-1515; calle 58 # 13-98) Este espacio pequeño, con paredes decoradas por artistas urbanos, se ha convertido en la plataforma de muchos grupos colombianos. Música en vivo para estar al tanto de la escena local, aunque también hay espacio para bandas y grupos tradicionales. Cada espectáculo tiene un precio diferente.

The Music Hall — Música en vivo
(plano p. 224; ☎5715464478; www.tmhbogota.com, calle 65 #.13-50) Este sitio abrió con un propósito y es promover las bandas de *rock* más talentosas de la escena local. Es un bar en Chapinero donde siempre hay un grupo dándose a conocer. Ideal para oír nuevas propuestas cerveza en mano.

El Chamán — Música en vivo
(plano p. 224; 571357600; calle 57 # 9-37) Una tarima con luces de neón en un local estrecho con apenas espacio para la gente es el escenario de bandas musicales que buscan un público joven. Es un bar, pero, sobre todo, se ha vuelto en el sitio para ir a ver lo nuevo de la movida capitalina.

✪ Quinta Camacho

Teatro Nacional — Teatro/stand up comedy
(plano p. 227; ☎3505224069; www.teatronacionall.co; calle 71 # 10-25; ⊙20.00 ma-mi, 20.30 vi, 18.00 y 20.30 sa, 18.00 do) Fundado en 1981 por Fanny Mikey, la creadora del Festival Iberoamericano de Teatro, tiene otra sede en el barrio de **La Castellana** (calle 95 # 47-15). Programa obras de teatro y espectáculos humorísticos tipo *stand up comedy*. Tiene capacidad para 351 personas y siempre hay algo bueno para ver. Los domingos por la mañana suele haber obras para niños. La Fundación tiene una tercera sede en el barrio de La Soledad, **La Casa del Teatro** (carrera 20 # 37-54), también con muy buena programación y capacidad para 160 personas.

Teatro R 101 — Teatro
(plano p. 227; ☎5713132249; www.teatror101.com; calle 70a # 11-29) Un espacio alternativo para grupos de teatro emergentes que nació en 1995. Tiene una sala pequeña, pero donde siempre hay todo tipo de obras y actividades culturales.

✪ La Cabrera y El Nogal

Teatros Cine Colombia — Ópera
(plano p. 230; ☎5714042463; www.cinecolombia.com; carrera 11 # 82-02, piso 3) Además de proyectar películas comerciales, ofrece una muy interesante programación alternativa de documentales artísticos y la posibilidad de ver los principales montajes que se presentan en la Metropolitan Opera de Nueva York, tal y como si uno estuviera presente, con muy buen sonido y calidad de imagen. También hay presentaciones de *ballet* y teatro. Vale la pena.

Centro Cultural Gimnasio Moderno — Espectáculos
(plano p. 230; ☎5715401888; www.gimnasiomoderno.edu.co/servicios/centrocultural/; calle 74 # 9-24) Este escenario está ubicado en uno de los colegios más tradicionales de Bogotá, el Gimnasio Moderno. Cada tanto programa obras de teatro, musicales, espectáculos en vivo y presentaciones de libros de autores nacionales e internacionales. Acoge igualmente eventos culturales como **Buró** o el **BAM (Bogotá Audiovisual Market)**.

✪ Chicó

Gaira Café — Música en directo
(plano p. 234; ☎031318235555; www.gariacafe.co; carrera 13 # 96-11) Es un restaurante y bar, pero su esencia es el espectáculo: en su tarima siempre hay un grupo para hacer bailar a la gente. Este sitio de dos pisos es dirigido por Guillo Vives, hermano del conocido cantante Carlos Vives, y la música en vivo es de primera. Los domingos por la mañana organizan el Pombo Musical, un

Teatro Mayor en el Centro Cultural Julio Mario Santo Domingo.

show para niños y jóvenes inspirado en Rafael Pombo (1833-1912), un poeta bogotano al que vale la pena conocer.

⭐ Usaquén

Teatro Patria   Comedia/stand up comedy
(plano p. 237; 573114401444; https://soyteatro.com/teatro-patria/ carrera 7 # 106-32) En un cuartel del ejército, entidad que precisamente fundó este espacio hace ya varias décadas. El teatro puede recibir más de 1000 personas y tiene una programación variada donde hay con frecuencia presentaciones de *stand up comedy* y adaptaciones de obras humorísticas.

⭐ San José de Bavaria

Teatro Mayor Julio Mario Santo Domingo   Música/espectáculos
(☎5713779840; www.teatromayor.org; calle 170 # 67-51) Programación de primera todo el año: ópera, conciertos, musicales, *ballet,* danza y teatro. Es un espacio amplio, con capacidad para más de 1000 espectadores y su escenario se presta a grandes espectáculos. Ofrece un abono anual que permite acceder a varios eventos al mes. Vale la pena consultar su web antes y durante la visita a Bogotá.

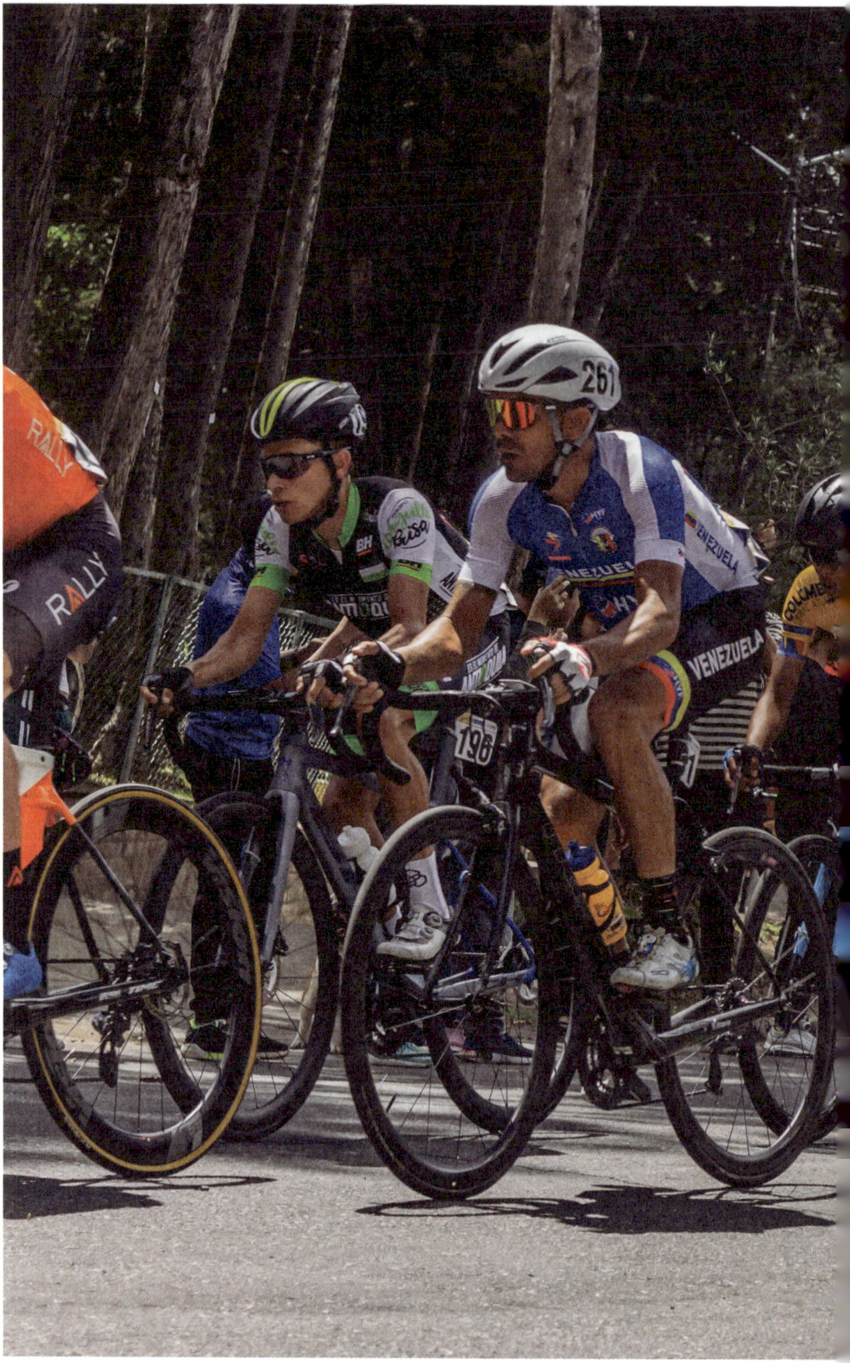
RALLY
RALLY
261
VENEZUELA
VENEZUELA

DEPORTES Y ACTIVIDADES

El fútbol es una pasión que mueve a los bogotanos, pero en los parques predominan los corredores y los ciclistas

Deportes y actividades

El fútbol en Colombia es muy importante y Bogotá no es la excepción, con la presencia de dos equipos con mucha historia: Millonarios (uniforme azul), que tiene una de las hinchadas más grandes del país, y Santa Fe (uniforme rojo). Los dos juegan en el estadio El Campín. También han surgido recientemente otros equipos, como La Equidad, que juega en el estadio de Techo.

Bogotá tiene muchas carreras de 10 y 15 km los domingos. Hay circuitos diferentes y en julio es la media maratón, donde participan más de 20 000 personas. También se practica el ciclismo: Colombia tiene grandes pedalistas que han ganado las principales carreras, como el Tour de Francia (Egan Bernal), el Giro de Italia (Nairo Quintana y Egan Bernal) y la Vuelta a España (Nairo Quintana y Lucho Herrera). De ahí la afición por este deporte.

Sumario

Deportes 172
Al aire libre 172
Parques de atracciones 173
Cursos 175

Eventos

Campeonato de fútbol colombiano Se disputan dos al año, uno por semestre.

Vuelta a Colombia Esta prueba ciclística se celebra, normalmente, en abril y, tras recorrer el país, termina en la capital.

Carreras Todo el año hay competencias para profesionales y aficionados. (www.colombiacorre.com.co/calendario-de-carreras)

Pág. anterior: Última etapa del Tour Colombia por las calles de Bogotá.
GABRIEL LEONARDO GUERRERO/SHUTERSTOCK ®

Estadio El Campín.

Lugares

Estadio El Campín (p. 172) Aquí Millonarios y Santa Fe reciben a sus rivales.

Velódromo Luis Carlos Galán (p. 172) Ideal para ver ciclismo de pista.

Parque El Salitre (p. 172) Baloncesto, microfútbol y tenis.

Cursos

Escuela de baristas (p. 175) Aquí enseñan a preparar el mejor café del mundo, el colombiano.

Escuela de cocina Gato Dumas (p. 175) Para cocinar especialidades colombianas.

En bicicleta por la ciudad

Bogotá es una ciudad para moverse en bicicleta, con sus 550 km de ciclorrutas (así se llaman los carriles destinados a los ciclistas), la red más amplia de Latinoamérica y una de las más grandes del mundo. Estos carriles discurren por las aceras peatonales o por la calzada, si bien separado del tráfico. Se estima que hay 30 rutas, algunas de más de 20 km. Es posible moverse por la carrera Séptima, la 11, la 30 (muy extensa) o la avenida 19, entre muchas otras. Con casco, eso sí.

Los domingos la ciudad se convierte en un gran circuito solo para ciclistas cuando se activa la Ciclovía (7.00-14.00) y varias calles se reservan exclusivamente para las bicis. También hay recorridos más exigentes (véase p. 54). Algunas opciones para alquilar bicicletas: **Bogotá Bike Tours** (www.bogotabiketours.com, desde 9000 $/h hasta 45 000 $/día, en La Candelaria (carrera 3 # 12-72); **Biking Bogotá** (573187398902; 35 000-95 000 $); **Cerros Bike Tours** (573012348393, 10 000 $/h); **Bycicle Rental Hilton** (3133680441, desde 45 000$) y **Colombia Bike Travel** (573106962802)

GABRIEL LEONARDO GUERRERO/SHUTTERSTOCK ©

Deportes

Estadio El Campín Fútbol
(https://idrd.gov.co/) Su nombre completo es Nemesio Camacho El Campín. Era el dueño de los terrenos donde hoy está el estadio, cuando apenas eran unos potreros adonde los bogotanos iban de acampada, de ahí su apodo. Aquí Millonarios y Santa Fe disputan sus partidos ante 55 000 espectadores. La selección pocas veces juega aquí, su sede es Barranquilla.

Velódromo Luis Carlos Galán Béisbol
(5716605400; https://www.idrd.gov.co/prd-parque-recreodeportivo; calle 63 # 68-45; 6.00-18.00 lu-do) Este escenario forma parte de la Unidad Deportiva El Salitre y está diseñado para la práctica del ciclismo y para el patinaje. Se pueden usar las instalaciones y ver las competiciones.

Parque el Salitre Multideportivo
(5716605400; https://www.idrd.gov.co/prd-parque-recreodeportivo; Trans. 48 # 63-65; 6.00-18.00 lu-do) Forma parte del complejo del parque Simón Bolívar y dispone de cuatro canchas de baloncesto, cuatro de microfútbol, tres de fútbol y un estadio, una cancha de voleibol, una pista de patinaje, tres de tenis y un campo de *hockey*, entre otros. Es posible usar los campos y ver competiciones de las ligas departamentales de los diferentes deportes.

Al aire libre

Centro de Alto Rendimiento Ciclismo
(5714377030; www.mindeporte.gov.co; calle 63 # 59A-06; 6.00-21.00 lu-do) Acá se puede practicar deporte reservando previamente en sus diez canchas de tenis, cinco de fútbol, siete de microfútbol, un campo de tiro con arco y uno de voleibol. También hay una pista de atletismo y campos para la práctica de gimnasia. En el caso del tenis siempre hay profesores disponibles para jugar (20 000 $/h aprox.).

Parque Simón Bolívar Kayak
(0316600155; https://www.idrd.gov.co/parque-metropolitano-simon-bolivar; calle 63 con carrera 50; 6.00-16.00 lu-do, gratis) Es el

Parque de atracciones Mundo Aventura.

parque más grande la ciudad, perfecto para ir solo, en pareja o en familia, pues tiene todo lo necesario para el esparcimiento: tres zonas de juegos infantiles, ruta de ciclomontañismo recreativo de 3650 m, pista de atletismo de 3 km y la llamada Ruta de la Vida, una zona para la práctica de ejercicios físicos.

Parques de atracciones

Salitre Mágico Parque de atracciones
(5716605000; https://www.salitremagico.com.co/; calle 63 con carrera 68; 10.00-18.00, mi-do) A pocos pasos del parque Simón Bolívar, es perfecto para quienes buscan una descarga de adrenalina. Entre sus atracciones destacan la montaña rusa; el Supershot, una torre de 35 m de caída libre; el Apocalipsis, que gira en el aire a toda velocidad; el Castillo del Terror y una pista de karts. Para familia, está la Rueda Millenium, que gira mientras ofrece vistas de toda la ciudad, y Splash, una montaña rusa acuática. Para los más pequeños hay un carrusel, una pista de carros y el minitren, entre otras. Los pases de entrada varían dependiendo de la estatura, van desde 24 900 hasta 44 900 $ al día.

Mundo Aventura Parque de atracciones
(5714142700; www.mundoaventura.com.co; carrera 71D # 1-14 Sur; 11.00-18.00 mi, 10.00-18.00 do) Atracciones extremas como el Crazy Jump, el Range o el temido Ikaro, que va dando vueltas de campana poniendo a prueba el estómago de los visitantes, hacen de este parque uno de los más visitados por los bogotanos. También hay ofertas más moderadas, como la "montañita rusa", los carros de choque o la caída en el agua, así como un acuario y juegos para los más pequeños, como el paseo de piratas y los *buggies*. Los pases cuestan entre 39 000 (Ubin Kids) y 59 000 $ (Ubin Pro).

Multiparque Bima Parque de atracciones
(0317470348; www.multiparque.com; autopista Norte # 224-60; 10.00-18.00 ma-do)

En los límites del norte de la ciudad se encuentra esta gran alternativa para ir en familia. Hay atracciones como pista de karts, una montaña rusa para niños menores de 10 años, saltarines y un parque gigante con rodaderos, columpios, areneras, pasamanos y otros juegos. Además, hay una granja donde se puede dar de comer a los conejos y ver animales propios de la sabana.

Tiene dos muy buenas opciones para almorzar: Andrés Express, la versión "rápida" de Andrés Carne de Res (véase p. 64) y El Tambor, famoso por sus fritangas. Se puede comprar una tarjeta recargable (mínimo 30 000 $), pero también hay pases de 70 000 y 50 000 $ que permiten acceso ilimitado a las atracciones durante un día. Lo mejor es un transporte privado para ir, ya que al regreso no es fácil encontrar taxis (80 000 $ aprox.).

Summit
Adventure Park   Parque de atracciones

(5714399687; www.summitbogota.com; calle 80 # 116B-05; 11.00-21.00 mi-vi, 10.00-21.00 sa-do) Un espacio pensado para los niños donde pueden practicar todo tipo de actividades: hay saltarines, pistas de guerreros ninja, piscinas de pelotas, jaulas de juego y canchas de baloncesto para jugar con pelotas de espuma mientras se salta. El pase de 1 h cuesta 21 000 $ (incluye nueve actividades); el de 2 h, 42 000 $. Para otras atracciones el coste es de 6000 $ más, e incluye muros de escalada y el Sky Rider. Para niños entre seis meses y dos años, que solo pueden estar en la "zona *baby*", el pase de 1 h cuesta 16 000 $; el de 2 h, 22 000 $.

Parque
Jaime Duque   Parque de atracciones

(5716200681; www.parquejaimeduque.com; autopista Norte km 34; 10.00-18.00 sa y do) El parque lleva el nombre de su creador y tiene muchas atracciones para niños, como bicicletas acuáticas, el chiqui-tren, el jardín de los dinosaurios y toboganes. También está el bioparque Wakatá. Además, hay parques infantiles, carruseles y algunos sitios para almorzar. Se recomienda alquilar un carro particular ya que queda a

Parque Jaime Duque.

unos 50 min de Bogotá, al norte. Hay dos pases: uno de 29 000 $ y otro de 38 000 $ que permite el ingreso a todas las atracciones durante un día; los niños que miden menos de 80 cm no pagan.

Kartódromo Kart Way Karts

(5716762110; https://www.facebook.com/KartWaykartodromo/; autopista Norte #232-35; 10.00-19.00 mi-do) Una pista de karts de trazado exigente, idónea para los amantes de la velocidad. Hay coches de 9 HP/270 cc (5 min 12 000 $) y de 6,5 HP (5 min 10 000 $). También hay minikarts de 2,5 HP (5 min 10 000) y doble para adulto y niño (15 000 $, 5 min)

Cursos

Escuela de baristas Café

(plano p. 217; 573175097835; www.arteypasioncafe.com/escueladebaristas; calle 16 # 7-16, 10.00-18.00 lu-vi) Hay cursos de 8, 36 y 48 h, pero se acomodan a las necesidades de quien quiera aprender todo sobre el café y su preparación. Arte y Pasión Café es una escuela oficial que entrega certificado de asistencia; sus cursos van dirigidos a personas con diferentes niveles de conocimiento. El de 8 h, dividido en módulos de 2 h, cuesta 400 000 $.

Escuela de cocina
Gato Dumas Cocina

(573125079157; www.gatodumas.com.co; autopista Norte # 86-21, costado occidental) Esta escuela con más de 20 años de trayectoria está conformada por expertos en varias disciplinas que van desde la preparación de cócteles hasta recetas de todo tipo: de postres a técnicas básicas de cocina. Aunque se puede estudiar por semestres, hay cursos puntuales para temas específicos que cuestan desde 180 000 $. Las instalaciones están muy bien; no en vano goza de gran prestigio.

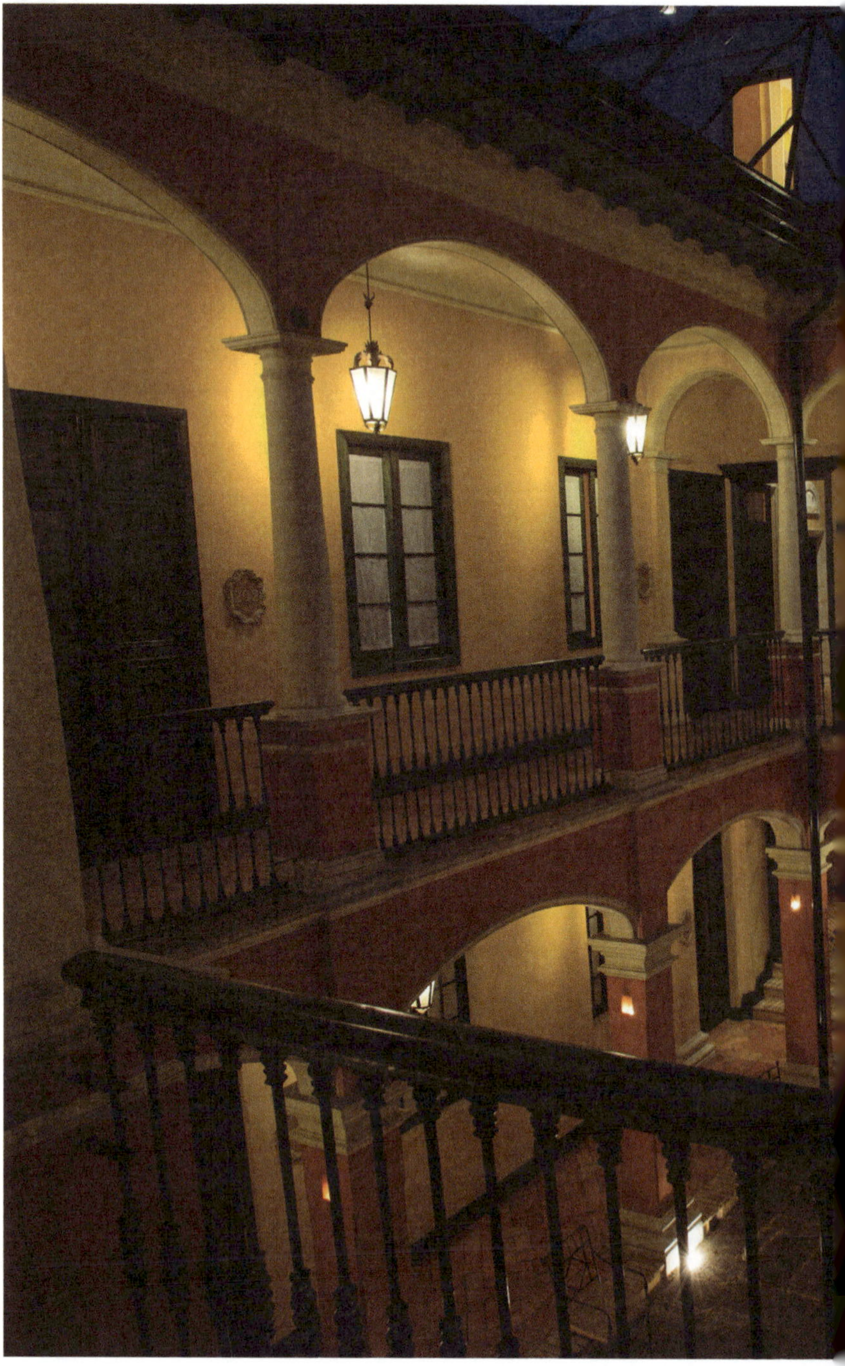

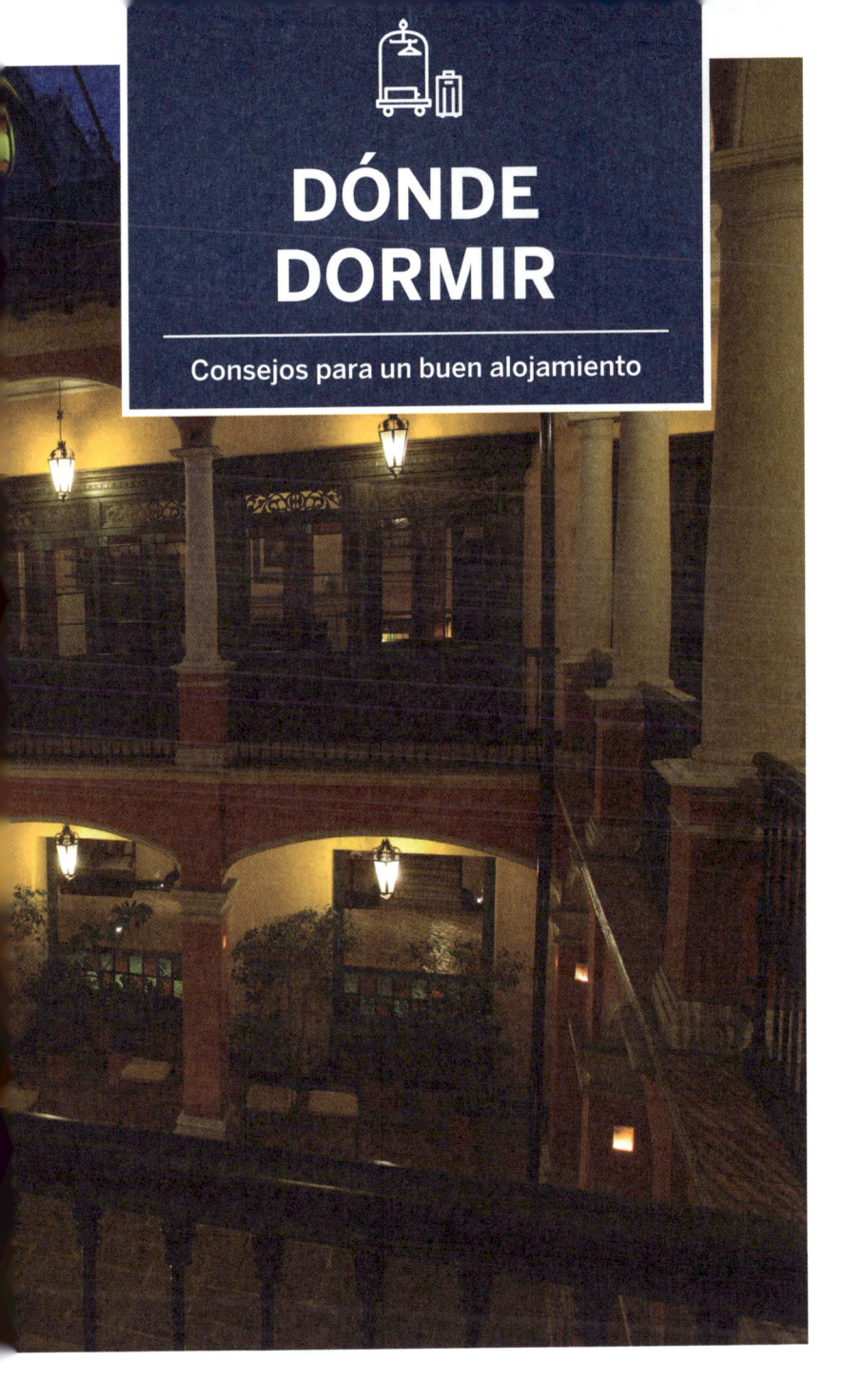

DÓNDE DORMIR

Consejos para un buen alojamiento

Dónde dormir

Escoger el lugar para dormir no solo es importante para asegurar un buen descanso después de largas jornadas de turismo, sino también por la cercanía a puntos de interés o a actividades que se quieran desarrollar. En Bogotá hay muchos tipos de alojamiento, desde hostales hasta apartahoteles y hoteles.

Sumario

Tipos de alojamiento 180
Dónde alojarse 181

Precios

Según el Censo de Establecimientos de Alojamiento del 2018 del Instituto Distrital de Turismo de Bogotá, la mayoría de los establecimientos que prestan servicio de alojamiento tiene una tarifa máxima de 150 000 $ la noche. Zonas como Teusaquillo y La Candelaria tienen tarifas menores en comparación con Usaquén y Chapinero. Sin embargo, hay habitaciones en hoteles de lujo cuyos precios pueden llegar a 900 000 $ la noche. Hasta el 31 de diciembre del 2021 los turistas no deben pagar IVA. que corresponde al 19%, medida que se dispuso para incentivar el turismo.

Pág. anterior: Patio interior del Hotel de la Opera, en la Candelaria.

Click Clack Hotel.

Reservas

Siempre es mejor reservar, sea cual sea el tipo de alojamiento que se escoja. Bogotá acoge muchos eventos de negocios y culturales que suponen muchos visitantes. Los días de mayor ocupación son martes, miércoles y jueves, y los meses que más clientes tienen los hoteles son agosto, septiembre, octubre y noviembre. Normalmente el *check in* se hace a las 15.00 y el *check out* a las 12.00.

Webs útiles

Páginas que vale la pena tener en cuenta a la hora de buscar hotel.

Booking (www.booking.com) Portal que permite filtrar por precios y ubicación.

Cotelco Bogotá (www.cotelcobogota.com) La página de la Asociación Hotelera de Bogotá ofrece alojamientos por zonas.

Lonely Planet (https://lonelyplanet.es/alojamientos) Reseñas, recomendaciones y reservas.

Apartamentos de alquiler

Una opción que está funcionando muy bien en Bogotá es **Airbnb** (www.airbnbncom.co), donde se pueden encontrar apartamentos desde 30 m^2 hasta mucho más grandes, con tres o cuatro habitaciones para familias. Los hay desde 55 000 $ la noche.

Tipos de alojamiento

Hoteles ejecutivos

Son hoteles sencillos, modernos, limpios, equipados con lo esencial –TV, caja fuerte–, sin minibar y sin servicio de habitaciones, con habitaciones no muy espaciosas, pero suficientes. Incluyen el desayuno, que por lo general es un bufé. Lo mejor de estos lugares es que están muy bien ubicados, cerca de puntos de interés o de centros de negocios. Tienen precios desde 120 000 $ la noche, dependiendo de la zona.

Hostales

En Bogotá hay una gran variedad de hostales con dormitorios colectivos y baños compartidos. En ellos también existe la posibilidad de pagar un poco más por una habitación individual con baño. Los hay en diferentes zonas de la ciudad y por lo general son casas de uno o dos pisos con un café o una pequeña sala de recepción común. Los precios por noche pueden ir desde 40 000 $ en adelante, dependiendo del sector. No hay mucho espacio para guardar la ropa; se recomienda un equipaje práctico.

Hoteles de lujo

Algunos de ellos, además de ofrecer servicios a los huéspedes como gimnasio, piscina, *spa* y al menos un buen restaurante, así como personal bilingüe en la recepción, también sirven de centros de negocios, con salas de eventos y reuniones. Estos hoteles están en diferentes sectores: desde la calle 26 hasta la avenida Chile, cerca del centro financiero. Los precios parten de los 350 000 $ la noche por habitación. La mayoría forman parte de cadenas internacionales de prestigio.

Hoteles-'boutique'

No todos son reconocibles a simple vista; de ahí su encanto. Están en casas o edificios antiguos que no suelen tener avisos ni letreros. Algunos son famosos, pero otros pasan desapercibidos por mantener la apariencia de una vivienda normal. En estas casas y/o edificios, hay muy pocas habitaciones, cada una está decorada con un estilo diferente, obras de arte y detalles minuciosos, desde el jabón del baño hasta el café que sirven por las mañanas. Es un servicio más cálido, cercano, familiar, con lujos, pero sin extravagancias. Hay propuestas independientes con conceptos diferentes donde los precios pueden ir de 550 000 a 900 000 $ la noche.

Dónde alojarse

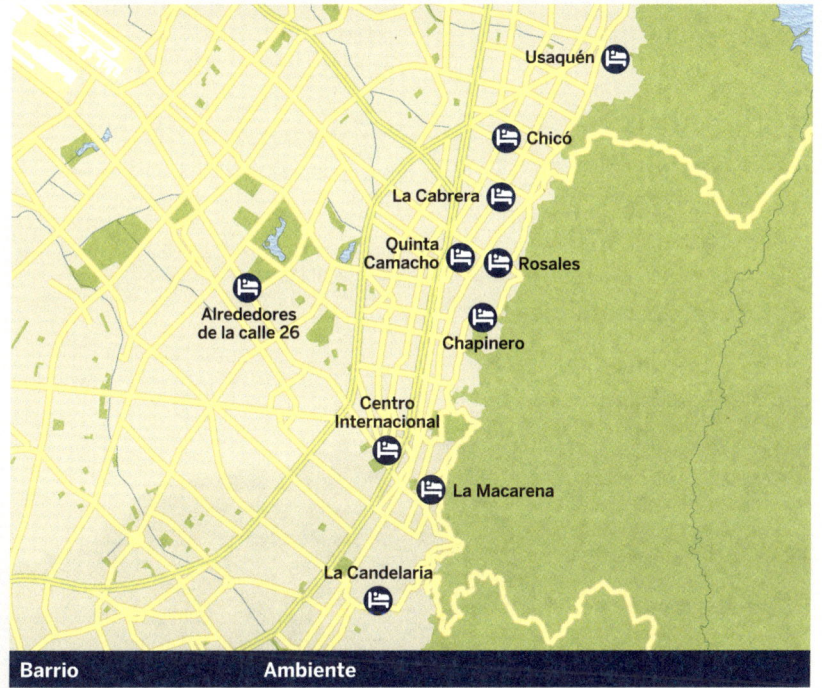

Barrio	Ambiente
La Candelaria	Es la zona más antigua de la ciudad y su arquitectura colonial y republicana es su principal atractivo. Aquí están los museos y muchos lugares de interés.
La Macarena y Centro Internacional	Cerca de restaurantes, galerías de arte, bares, el planetario, y el Museo Nacional. La Candelaria está a 20 min a pie.
Chapinero	Uno de los barrios más tradicionales, con mucha oferta de cafés, bares y restaurantes. Está muy bien ubicado: no muy lejos del centro ni de sectores como la Zona Rosa o Usaquén.
Rosales	Aquí están el centro financiero y la Zona G. Muy cerca quedan Chapinero y la Zona T.
Quinta Camacho	Gran oferta de cafés, restaurantes y tiendas de diseño.
Chicó	Buenos restaurantes y algunos parques para estar en familia como el de la 93, el Chicó y el de El Virrey.
Usaquén	Gran oferta de centros comerciales y gastronomía. También hay mucho movimiento en los centros de negocios y edificios de firmas nacionales e internacionales.
Alrededores de la calle 26	Para quien viaja por negocios y prefiere estar cerca del aeropuerto, una zona que también tiene oferta de restaurantes y hoteles, con salas de eventos y reuniones.
La Cabrera	Cerca de la Zona Rosa y la calle 85, donde hay bares, discotecas, restaurantes y centros comerciales.

Vista de Bogotá con los cerros al fondo.

De cerca

Bogotá hoy   **184**
Con varias obras de infraestructura por delante, la construcción del metro y un *boom* de economía creativa, la capital es cada vez más atractiva.

Historia   **186**
Lo que empezó con 12 chozas en terrenos que habitaban los muiscas es hoy una ciudad de casi ocho millones de habitantes.

Comida y bebida   **191**
Consejos para entender cómo comen los cachacos.

Arte y arquitectura   **193**
Museos que albergan arte e historia, además de edificios que son verdaderas joyas arquitectónicas.

Cultura pop   **197**
El Divino Niño y más imágenes que identifican a los bogotanos.

Hablar como un bogotano   **199**
Las palabras y las expresiones que tan solo se oyen en esta ciudad.

Vista nocturna del Centro internacional de Bogotá.

Bogotá hoy

Después de una eterna espera, Bogotá tendrá metro y seguirá creciendo en obras de infraestructura para mejorar la movilidad. También se consolidará como un epicentro de la economía creativa y como un foco de emprendimientos para la nueva vida después de la pandemia.

Renovación de infraestructuras

Bogotá es una ciudad que no para de crecer (ya casi llega a los ocho millones de habitantes) y confirma la importancia de su ubicación geográfica tanto en el país como en el continente. En el 2017 se terminaron las obras de ampliación del nuevo aeropuerto El Dorado para pasar de recibir 16 a 35 millones de pasajeros. Aun así, ya se está trabajando en la etapa dos para aumentar la capacidad de vuelos, pues la demanda sigue aumentando. Es una ciudad que atrae a muchos inversionistas y no en vano, según Invest in Bogota, produce casi el 30% del producto interno bruto del país, superando el de naciones como Panamá, Costa Rica, Salvador, Bolivia, Paraguay y Uruguay. En el 2019 se firmó por fin –tras casi medio siglo de espera– la adjudicación del metro, que tendrá en su primera línea 23,9 km de recorrido. Es previsible que venga a mejorar uno de los problemas más visibles: la congestión de las calles por el tráfico. A esta noticia ya se anunció la construcción de dos nuevas troncales del servicio de transporte público Transmilenio y de nuevos metrocables, y está en proceso la posible ampliación de las autopistas sur y norte, entrada y salida de la ciudad. Bogotá en los últimos años ha estado en construcción permanentemente, muchas casas desaparecieron para dar paso a nuevos edificios de apartamentos u oficinas, y las vías están en obras todo el tiempo.

Una ciudad muy creativa

En el 2020 se decretaron 12 áreas de "desarrollo naranja" con el propósito de que estas zonas reciban beneficios tributarios e incentivos económicos para impulsar el sector creativo y cultural. Hay nueve donde se llevarán actividades "espontáneas", esto es, eventos culturales; entre ellas, San Felipe (distrito artístico, véase p. 58), Centro Internacional, La Candelaria, Santa Fe, Teusaquillo, Chapinero, La Playa, la calle 85, Usaquén y el parque de la 93; y dos donde habrá una intervención del sector público y privado para dinamizar el lugar: Fontibón, incluyendo su plaza fundacional y varias áreas comerciales; y el Bronx. Esta última era una zona deprimida, un centro de delincuencia y drogadicción –irónicamente a pocos pasos de la Alcaldía y de la casa de Nariño–, pero que el 2016 fue desalojada para dar paso al que será un distrito creativo y cultural con ofertas de moda, arte, gastronomía, música y nuevas tecnologías, entre otras manifestaciones que están generando cada vez más empleo en el país. Una obra ambiciosa y simbólica: lo que antes era destrucción, delitos y miseria, ahora será un ejemplo de inspiración.

Migrantes en pandemia

Bogotá está viviendo la crisis migratoria venezolana desde hace varios años. Centenares de miles de venezolanos han abandonado su país para cruzar la frontera en busca de nuevas oportunidades –así como cientos de colombianos hicieron lo mismo en los años ochenta hacia el país vecino–, y es un fenómeno que se ha hecho muy visible en toda Colombia y más en la capital, donde más se han concentrado los migrantes: 337 594, según Migración Colombia, al cierre del 2020. Del total que han llegado al país, se estima que el 44% son regulares y el resto no tienen su situación legalizada. La solidaridad de los bogotanos ha sido enorme y más en un país que ha vivido este fenómeno internamente, viendo de primera mano el desplazamiento de comunidades enteras. Es frecuente ver familias pidiendo ayuda en las calles, en semáforos y alzan la voz en busca de solidaridad. Como en buena parte del mundo, la pandemia ha recrudecido las brechas sociales y se han vuelto más visibles las necesidades de la población.

Un hito muy importante no solo para la ciudad, sino también para el país fue la elección de la actual alcaldesa, Claudia López. Es la primera vez que una mujer llega al cargo y no solo eso, además es una mujer gay, una señal de que la sociedad bogotana ha abierto su mente a algo que, años atrás, parecía impensable.

Casas coloridas en el centro histórico.

Historia

Bogotá no quiere olvidarse de su historia: desde platos típicos que aún se consumen hasta la arquitectura del centro recuerdan cada instante de esta capital que fundaron los españoles y desde donde se gestó la independencia, el inicio de los partidos políticos, el poder, la justicia y los principales centros de educación. Aquí ha pasado todo y seguirá pasando, siempre primero, como la gran urbe que es.

400 a.C.
Los muiscas habitan el altiplano cundiboyacense, donde hoy se encuentra Bogotá y otras ciudades como Tunja.

1492
Se da el llamado descubrimiento de América, con la llegada de Cristóbal Colón a las islas de lo que hoy es el Caribe.

1510
Se funda la primera ciudad de lo que hoy es Colombia, Santa María la Antigua del Darién, y comienzan fundaciones de otras ciudades.

Máscara de chamán en el Museo del Oro.

Los muiscas

El grupo indígena que vivía en el altiplano de la cordillera Oriental eran los muiscas, que pertenecían, a su vez, a un grupo mayor, llamado chibcha. Estos indígenas vivían en casas de cañas y paja en pequeños poblados liderados por un cacique. Cultivaban papa, quinua y maíz, un alimento que se volvería fundamental más adelante y de donde proviene una bebida que todavía es posible tomar en Bogotá, la chicha (véase p. 159). También con el maíz hacían arepas, que hoy sigue siendo un manjar para los bogotanos. Las tribus o cacicazgos se regían por las órdenes de un máximo dirigente, el *zipa*, quien dominaba la región de lo que hoy es Bogotá; su poder solo era comparable al de los *zaque*, que regían la zona de la actual Tunja, capital del departamento de Boyacá. Estos nobles tenían privilegios que no estaban al alcance de los demás, como comer venado, y nadie podía mirarlos a los ojos. Los muiscas adoraban al Sol (Xué) y a la Luna (Chía). De hecho, Chía es hoy un municipio a 45 min de Bogotá donde está el famoso restaurante Andrés Carne de Res (véase p. 64). Uno de sus rituales fue el que dio origen a la leyenda de El Dorado, en el

1538
El conquistador Gonzalo Jiménez de Quesada funda Santafé de Bogotá, en memoria de la ciudad española Santa Fe, en Granada.

1563
Los frailes dominicos crean la primera cátedra universitaria.

1767
Carlos III ordena la expulsión de los jesuitas de todas las colonias españolas.

> ★ **Bogotá en el cine**
>
> **Confesión a Laura** (Jaime Osorio; 1991)
> **La estrategia del caracol** (Sergio Cabrera; 1993)
> **Satanás** (Andi Baiz; 2007)
> **La gente de la universal** (Felipe Aljure; 1994)
> **Siempreviva** (Klych López; 2015)

que, supuestamente, los grandes caciques se ungían el cuerpo de oro y se sumergían en la laguna de Guatavita (véase p. 100) tras lanzar al agua ofrendas hechas con el áureo metal. Pese a que más tarde tanto los españoles como los propios colombianos han buscado en el fondo de la laguna, nada se ha hallado hasta hoy.

La conquista

Con la llegada de los españoles a lo que hoy es Colombia se da inicio al periodo denominado la conquista, donde comenzó un feroz encuentro entre indígenas de todo el país con los invasores que llegaron a imponer su ley. Las primeras fundaciones se llevaron a cabo en la costa caribe, sobre el golfo de Urabá, con Santa María la Antigua del Darién, en 1510, que desapareció poco tiempo después, para dar paso a otras ciudades, como Santa Marta y Cartagena, en la costa, antes de que los conquistadores se adentraran en el extenso territorio colombiano en busca del oro y también de atribuirse el derecho de convertirse en "señores de indios", una manera muy diplomática de nombrar la esclavitud. Todo este desangre tenía la bendición del papa Alejandro Borja, quien le encomendó a los reyes de España que los indígenas tenían que convertirse al catolicismo. Antes de la fundación hubo enfrentamientos que hicieron famoso al *zipa* Tisquesusa por ofrecer resistencia a pesar del aparente tono amistoso en el que venían los españoles. Un paréntesis: donde hoy está Monserrate, en esa misma montaña, se puso una cruz para que así los muiscas miraran a su nuevo dios. En medio de la conquista, el 6 de agosto de 1538, Gonzalo Jiménez de Quesada fundó Santafé de Bogotá con 12 chozas y una capilla donde fray Domingo de las Casas ofició la primera misa. Pero antes de que Jiménez de Quesada se llevara el honor de ser el fundador tuvo que ir a España a confrontar a otros dos conquistadores: Nicolás de Federman y Sebastián de Belalcázar, quienes decían haber colonizado todos los territorios muiscas. Los indígenas quedaron prácticamente sometidos desde entonces, solo con algunas escaramuzas en 1542. Los indios fueron desapareciendo y los españoles comenzaron a tomarse las tierras antes habitadas por ellos, a cultivar nuevos productos y a fomentar la ganadería.

La colonia

La conquista trajo sus primeras consecuencias en la disminución de la población. Además de ser asesinados, los indígenas huyeron, se suicidaron y también se murieron de hambre: dejaban de cultivar sus productos con la esperanza de que los españoles también se murieran de hambre. El hecho de que los indígenas se fueran extinguiendo, así como

1791
Se instaura la sede de la Expedición Botánica en Bogotá y surge el *Papel Periódico de Santafé de Bogotá,* primer periódico de la ciudad.

1810
El 20 de julio se da el primer grito de independencia cerca de la actual plaza de Bolívar.

1819
El 7 de agosto, con la batalla del Puente de Boyacá (a 1 h de Bogotá), se decreta la independencia definitiva.

también las piedras de oro a la vista, obligó a los españoles a traer esclavos africanos para emprender una tarea mayor, comenzar la minería de oro para extraerlo de las montañas (vale la pena oír y bailar la canción *Rebelión*, más conocida como *No le pegue a la negra*, de uno de los mejores cantantes colombianos, Joe Arroyo, que narra esos tiempos.) Los españoles –no venían españolas– comenzaron a mezclarse con las indias para dar paso a los "mestizos", producto de esa unión. En 1778 –sí, ya se hacían censos– la mitad de la población era mestiza y solo el 20% era indígena. Llegaron los colegios, las universidades, los hospitales –el San Juan de Dios data de 1773; ahí se hace la Feria del Millón hoy día (véase p. 15)– y Bogotá fue creciendo gradualmente en lo que hoy es La Candelaria, Egipto y Las Nieves. Los españoles ya eran dueños del territorio; los indígenas estaban totalmente sometidos y convertidos al catolicismo, pero aun así tuvieron que luchar contra los piratas franceses e ingleses en la costa caribe. Los ingleses lograron quedarse un buen tiempo en las islas de San Andrés. Si además de Bogotá uno puede ir a este paraíso verá una atracción llamada la cueva de Morgan, en honor al pirata inglés que se quedó ahí hasta 1786. El mestizaje no solo se dio en la raza, sino también en la gastronomía bogotana: de ahí viene el ajiaco, sopa de tres papas; el tamal –el maíz de los muiscas y la carne que trajeron los españoles–; el chocolate de acá pero ya con el azúcar de allá. El cultivo de estos productos, la ganadería y los platos que de ahí nacieron, se quedaron para siempre.

La independencia

Ya había un descontento, se sentía el ahogo contenido de la libertad, y más con noticias como la Revolución francesa (1789) que se comentaba en ciertos círculos intelectuales de Bogotá. Uno de esos intelectuales era el comerciante Antonio Nariño, que había sido alcalde y que por medio de la imprenta reprodujo en español justamente la declaración de los Derechos del Hombre y del Ciudadano, hecho que lo llevó a prisión. El malestar que se vivía no tenía como un propósito claro la independencia total de España, sino la mejora de las condiciones sociales y políticas de los criollos (los nacidos en América) y el 20 de julio de 1810, un día de mercado, se desató la furia de los bogotanos porque un español se negó a presentarle un florero a los criollos para un banquete que se tenía previsto para Antonio Villavicencio (véase Museo de la Independencia, p. 41). Fue así como se armó la revuelta que llevó al virrey Amar y Borbón a formar la famosa junta de Santafé para oír las quejas y peticiones. Contra las cuerdas, comenzó lo que se conoce como "la patria boba", porque si bien el virrey se sentía más débil, los criollos tampoco tenían claro lo que querían. ¿Era el momento de separarse del todo de España? Llegó en 1815, desde España, Pablo Morillo, con el propósito de poner todo en orden y comenzó "el régimen del terror". Pero ya existía Simón Bolívar, nacido en Venezuela, y convencido de que su misión era liberar a todos los pueblos del dominio español. Armó un ejército, se recorrió a caballo medio continente –le decían "culo de hierro"– y logró derrotar a los españoles en la famosa batalla del Puente de Boyacá, un puente que aún existe a poco más de 1 h de Bogotá. Si todo comenzó el 20 de julio de 1810, todo terminó el 7 de agosto

1832
Bogotá tenía ese año una población de 36 465 habitantes (hoy se acerca a los 8 millones)

1881
Se instala la primera línea telefónica en la ciudad. La primera llamada es desde el palacio de Nariño a la oficina de correos.

1953
Comienza la dictadura de Gonzalo Rojas Pinilla. En los cuatro años siguientes llega la televisión y se construye la avenida El Dorado,.

El Bogotazo

El 9 de abril de 1948 la historia de Bogotá y del país se partió en dos. Ese día fue asesinado el político Jorge Eliécer Gaitán a la salida de su oficina, en la carrera Séptima, lo que desató la ira de la gente y convirtió la ciudad en un verdadero campo de batalla. Locales destruidos, incendios, diarios como *El Siglo,* que era de tendencia conservadora, opuesta a la liberal de Gaitán, atacados por la multitud. Los saqueos y destrozos de comercios se extendieron por todo el país. A pesar de que esa misma noche el ejército instauró el orden y de que el gobierno del presidente Ospina Pérez se reunió con miembros del Partido Liberal, el de Gaitán, para formar un gobierno de coalición, ya la desconfianza entre liberales y conservadores se había ahondado mucho y eso se tradujo en confrontaciones en pueblos, en regiones, que se prolongarían durante muchos años en un periodo que se conoce como La Violencia y que, sobre el papel, terminó en 1958 cuando surgió el Frente Nacional, mediante el que liberales y conservadores acordaron turnarse en el poder cada cuatro años y así evitar más sangre.

de 1819; la independencia era un hecho y la estatua de Bolívar en la plaza que lleva su nombre lo recuerda permanentemente (véase p. 40).

Desde entonces...

Desde la independencia, el país vivió muchos cambios políticos, el sueño de Bolívar de que varios países se unieran como uno solo se vio truncado. Colombia empezó su propio camino con presidentes que fueron instaurando la libertad de culto, el derecho de voto, la abolición de la esclavitud, entre otras cosas que se concretaron en 1886 con la Constitución que rigió a los ciudadanos hasta 1991, cuando se estableció una nueva. En el s. xx, los partidos liberal y conservador se enfrentaron no solo en las urnas, sino también en las calles, en revueltas, en guerras tácitas y expresas. Bogotá fue creciendo en número de habitantes: antes de la primera mitad del siglo se acercaba a los 700 000 y un cuarto de siglo después ya pasaba de los 2,5 millones. En los últimos 120 años, la ciudad ha tenido 120 alcaldes y el hoy Distrito Capital agrupa también a Usaquén, Usme, Bosa, Fontibón, Engativá y Suba. El 6 y 7 de noviembre de 1985 se vivió uno de los episodios más dolorosos cuando la entonces guerrilla del M-19 tomó el palacio de Justicia, en el costado norte de la plaza de Bolívar, con cientos de rehenes dentro. El asalto militar fue sangriento y aún hoy hay desaparecidos en esos hechos.

1954
Se anexan a Bogotá los municipios de Usaquén, Usme, Bosa, Fontibón, Engativá y Suba. Bogotá pasa a ser el Distrito Capital.

1985
La toma del palacio de Justicia por parte de la guerrilla del M-19 se salda con 1101 muertos y varios desaparecidos.

2019
Por primera vez en la historia del país, una mujer es elegida para ocupar la Alcaldía de Bogotá: Claudia López

Empanadas de harina de maíz.

Comida y bebida

Desde que comienza el día hasta la noche, en Bogotá se puede disfrutar de todo tipo de propuestas gastronómicas y para todos los presupuestos. A la hora de tomar algo, la cerveza y el aguardiente están muy presentes, pero la oferta de otros productos ha crecido mucho.

Comer como un bogotano

Acá en Bogotá se habla de desayuno (mañana), almuerzo (mediodía) y comida (noche). La palabra "cena" solo se usa en Navidad o el 31 de diciembre. Se empieza por el desayuno. Si un bogotano desayuna fuera de casa es porque desea algo que no puede preparar en ella o no lo hace con frecuencia por lo dispendioso que pueda ser. Por eso, los restaurantes que se han especializado en desayunos y *brunch*s no solo ofrecen frutas o canastas de panes –desde cruasanes y *baguettes* hasta los típicos, como pan de yuca y almojábana–, sino también una infinidad de preparaciones de huevos con todo tipo de ingredientes. Las cartas se han sofisticado y los *pancakes* y las tostadas también tienen muchas variaciones saladas y dulces. Hay un plato típico que se ve mucho en los menús de *brunch*, "el calentado", un arroz revuelto con carne o pollo, maíz, frijol, tomate y algunas veces huevo frito encima. Este plato tradicionalmente era lo que sobraba del día anterior y las abuelas lo recalentaban para que estuviera listo. Obviamente no es que en los restaurantes hagan esto hoy; aquí se prepara al momento y es muy bueno para matar el guayabo (resaca) o cuando se tiene mucho apetito. Como bebidas calientes para acompañar el desayuno suele haber café, chocolate y tés de muchos sabores.

Para almorzar, hay restaurantes que están cerca de las oficinas y ofrecen siempre un almuerzo del día o *corrientazo,* que normalmente se compone de un principio (entrada), una sopa, un seco (plato donde siempre hay arroz, carne o pollo, papa o yuca), ensalada y un postre. Son preparaciones muy caseras y económicas. Hay otros sitios donde la comida rápida se vuelve una experiencia más lenta: hamburguesas, sándwiches, pollo o tacos implican sentarse a la mesa y hasta pedir una cerveza. A diferencia de las cadenas de este tipo de comida donde hay que pedir y pagar en la caja, acá los meseros atienden en la mesa y toman el pedido.

Los restaurantes con menú más variado y de mayor presupuesto normalmente ofrecen opciones de entradas, platos fuertes y postres; y muchos de ellos –no todos– invitan a compartir platos en el centro de la mesa. En estos restaurantes las porciones son justas –a veces pequeñas–, precisamente para que los comensales pidan más. Estas comidas se suelen acompañar de cerveza, un cóctel o vino. La cultura del vino ha crecido enormemente en los últimos 10 o 15 años. Antes no era normal comer con vino, al menos no en la cantidad de oferta que hoy se ve.

Hay un denominador común en la mayoría de los sitios: el buen servicio. Acá realmente la gente es muy amable, atenta, y la palabra "gracias" y la expresión "para servirle" se repiten todo el tiempo. El esmerado servicio es reflejo de la amabilidad natural de los bogotanos.

Las panaderías bogotanas

Si bien hay cada vez más restaurantes que ofrecen desayunos, pastelería de primera o *brunch,* las panaderías de barrio mantienen su servicio ofreciendo productos que solo se consiguen en ellas y que son muy populares. Uno de ellos es el liberal, un bizcocho rojo que debe su color a una capa de azúcar fluorescente que no pasa desapercibido en un mostrador. También está el herpo, que es una galleta salada cuadrada rellena de dulce, normalmente de bocadillo. La mogolla es un pan redondo que se parte con un cuchillo por la mitad para untarle mantequilla. Los bogotanos solían mojar la mogolla en el chocolate a la taza. El mojicón es un poco más pequeño que la mogolla y tiene, sobre su base de pan salado, un poco de azúcar. El roscón es un pan en forma de círculo con azúcar en su superficie y relleno de arequipe o bocadillo.

Beber en Bogotá

Como se ha mencionado en esta guía, Colombia –y Bogotá, por supuesto– es un país cervecero. En los pueblos, en las regiones, en las tiendas de barrio, pero también en las cervecerías artesanales y los *pubs,* esta bebida es la favorita del país. Colombia produce su propia cerveza y tiene muchas marcas para todo tipo de gustos, pero también ha llegado la oferta extranjera y el *boom* de cervezas artesanales. Hay personas a las estas les parecen demasiado fuertes, y otras que no las prefieren porque *embucha,* esto es, llena el estómago muy rápido. Lo frecuente es que la cerveza sea la antesala de un trago destilado cuando la noche va para largo. Y ahí viene la segunda bebida nacional: el aguardiente. Es un producto muy económico en comparación con el *whisky,* el ron o el vodka, y lo hay con y sin azúcar. En cada región del país se produce un aguardiente diferente y es una bebida apetecida por todas las generaciones. Sin embargo, en Bogotá, los bares ya tienen una oferta de todos los licores y cócteles posibles y, en este sentido, los consumidores también ya son más exigentes en las marcas de *whiskies,* ginebras, vodkas u otras bebidas disponibles. Quien se sienta a una barra seguramente querrá oír la oferta de cócteles o probar un trago diferente al aguardiente.

ARTE Y ARQUITECTURA DE CERCA

Entrada al Museo Nacional.

Arte y arquitectura

Bogotá tiene una amplia oferta artística en museos y galerías, pero también ofrece la posibilidad de disfrutarla con otros ojos: con la mirada del goce de joyas arquitectónicas destacadas y premiadas. Aquí está la ciudad esperando a ser vista.

Del arte precolombino al republicano

El arte ha dado fe de todos los momentos históricos de Colombia. Antes de la conquista, los diferentes grupos indígenas del país ya trabajaban sus propias creaciones no siempre pensando en un fin artístico como tal, sino más utilitario, que les sirviera en su día a día. Cerámicas, objetos, trabajos en orfebrería dan testimonio de la presencia de estas tribus a lo largo del país. Buena parte de este legado se puede ver en el Museo del Oro (véase p. 78), así como en diversas sedes del museo en otras ciudades de Colombia. Durante el periodo colonial aparecen pinturas religiosas, principalmente, y alusiones a santos, vírgenes y otros símbolos católicos que sirvieron para decorar conventos e iglesias que se iban levantando también bajo una nueva lógica arquitectónica. Del legado de este extenso periodo de más de tres siglos, se pueden ver obras y objetos en el Museo de Arte Colonial

> ★ **Bogotá en la literatura**
>
> **Sin remedio** (Antonio Caballero; 1985)
> **Cómo perderlo todo** (Ricardo Silva Romero; 2017)
> **Perder es cuestión de método** (Santiago Gamboa; 1997)
> **Chapolas negras** (Fernando Vallejo; 1995)
> **Noticia de un secuestro** (Gabriel García Márquez; 1996)

(véase p. 43) y la obra del pintor más importante del período, Gregorio Vásquez de Arce y Ceballos (1638-1711). Vino después el llamado periodo republicano, donde se comienza a ver el paisaje, la naturaleza, como un elemento destacable y surge la pintura que representa hechos históricos, desde la batalla de Boyacá hasta el asesinato de José Antonio Sucre. El arte daba su visión de los acontecimientos que ocurrían. En el Museo Nacional (véase p. 80) y en la colección del Banco de la República (véase p. 44), se pueden observar obras realizadas durante el s. xix.

Arte del siglo XX

Hacia finales del s. xix se crea la Escuela de Bellas Artes de Bogotá y comienzan a realizarse, poco a poco, salones con muestras de pintura, principalmente. Se da inicio al modernismo, con artistas como Andrés de Santa María, quien, tras sus viajes por Europa, inicia estilos que parecían impensables para la época, donde se veían rezagos del impresionismo que ya se imponía en el viejo continente. Aparecen obras que fueron fundamentales como *Bachué*, del artista Rómulo Rozo, una escultura que representaba la cultura indígena con influencias de artistas como Rodin. Bachué era una diosa para los chibchas (véase p. 187) y con esa obra se desarrolló una corriente denominada "americanismo". En 1940 ya se dio un gran salón nacional donde se veían las tendencias que posteriormente se fueron consolidando en la pintura y la escultura. Valga decir que desde entonces ese evento sigue siendo un referente para ver el estado de las artes en el país. A partir de la segunda mitad del siglo aparecen nombres muy relevantes en la escena nacional: Fernando Botero, Enrique Grau, Alejandro Obregón, Eduardo Ramírez Villamizar, entre otros; además del auge de la crítica y de la aparición de escenarios importantes como el Museo de Arte Moderno (véase p. 86). Esta generación daría paso a artistas que se ajustaban más al lenguaje contemporáneo, como Bernardo Salcedo, Antonio Caro, Feliza Bursztyn, entre otros, varios de ellos con obras en la colección del Banco de la República (véase p. 44). Pero el arte no se ha detenido en ningún momento y siempre surgen artistas que se están cuestionando permanentemente su entorno. Una de ellas, Doris Salcedo, quien ha estado presente en las principales bienales y museos del mundo, hizo, por ejemplo, el contramonumento *Fragmentos* (véase p. 39), donde las armas que pertenecieron a la antigua guerrilla de las FARC pasaron a ser un piso, en un gesto simbólico no solo de destruirlas sino de quitarles su significado violento.

Arquitectura de barrios tradicionales

Para llevarse una idea de la antigua Bogotá, vale la pena recorrer barrios que parecen resistirse al paso de los años y, casi, de los siglos. El barrio de La Merced está formado por casas de estilo inglés, con jardines y antejardines que antes fueron viviendas y hoy, espacios de trabajo que mantienen sus fachadas. Este barrio va desde el parque Nacional hasta la calle 35, y desde el colegio San Bartolomé hasta la carrera Séptima. Se puede recorrer la carrera Quinta para llegar a La Macarena (véase p. 94) o bajar hasta el Museo Nacional (véase p. 80). Por su parte, Quinta Camacho se llama así porque hace mucho tiempo era la quinta de Eduardo Camacho. Desde el sur limita con Chapinero (calle 68) y va hasta la calle

Contra monumento *Fragmentos*.

72 al norte. Desde el oriente, el límite es la carrera Séptima; y el occidental, la autopista Norte. Tiene casas de estilo Tudor, construidas en la década de 1930, y también otras mucho más recientes. En el 2000 fue declarado Bien de Interés Patrimonial y si bien todavía hay algunas viviendas, estas casas se han convertido en espacios de trabajo compartidos, talleres de artistas u hoteles. Vale la pena pasarse por **Galería Casas Riegner** (calle 70A # 7-41), una de las más importantes de la ciudad, o por **Nueveochenta** (diagonal 68 # 12-42).

La localidad de Teusaquillo es muy amplia, pero cuando los bogotanos se refieren al barrio Teusaquillo hablan de la zona comprendida entre las calles 32 y 34, y en algunas partes hasta la 37, y entre la carrera 28 y la avenida Caracas. A pesar de que las casas han venido siendo reemplazadas por edificios altos, todavía se conserva ese halo de elegancia en sus construcciones de tipo victoriano de comienzos de la década de 1930. Vale la pena sentarse en algunas de sus panaderías o entrar a la **iglesia de Santa Ana** (carrera 16 # 33A-01) o pasarse por **Casa Kilele** (calle 28A # 16A-31) para vivir experiencias culturales que van desde la música al arte. El barrio de La Soledad colinda con Teusaquillo (desde la calle 34 hasta la 45) y es famoso por su arquitectura y por el Parkway, un parque que se extiende por la carrera 22. Caminar por ahí es sentir el aire de la nostalgia cachaca en 800 m de recorrido.

Atlas bogotano

Además de los de la ruta del ladrillo (véase p. 90), destacan estos edificios:

- **Edificio Sena (Servicio Nacional de Aprendizaje)** (Avenida Caracas # 13-80) Este edificio de 1958 estuvo a cargo de Germán Samper Gnecco (véase p. 90) y fue el primero que se edificó en cemento totalmente a la vista.

- **Ágora** (calle 24 # 38-71) Este centro de convenciones (2017) es obra de Bermúdez Arquitectos y Estudio Herreros.

- **Parque Central Bavaria** (carrera 13A # 28-38) Plantea un uso comercial de oficinas y de vivienda, todo ello integrado al espacio público. Justo enfrente del Museo Nacional (véase p. 80), otra joya arquitectónica.

- **Biblioteca El Tintal** (avenida Ciudad de Cali # 6-09) Una antigua planta de tratamiento de basura reconvertida en el 2001 por Bermúdez Arquitectos.

- **Planetario de Bogotá** (plano p. 220; calle 26b # 5-93) Este espacio circular fue diseñado y construido a finales de los años sesenta por la firma Pizano Pradilla Caro Restrepo.

- **Edificio Aseguradora del Valle** (carrera 10 # 24-55) Este edificio rompió todos los moldes de la época y fue obra de Bernardo Posse y Fernando García, y los ingenieros Arturo Martínez y Jorge Martínez. Es conocido hoy como el World Service.

- **Sala de conciertos de la Biblioteca Luis Ángel Arango** (plano p. 217; calle 11 # 4-14) Es obra de la firma Esguerra Sáenz Urdaneta Samper (véase p. 164).

- **Restaurante Casa** (plano p. 230; carrera 13 # 85-24) También se conoce como casa Bermúdez. Considerado uno de los primeros edificios de la modernidad en Colombia, es obra del arquitecto Guillermo Bermúdez (véase p. 90).

- **Universidad Nacional** (carrera 45 con calle 26) Este campus alberga grandes obras de todos los estilos. Imprescindible es el Museo de Arquitectura Leopoldo Rother, de 1945.

- **Biblioteca Julio Mario Santo Domingo** (avenida 170 # 67-61) En este complejo cultural diseñado por Daniel Bermúdez, la luz, que entra por diferentes placas y espacios, es una de sus características principales.

- **Edificio de Posgrados de la Universidad Jorge Tadeo Lozano** (plano p. 220; carrera 4 # 22-61) A cargo de Bermúdez Arquitectos, se construyó en 1997 y fue Premio Nacional de Arquitectura en la categoría de Diseño.

- **Edificio Avianca** (plano p. 220; calle 16 # 6-66) Es considerado uno de los primeros rascacielos de Bogotá, con más de 150 m de altura. Está ubicado en el parque Santander y fue construido entre 1962 y 1967 por el arquitecto Germán Samper Gnecco.

- **Museo del Oro** (plano p. 220; carrera 6 # 15-88) La obra tuvo dos etapas, las dos lideradas por Germán Samper Gnecco. Su fachada de mármol busca contrastar con los árboles del parque Santander y con las iglesias que están justo enfrente (véase p. 78).

- **Cementerio Central** (calle 26 y 24 entre trans. 17 y carrera 22) Por sus mausoleos y su diseño vale la pena la visita. Fue construido en 1832, lo que lo convierte en el más antiguo de Colombia. El diseño estuvo a cargo de Pío Domínguez y Nicolás León, según los planos de Domingo Esquiaqui y puesto en servicio en 1836. Declarado Monumento Nacional el 26 de septiembre de 1984.

Cultura pop

Desde el culto y adoración al Divino Niño, que se ve en muchos lugares de la ciudad en imágenes, afiches y altares, hasta los letreros de las busetas, la cultura popular es una parte sustancial de la iconografía bogotana.

Las busetas y sus letreros

Ya es común ver en las calles buses azules que pertenecen al sistema integrado de transporte SITP, así como los largos buses rojos que pertenecen a Transmilenio. Pero todavía se ven, si bien cada vez menos, las busetas coloridas que fueron durante mucho tiempo el medio de transporte por excelencia de los bogotanos. La cabina del chofer solía estar adornada de figuras religiosas –con altar incluido–, con cojines de colores y con los letreros o tablas que se veían desde la ventana panorámica con tipografías de todos los estilos donde se leían los recorridos de la buseta. Esas tablas, hechas con esténcil, se han convertido en un símbolo del pasado, de la nostalgia bogotana, de la representación de la idiosincrasia de la mayoría de los bogotanos que, para moverse por la ciudad, recurrían a estos buses donde la gente se sentaba en asientos acojinados o simplemente iba de pie.

> **Popular de lujo**
>
> Para entender a fondo y disfrutar la gráfica popular bogotana y colombiana en general, es clave visitar la página de **Popular de Lujo** (www.populardelujo.com). Este es un grupo dedicado a la investigación y la promoción de la gráfica popular, trabajando de la mano de los autores que se han dedicado a la cultura visual que muchas veces se ha subestimado. Acá hay talleres, exposiciones, conferencias. Mirando con cuidado se puede ver buena parte de lo que es Colombia en su verdadera esencia: cuando el trabajo se hace con la intuición y con la espontaneidad valiosa de quien no sabe que lo que hace con sus manos también es arte.

Esos letreros donde se ven destinos como Roma, Julio Flórez, Centro, Olarte, Galerías... se consiguen en mercados populares, en locales de Chapinero y en espacios como el Pasaje Rivas (véase p. 43). Son tan emblemáticas que tener una en casa es, además de un adorno, todo un símbolo de la cultura bogotana que marcó a muchas generaciones. Seguramente el cuerpo se siente hoy más cómodo en un bus azul, pero el corazón iba mejor en buseta.

El Divino Niño

El Divino Niño llegó a Bogotá en 1935 y desde entonces se ha convertido en el símbolo religioso más importante del país. A diferencia de otras imágenes donde normalmente aparece Jesús ya mayor, de barba, o crucificado, acá la adoración es por Jesús Niño. En el barrio 20 de Julio está la iglesia donde todos los domingos van multitudes a rezarle y a pedirle (véase p. 53), pero su imagen se puede ver en cada rincón bogotano: en taxis, parques, restaurantes, calendarios, afiches, tiendas de barrio o en los buses. A diferencia del Niño Jesús de Praga, que parece ser muy chirriado (elegante, atractivo), como dirían los cachacos, este se ve más cercano, más popular. Su imagen está muy presente en un país que, siendo laico, profesa principalmente el catolicismo; es colorida, fácil de reproducir y es reflejo de una población alegre que nunca pierde la fe.

El Renault 4

Ya se ve poco, pero todavía es posible encontrar algunos en las calles bogotanas. Este carro francés que se lanzó en 1961, pero que llegó a Colombia en 1970, se convirtió en el "amigo fiel" de todos. Era el auto que predominaba en las familias de clase media y que estuvo muy presente hasta comienzos de los noventa. También representaba la idiosincrasia de un país que veía cierto confort y caché –valga el término cachaco– y que a su vez se convertía en un símbolo de la clase trabajadora, un símbolo de un estatus que nadie pedía pero que se hacía visible. Es normal que cuando un bogotano ve pasar un Renault 4 lo embargue un suspiro de nostalgia.

HABLAR COMO UN BOGOTANO DE CERCA

Hablar como un bogotano

Cachaco o rolo. Así se les dicen a las personas oriundas de Bogotá, pero realmente el término se refiere a quienes nacieron aquí y se vestían con elegancia –sombrero, abrigo, corbata– hasta pasada la mitad del s. xx. De esas generaciones nacieron palabras y expresiones que todavía hoy se usan entre los bogotanos. Esta es una breve guía para entender un léxico que solo se oirá acá.

Breve diccionario de expresiones cachacas

Ala: una manera de tutear. "Ala, ¿cómo te ha ido?"
Atarván o **guache:** grosero, indelicado.
Atortolado: asustado.
Bagre: mujer fea.
Botica: droguería.
Cachaco: persona nacida en Bogotá; este calificativo aludía a los bogotanos que vivieron a comienzos del siglo pasado y hasta pasados los años sesenta y setenta, y que destacaban por su elegancia, por sus sombreros, paraguas y abrigo. Se dice que la palabra nace de las iniciales de las palabras camisa, chaleco y corbata, prendas imprescindibles en ese entonces.

Caché: alguien o algo con clase.
Cachifo: un joven que no pasa de los 18 años.
Camellar: trabajar.
Carachas: "oh, sorpresa".
Caspa: persona maleducada.
Chanda: feo, asqueroso, desagradable.
Chanfa: me salió una "chanfa" (un trabajo).
Chimbo: falso. "Esa historia es chimba."
Chiripa: suerte. "Eso fue de chiripa" o "eso fue pura suerte".
Chirriado: de lujo, espectacular. "Está chirriado."
Cocacolo: un adolescente, que a diferencia del cachifo es un poco más extrovertido.
Chiflamicas: músicos desentonados.
Chino o china: niño, niña o adolescentes.
Chusca o chusco: bonita/o, guapa/o.
Corbata: un trabajo de poco esfuerzo. "Usted se ganó una corbata."
De ataque: espectacular. "Esa música está de ataque."
Dizque: una contracción de "dicen que" y muy usada. "Dizque va a llover."
Echar carreta: Hablar. "Estuve echando carreta con un amigo."
Esfero: bolígrafo.
Filipichín: joven elegante y vanidoso.
Hablar paja: decir muchas mentiras.
Hacer vaca: que entre varias personas pongan dinero para comprar algo.
La nevera: así llaman a Bogotá los colombianos provenientes de otras ciudades.
Me importa un chorizo: no me importa.
Mijo o mija: para referirse a amigos, amigas o personas cercanas, pero no a los hijos ni a las hijas.
Motoso: siesta. "Me voy a echar un motoso."
Muérgano: sinvergüenza.
Ni de fundas: por nada del mundo.
No jorobe: no moleste.
Pereque: problema pequeño, de solución rápida. "Te voy a poner un pereque."
Pisco: hombre. "Estaba con un pisco."
Vaciado: sin plata. "Estoy vaciado."
Vergajo: hombre o joven mal comportado.

Tren turístico de la Sabana.(p. 84).

Guía práctica

DATOS PRÁCTICOS A-Z 202

Acceso a internet..............202
Aduana............................202
Baños públicos 202
Dinero..............................202
Electricidad.....................203
Fiestas oficiales 203
Hora local..........................204
Horario comercial.............204
Información turística............................204
Salud 204
Seguro de viaje 205
Teléfono 205
Urgencias........................205
Viaje seguro 205
Viajeros LGTB+ 206
Visados.............................206

TRANSPORTE.......... 206

Llegar a Bogotá.................206
Cómo desplazarse 207

Datos prácticos A-Z

Acceso a internet

Bogotá cuenta con 66 zonas wifi gratuitas, en parques, plazoletas y otros espacios, para que los ciudadanos y turistas puedan conectarse a la red. El servicio, valga decirlo, no siempre es el mejor. También hay conexión en todas las estaciones de Transmilenio de la ciudad. Se puede disfrutar durante 1 h sin costo alguno. Se debe seleccionar la red wifi Bogotá e ingresar al portal para completar los datos. En el aeropuerto existe servicio gratuito de acceso a internet: EldoradoFreeAirport

Reservar alojamiento en línea

A través de Booking.com se puede buscar alojamiento de diferentes tipos (hoteles, cabañas, villas, chalets, hostales, *glamping*) y reservar en línea.

Aduana

- Además de sus artículos personales, cada viajero puede ingresar a Colombia dinero y mercancías. Si estos están o no libres de impuestos, depende de las siguientes condiciones. Si la cantidad de dinero importada supera los 10 000 US$ o su equivalente en cualquier moneda, es necesario declarar el ingreso ante las autoridades. Los artículos de uso familiar y personal en cantidades no comerciales de hasta 1500 US$ también están libres de impuestos. Artículos de uso doméstico, deportivos o propios del arte, profesión u oficio del viajero, en cantidad máxima de tres de cada tipo, hasta un máximo de 2500 US$. Estos bienes deben pagar un tributo de 15% y el viajero debe cumplir con una permanencia mínima de cinco días.

- El ingreso de bienes patrimonio de otros países (culturales, históricos, artísticos o ecológicos, entre otros) debe ser reportado a las autoridades aduaneras.

- Devolución del IVA: a la salida del país, todos los extranjeros podrán solicitar la devolución del IVA (impuesto valor agregado) de productos que hayan comprado como artesanías, juguetería, lencería, electrodomésticos, calzado, marroquinería, joyería, esmeraldas, entre otros. Pueden hacerlo en las oficinas de la Dirección de Impuestos y Aduanas Nacionales (DIAN), ubicadas en los puertos internacionales marítimos, terrestres y aéreos. Deben presentar la solicitud, rellenar los formularios requeridos y tener a la mano el pasaporte original y una copia, así como copia de las facturas de las compras. Véase https://www.dian.gov.co/viajeros/Paginas/DevolucionesIvaTurista.aspx

Baños públicos

En prácticamente todos los centros comerciales es posible encontrar lavabos o baños públicos en buenas condiciones de limpieza tanto para hombres como para mujeres, así como para personas en condición de discapacidad. También en algunos parques, en la mayoría de los restaurantes, en los museos y los supermercados grandes hay baños abiertos al público. En algunos casos como la Terminal de Transporte de Bogotá y en otros lugares hay que pagar 1000 $ para entrar.

Dinero

- El peso colombiano es la moneda legal en el país. Se puede identificar con la abreviación COP.

Localmente se utiliza el signo pesos ($). Existe una amplia variedad de denominaciones en monedas y billetes: hay monedas de 50, 100, 200, 500 y 1000 pesos. Y billetes de 1000, 2000, 5000, 10 000, 20 000, 50 000 y 100 000 pesos.

- En Bogotá, como en las principales ciudades del país, se puede pagar tanto en efectivo como con tarjetas de débito o crédito. Las tarjetas se pueden usar en todos los grandes comercios y en algunos de menor tamaño. Las más aceptadas son Visa y MasterCard. Es posible acceder a cajeros en diferentes puntos de la ciudad. Se recomienda utilizar los que están dentro de supermercados o en centros comerciales.

- Las casas de cambio están en muchos puntos, especialmente en centros comerciales. Algunas son:

Globo Cambio-Exchange Aeropuerto internacional El Dorado, terminal 1, llegadas internacionales (detrás del control de equipajes de la DIAN, antes de la salida, en la zona exclusiva de pasajeros). Abierto todo el año 24 h.

NewYorkMoney (https://newyorkmoney.com.co; 571 5800433; avenida 15 #124-30, Unicentro, local 1).

Electricidad

En Colombia hay conectores eléctricos con dos pines planos de entrada o con un tercer pin redondo. Es muy fácil conseguir adaptadores de corriente y reguladores de tensión en establecimientos especializados o grandes almacenes. La energía doméstica es de 110 voltios de corriente alterna a 60 hercios (110V AC, 60Hz).

Fiestas oficiales

Hay un gran número de festividades políticas y religiosas en Colombia. Muchos días festivos que caen en sábado, domingo o día laboral se trasladan al lunes siguiente. De esta forma se alarga el fin de semana a tres días, lo que se conoce en el país como "puente". Las siguientes fiestas son días no laborales.

Clima

La ciudad se encuentra a 2600 m de altura. El clima es impredecible y se suelen presentar cambios repentinos de temperatura. Por eso se recomienda estar siempre preparado para el frío, el sol y la lluvia. En Bogotá no hay estaciones, solo temporadas seca y de lluvia. De marzo a mayo y de octubre a noviembre es temporada de lluvia. El clima es moderadamente frío, en ocasiones caen lluvias torrenciales o aguaceros, incluso acompañadas de granizo. Aun cuando tiene una humedad aproximada cercana al 80%, el clima no es húmedo, pues el exceso de agua se compensa por los vientos, especialmente en febrero y agosto. La temperatura promedio es de 14ºC, pero es importante estar preparado para todos los climas. En los días muy soleados la sensación térmica puede incrementarse hasta los 23ºC o más.

1 de enero Año Nuevo

11 de enero Epifanía del Señor

19 de marzo San José

Marzo o **abril** Jueves y Viernes Santo, los inmediatamente anteriores al Domingo de Resurrección.

1 de mayo Día Internacional del Trabajo

17 de mayo Ascensión de Jesús

7 de junio Corpus Christi

14 de junio Sagrado Corazón

5 de julio San Pedro y San Pablo

20 de julio Día de la Independencia

7 de agosto Batalla de Boyacá

16 de agosto Ascensión de la Virgen

12 de octubre Día de la Raza

1 de noviembre Todos los Santos

15 de noviembre Independencia de Cartagena

8 de diciembre Inmaculada Concepción de la Virgen

25 de diciembre Navidad

Religión

Colombia es un país laico según su Constitución y hay libertad de cultos. La mayoría de los ciudadanos profesa alguna religión, siendo los católicos el grupo más numeroso, seguido por los evangélicos y los protestantes.

Hora local

Colombia adoptó el huso horario GMT -5 para todo el territorio nacional.

Horario comercial

Horario comercial estándar:
Bares 17.00-2.00 aprox.
Museos 9.00 o 10.00-17.00 o 18.00 ma-sa, 10.00-16.00 do y fes (véanse las páginas web para información más precisa)
Centros comerciales 9.00-20.00 o 21.00 lu-do
Supermercados y grandes almacenes 8.00-20.30 lu-do
Bancos 9.00-16.00 lu-vi; algunos abren más horas entre semana y sa
Oficinas 9.00-12.00 y 14.00-17.30 lu-vi
Restaurantes almuerzo 12.00 en adelante; comida (cena) 18.00-23.00

Información turística

Los **Puntos de Información Turística (PITS)** (http://pitscolombia.com.co; 571 6166044, línea gratuita de atención al turista 018000127400; 7.00-19.00 lu-sa y 8.00-18.00 do-fes) son espacios que brindan, de manera gratuita y especializada, información a turistas, con el fin de orientar, facilitar y atender sus necesidades. Actualmente en Bogotá solamente está funcionando el punto en Monserrate. Está disponible la aplicación móvil PITS, para iOS y Android.

Bogotá cuenta con los siguientes PIT:

PIT Templete al Libertador calle 13 # 3-70, en el parque de los Periodistas

PIT Terminal de Transporte El Salitre diagonal 23 # 69-60, módulo 5, local 127

PIT Monserrate en la cima del cerro de Monserrate

PIT Aeropuerto El Dorado av. calle 26 # 103-09, 2º piso, zona de información

PIT Corferias carrera 40 # 22C-67, recinto ferial, pabellón nº4, primer piso

Salud

Clínicas

Clínicas y hospitales. atienden citas particulares y urgencias las 24 h.
Clínica La Colina (http://www.clinicalacolina.com; 571 4897000; avenida Boyacá con calle 167)

Fundación Santa Fe De Bogotá (https://www.fsfb.org.co; 571 6030303; carrera 7 # 117-15)

Clínica del Country (https://www.clinicadelcountry.com; 571 5300470; carrera 14 # 93-40)

Clínica de Marly (https://marly.com.co; 571 3436600; calle 50 # 9-67)

Fármacos

Los medicamentos se pueden adquirir en una farmacia o droguería, sin mayor inconveniente, aunque para ciertos fármacos especializados es preferible contar con la receta o fórmula. En la gran mayoría de las farmacias se consiguen, además, productos de despensa, gaseosas, artículos de aseo y muchos más. Funcionan las 24 h y cuentan con locales distribuidos en toda

Idioma

El idioma oficial es el español. En cuanto al sector turístico, en la mayoría de los hoteles, restaurantes y sitios importantes de la ciudad es posible encontrar personas que se comuniquen en inglés con los extranjeros que lo requieran. Sin embargo, Colombia tiene un nivel bajo de conocimiento de este idioma.

la ciudad. Aceptan tarjetas de crédito y efectivo como forma de pago.

Droguerías Colsubsidio (www.drogueriascolsubsidio.com; ☎571 7450999)

Cruz Verde (https://www.cruzverde.com.co; ☎571 4865000)

La Rebaja Virtual (https://www.larebajavirtual.com)

Farmatodo (https://www.farmatodo.com.co; ☎57 7469000)

Seguro de viaje

Es aconsejable contratar antes de viajar un seguro médico internacional.

Teléfono

El servicio telefónico es muy bueno en Bogotá.

El indicativo para llamar a Colombia es +57 y a Bogotá, +1, es decir, 571 si es a teléfono fijo y 57 si es para llamar a un celular. Los números telefónicos fijos son de siete dígitos; los celulares, de diez.

Desde la ciudad:

- Para llamar desde un teléfono fijo a otro fijo en Bogotá se marca el número de destino (siete dígitos).

- Para llamar desde un teléfono celular a otro celular se marca el número del celular (diez dígitos).

Sistema internacional de unidades

En Colombia se utiliza el sistema internacional de unidades (SI), heredero del sistema métrico decimal. Esto es muy importante para aspectos como las proporciones y las distancias. Se mide en centímetros, metros y kilómetros (no pulgadas, pies o millas). De la misma forma, el peso se mide en gramos, kilogramos y toneladas; la velocidad, en kilómetros por hora (km/h) y la temperatura, en grados centígrados (°C).

- Para llamar desde un teléfono celular a un fijo en Bogotá se marca: 031 + número de destino.

- Para llamar desde un teléfono fijo a un teléfono celular se marca: 03 + número de destino.

Prácticamente no se utilizan los teléfonos públicos existentes, que son muy pocos, y que funcionan con monedas de 200 $.

Teléfonos móviles

- Colombia funciona con redes de telefonía 4G.

- Las empresas Claro, Movistar o Tigo venden tarjetas SIM prepago a precios muy económicos. Para la comunicación local, las llamadas también se pueden hacer o comprar en la calle a los vendedores (cobran por minuto, "minutos a celular") y suelen ser más baratos que usar el celular.

- Poco a poco algunos hoteles de la ciudad han empezado a implementar el servicio Handy, un celular disponible en la habitación desde el cual los huéspedes pueden hacer llamadas locales e internacionales sin costo y disponer de WhatsApp e internet de manera gratuita; lo pueden usar dentro y fuera del hotel y al entregar la llave, devuelven también el equipo (Sheraton Bogotá Hotel, calle 25 B # 69 C-80).

Urgencias

Hay una línea telefónica que reúne todos los números de seguridad y emergencias (policía, movilidad, bomberos, gestión de riesgos, secretaría de salud) del Distrito Capital en uno solo: **Atención 24 h.**

Atención 24 h	☎123
Policía	☎112
Cruz Roja	☎132
Bomberos	☎119

Viaje seguro

La seguridad en Bogotá ha mejorado bastante en los últimos años. Sin embargo, hay que ser muy cuidadoso, llevar encima solo el dinero en efectivo que sea

Información práctica

Periódicos *El Tiempo* (www.eltiempo.com), *El Espectador* (www.elespectador.com). *Diarios gratuitos: Publimetro* (https://www.publimetro.co), *Diario ADN* (https://www.diarioadn.co). En inglés y gratuitos: *The Bogotá Post* (https://thebogotapost.com), *Colombia Reports* (https://colombiareports.com)

Fumar Estos son los espacios en los que no está permitido fumar en el país: áreas cerradas de lugares de trabajo y/o los lugares públicos. Por ejemplo: hospitales, bares, restaurantes, centros comerciales, tiendas, ferias, festivales, parques, estadios, cafeterías, discotecas, cibercafés, hoteles, casinos, zonas comunales y áreas de espera, o espacios donde se realicen eventos con mucha asistencia.

estrictamente necesario, procurar caminar por vías transitadas de día y de noche, no ir solo ni mostrar ningún objeto de valor. Como dicen los colombianos: "no dar papaya" (no poner a la vista algo que se puede robar). Ninguna persona, policía o funcionario público pedirá al visitante su pasaporte o documento en la calle, ni que los acompañe a ninguna parte. Pese a ello, se recomienda tener siempre a mano el pasaporte.

Viajeros LGTB+

Bogotá es una ciudad en la que la comunidad LGBT+ puede encontrar diferentes opciones de turismo y diversión. Hay gran oferta de vida nocturna, así como gastronómica. Chapinero es un sector que se caracteriza por una elevada presencia universitaria y por ser reconocido como territorio LGBT+ por excelencia. Uno de los sitios nocturnos más populares es Theatron, que ofrece música, baile, presentaciones en vivo y diferentes ambientes temáticos; además, se ha convertido en un referente de la diversidad y un espacio en el que todos tienen su lugar.

Visados

Se debe verificar si se requiere visado, dependiendo del país de origen y de la actividad que se va a realizar en Bogotá. Para mayor información se sugiere visitar www.cancilleria.gov.co/tramites_servicios/visa. Atención telefónica 24 h: de atención al ciudadano ☎5713826999; número gratuito nacional ☎018000938000.

Los viajeros procedentes de países con restricciones deben solicitar el visado de turista en el consulado colombiano de su país de origen. Los extranjeros que no lo precisen pueden permanecer en el país hasta 90 días en viaje turístico, contados a partir de la fecha de ingreso que se indica en el sello de inmigración estampado en el pasaporte. Si se va a Colombia por motivos de trabajo o estudio se debe solicitar un visado o permiso especial que se tramita en los consulados colombianos acreditados en el exterior. El visado puede ser temporal o de residente. Antes de viajar se recomienda consultar con el agente consular o diplomático más cercano los trámites y requisitos exigidos por las leyes colombianas en cada caso.

Otros documentos o papeles que vale la pena tener durante los viajes son el carné de estudiante, licencia internacional de conducción, certificados de vacunación, seguro de viajes o de asistencia médica, fotocopias del pasaporte y tarjetas de crédito.

Transporte

Llegar a Bogotá

Bogotá cuenta con un aeropuerto internacional, El Dorado.

Aeropuerto internacional El Dorado

El **aeropuerto El Dorado** (https://www.eldorado.aero; ☎571 2662000; calle 26 # 103-09) se encuentra ubicado en el occidente de la ciudad, a 15 km del centro. Cuenta con dos terminales abiertas 24 h: la terminal 1 para destinos nacionales e internacionales y la terminal 2, conocida también como Puente Aéreo, que ofrece vuelos a destinos colombianos, principalmente Medellín y Cali. Las terminales se conectan entre sí por medio de un **bus satélite gratuito** (☺5.00-23.00, cada 20 min). Para información puntual se puede visitar https://eldorado.aero/transporte/como-llegar-al-aeropuerto; para dudas sobre aduanas o impuestos, la página web de la **Dirección de Impuestos y Aduanas Nacionales** (DIAN, https://www.dian.gov.co). A la salida del aeropuerto lo recomendable es tomar un taxi oficial: **Tax Imperial** es la compañía del aeropuerto. **Uber** y **Cabify** están disponibles (a partir de 28000 $). La duración del trayecto hasta el centro es de unos 30-40 min.

Terminal de Transporte de Bogotá (https://www.terminaldetransporte.gov.co; ☎571 4233600) La Terminal de Transporte de Bogotá está conformada por tres terminales, desde las que se puede viajar a cualquier punto de la geografía colombiana. El operador del *call center* brinda la información que aparece en la página web de la Terminal, donde se puede reservar y comprar los pasajes. Todas las terminales cuentan con baños, guardaequipaje, parqueaderos, wifi gratis en zonas de espera y taquillas, cajeros y puntos de vacunación para viajeros que piensan viajar a zonas selváticas que se encuentren por debajo de los 1800 m y requieran vacunarse contra la fiebre amarilla. Las terminales son: **Salitre** (Central, diagonal 23 # 69-11); **Satélite del Sur** (calle 57 Q # 75 F-82); **Satélite del Norte** (calle 192 # 19-43).

Cómo desplazarse

Para moverse se pueden emplear buses, busetas, colectivos y taxis, que completan la oferta de transporte público Transmilenio. El sistema Transmilenio está conformado por autobuses articulados que cubren distintas rutas por la ciudad; en cada estación el viajero puede encontrar un mapa con las rutas y conexiones. En Bogotá hay taxis de turismo y de servicio público urbano, intermunicipal e interdepartamental. El costo del servicio varía de acuerdo con el recorrido. También se pueden contratar por horas. Es preferible tomar los taxis que prestan servicio a los hoteles o solicitar el servicio por teléfono.

Transmilenio

Para ingresar a cualquiera de los servicios del **SITP Transmilenio** (https://www.transmilenio.gov.co; ☺4.00-23.00 lu-vi, 5.00-23.00 vi, 5.00-22.00 do y fes) se debe adquirir y/o recargar previamente una tarjeta TuLlave (6000 $). Esta tarjeta descuenta el valor del pasaje de cada servicio que se utilice. El precio del pasaje para servicios troncales y TransMiCable es de 2500 $ todo el día,

Direcciones en Bogotá

En Bogotá la mejor forma de orientarse es buscar los Cerros Orientales, pues es un punto visible desde la mayor parte de la ciudad. De frente a las montañas, el costado izquierdo marca el norte; el derecho, el sur y, obviamente, atrás queda el oeste. Existen calles y carreras, así como diagonales y transversales. Las calles van de este a oeste y atraviesan las carreras verticalmente. Las carreras van paralelas a las montañas de sur a norte. Las transversales discurren, como las carreras, de sur a norte. Las avenidas van paralelas, diagonales o perpendiculares a las calles. Ejemplo: la carrera Séptima va de sur a norte y siempre paralela a los cerros; la calle 80, por ejemplo, nace en Los Héroes (autopista Norte) y va hasta la salida de Bogotá, de este a oeste.

2300 $ para los servicios zonales. Hay un punto de recarga en el aeropuerto El Dorado; otros puntos pueden consultarse en www.tullaveplus.gov.co. Se sugiere descargar las aplicaciones TransMilenio y Sitp, que ofrecen información de cada ruta, incluyendo estaciones, buses, horarios, alimentadores y mapas.

Taxis

El servicio de taxi está disponible las 24 h. El precio de la carrera se puede establecer por taxímetro o plataforma tecnológica. Con taxímetro, el conductor lo pone a funcionar cuando se pone en marcha. La carrera mínima cuesta 4200 $, con un recargo nocturno (20.00-5.00), dominical y/o festivo de 2000 $. Para el aeropuerto hay otro recargo de 4200 $. Para pedir un taxi se puede llamar a **CoopTeletaxi** (571 6111111); **Real Transportadora** (571 3333333); **Taxiexpress** (571 4111111); o **Taxis Libres** (571 2111111 / 571 3111111). También existen plataformas tecnológicas para pedir un taxi. Aquí la tarifa es liquidada automáticamente mediante la plataforma antes de iniciar la carrera, se muestra en la pantalla y se calcula de acuerdo con la distancia del recorrido y la información del tráfico. Algunas de estas plataformas son **Digi Taxi Digi+; Info Taxi; Me Voy; Smart Taxi; T-Driver; Taxis Libres** y **White Cloud** (se deben buscar las aplicaciones en Google Play).

Para los teléfonos inteligentes, también hay aplicaciones como **DIDI, InDriver, Taxis Libres** o **Uber** (que es un poco más caro y requiere pago con tarjeta de crédito).

No se recomienda tomar taxis en la calle, especialmente por la noche. Es mejor llamar a una de las empresas mencionadas, tomarlo en el hotel, en los centros comerciales o pedirlo en los restaurantes y bares.

Bicicleta

En la capital hay 550 km de ciclorrutas. Alquilar una bicicleta es relativamente fácil (véase p. 55). También hay planes para recorrer la ciudad y miles de actividades para disfrutar de las ciclorrutas.

Entre bastidores

Actualización y sugerencias

Si el lector encuentra cambios en los lugares descritos u otros recién inaugurados, le agradeceremos que escriba a Lonely Planet en www.lonelyplanet.com/contact/guidebook_feedback/new para mejorar la próxima edición. Todos los mensajes se leen, se estudian y se verifican. Quienes escriban verán su nombre reflejado en el capítulo de agradecimientos de la siguiente edición. Determinados fragmentos de la correspondencia de los lectores podrían aparecer en nuevas ediciones de las guías Lonely Planet, en la web de Lonely Planet, así como en la información personalizada. Se ruega a todo aquel que no desee ver publicadas sus cartas ni que figure su nombre que lo haga constar.

Agradecimientos

Diego Garzón Carrillo

Quiero agradecer por su asesoría, sugerencias y consejos a María del Pilar Caldas, Juan Ricardo Rincón, David Bentancur, Pilar Luna, Alejandra Quintero, Dyana Grillo, Javier Ayala y Michel Pineda. Y a mis hijos Victoria e Ignacio, que me vieron trabajando fuertemente en esta guía, les dedico este trabajo sobre la ciudad que los vio nacer para que no se cansen nunca de conocerla.

Versión en español

GeoPlaneta, que posee los derechos de traducción y distribución de las guías Lonely Planet en los países de habla hispana, ha adaptado para sus lectores los contenidos de este libro. Lonely Planet y GeoPlaneta quieren ofrecer al viajero independiente una selección de títulos en español; esta colaboración incluye, además el sitio web, www.lonelyplanet.es, donde el lector encontrará amplia información de viajes y las opiniones de los viajeros.

Este libro

Esta es la primera edición de *Lo mejor de Bogotá* de Lonely Planet, escrita por Diego Garzón. Para poder publicar guías de ciudades, regiones o destinos fuera de las rutas más transitadas, Lonely Planet en ocasiones cuenta con la colaboración de entidades tales como oficinas de turismo o compañías aéreas.

Al establecer dicha colaboración, Lonely Planet se asegura de que su integridad editorial e independencia no se vean afectadas, a través de los siguientes compromisos:

- Publicar información según su propio criterio al margen de las entidades que presten algún tipo de colaboración.
- Nunca prometer u ofrecer nada a cambio, como por ejemplo reseñas positivas.

Esta guía ha sido publicada con la colaboración del **Instituto Distrital de Turismo de Bogotá.**

Índice

A

acceso a internet 202
actividades gratuitas 31
aduana 202
aeropuerto internacional El Dorado 29, 207
alojamiento 176-181
  apartamentos de alquiler 180
  dónde alojarse 181
  precios 178
  reservas 179
  tipos de alojamiento 180
  webs 179, 202
Andrés Carne de Res 64-68, 123, 129, 141, 157
arquitectura 193-196
  arquitectura del ladrillo 90-91
  barrios tradicionales 194-195
  Capitolio Nacional de Colombia 41
  Casa Republicana 49
  Colegio Mayor de San Bartolomé 41
  edificios destacables 196
  Guatavita 101
  Museo Nacional 80-81
  palacio Arzobispal 41
  palacio de Justicia 41
  palacio de Nariño 43
  palacio Liévano 41
  Septimazo 83
  torres del Parque 95
Arte urbano 89
arte y arquitectura 193-196, *véanse también* arquitectura, cine, literatura, museos y galerías de arte, música en vivo, películas, teatros
aseos 202
atletismo 172, 173

000 Mapas

B

baloncesto 172, 174
baños públicos 202
batalla del Puente de Boyacá 13, 188, 190
bebida 146-159, 191-192
  aguardiente 153, 192
  beber con vistas 151
  café 118
  cerveza 153, 192
  cerveza artesana 150
  chicha 16, 21, 153, 159
  horarios 149
  lo mejor 150-151
  propinas 148
  protocolo 157
Biblioteca Luis Ángel Arango 48-49
Biblioteca Nacional 87
bicicleta 29, 54-57, 208
  alquiler 55
  rutas 55, 56
Bogotazo, el 190
Bolívar, Simón 13, 98-99, 190

C

café 118
cafeterías 118
carreras 170
Catedral de Sal 68-69
catedrales, *véase* iglesias y catedrales
cementerio central 196
Centro Internacional y Las Nieves **220-221**
  dónde beber 152
  dónde comer 109
  ocio 164
centros comerciales
  Centro Comercial Andino 145
  Centro Comercial Parque Colina 145
  El Retiro 145
  Hacienda Santa Bárbara 61, 145
  Gran Estación 145
  Nuestro Bogotá 30
  Santafé 145
  Unicentro 145
  Zula 145
centros culturales
  Centro Cultural Gabriel García Márquez 38
  Centro Cultural Gimnasio Moderno 166
  Espacio Odeón 39
  Fragmentos, Espacio de Arte y Memoria 39
Chapinero **224-226**
  de compras 136
  dónde beber 152
  dónde comer 111
  ocio 165
Chía
  dónde comer 129
chibchas 153, 187, 194
Chicó **234-236**
  de compras 144
  dónde beber 158
  dónde comer 125
  ocio 167
ciclismo 54-57, 170, 172, 208, *véase también* bicicleta
  Vuelta a Colombia 9
Ciclovía 54-57
cine
  Cinemanía 76
  Cinemateca de Bogotá 96
  películas 188
  Teatros Cine Colombia 166
Cinemateca de Bogotá 96
circuitos a pie
  Egipto 39
  grafitis 39, 89
  laguna del Cacique Guatavita 100-101
  Quebrada La Vieja 57
  Septimazo 82-83

Ciudad Universitaria
  ocio 165
Claudia López 185, 190
clima 203
cocina
  cursos 175
comida 102-129, 191-192
  calles gastronómicas 118
  comida callejera 119
  corrientazos 104
  helados 127
  horarios 104
  idioma 119, 191
  lo mejor 105-106
  panaderías 192
  platos típicos 105, 191
  precios 104
  viajeros veganos 107
  viajeros vegetarianos 107
cómo desplazarse 29, 207
cómo llegar 20, 206
compras 130-145
  arte y artesanías 134
  calendario 133
  calle 109 144
  calle de los Anticuarios 145
  cultura pop 135, 141
  diseño 134
  horario comercial 132
  lo mejor 134-135
  mercado de las pulgas de Usaquén 140
  misceláneas 138
  música 135
  Pasaje Rivas 43
  plazas de mercado 92-95, 109
  ropa de baño 137
  Septimazo 140
  solidarias 136
  tienda MAMBO 87
  Zona T 71
comunidad LGBT+ 154, 206
crisis migratoria 185
Cristóbal Colón 37, 186

cuándo ir 4-17, 29, 203
cultura pop 197-198
cursos
  baristas 175
  cocina 175
chicha 16, 21, 153, 159
Chorro de Quevedo 37

D

deportes y actividades 168-175, *véase también* deportes y actividades individualmente
  Centro de Alto Rendimiento 63
  Complejo Acuático 63
  cursos 171
  eventos 170
  lugares 171, 172
  Parque de los Niños (y las Niñas) 63
  parque de los Novios 63
  parque de El Virrey 88
  parques de atracciones 173-175
dinero 28, 202-203
direcciones 207
Divino Niño 198

E

El Nogal
  de compras 138
  dónde beber 154
  dónde comer 120
  ocio 166
electricidad 203
empanadas 105
esencial 28-29
espectáculos, *véase* ocio y espectáculos

F

familia, viajar en 32-33
fiestas oficiales 203
fiestas y celebraciones 4-17

Open San Felipe 59
Fragmentos 39, 194
fumar 206
funicular a Monserrate 52
fútbol 6, 63, 170, 172

G

gráfica popular 198
grafitis 39, 89
gratis 31
Guatavita, laguna de 100-101

H

Hacienda Santa Bárbara 61
historia 186-190
hora local 28, 204
horario comercial 204

I

idioma 93, 119, 199-200, 204
iglesias y catedrales
  basílica de Nuestra Señora de Lourdes 53
  Catedral Primada de Colombia 41
  iglesia de Lourdes 53
  iglesia de Nuestra Señora de la Cruz de Monserrate 50
  iglesia de Santa Bárbara 61
  iglesia del 20 de Julio 53
independencia 12, 13, 41, 98-99, 189-190, 203
  batalla del Puente de Boyacá 13, 188, 190
información turística 204
infraestructuras 184-185
itinerarios 20-27, *véase también las zonas individualmente*
  Chapinero 24-25
  compras 26-27
  La Candelaria 20-21
  La Macarena 22-23
  norte, el 26-27
  Quinta Camacho 24-25

J

jardines, *véase* parques y jardines
jugar al tejo 97

K

karts 173, 174, 175
kayak 172

L

La Cabrera **230-232**
  de compras 138
  dónde beber 154
  dónde comer 120
  ocio 166
La Candelaria 36-37, **217-219**
  de compras 136
  dónde beber 152
  dónde comer 108
  ocio 164
La Macarena 94-95, **222-223**
  dónde beber 152
  dónde comer 109
  ocio 165
ladrillo, arquitectura del 90-91
laguna del Cacique Guatavita, 100-101
Las Nieves, *véase* Centro Internacional y Las Nieves
lavabos públicos 202
léxico bogotano 93, 119, 199-200
Libertador, el 13, 98-99, 190
librerías
  Casa Tomada 143
  Librería Fondo de Cultura Económica 143
  Librería Lerner 77, 145
  Luvina 94
  Prólogo 73, 145
  San Librario 137
  Tornamesa 73
  Wilborada 1047 143
literatura 194

M

Manzana Cultural del Banco de la República 44-47
medidas 205
mercado de las pulgas de Usaquén 140
migrantes 185
moneda 28, 202-203
Monserrate 50-53
móviles, teléfonos 28, 205
muiscas 37, 50, 60, 68, 79, 85, 100, 159, 187-189
Museo de Arte Moderno de Bogotá (MAMBO) 86-87
Museo del Oro 78-79
Museo Nacional 80-81
museos y galerías de arte 59
  Casas Riegner 195
  El Parqueadero 47
  Espacio El Dorado 95
  Galería Alonso Garcés 94
  Galería Santa Fe 39
  Galería Valenzuela & Klenner 94
  Maloka 63
  Museo Botero 44
  Museo Casa de la Moneda 47
  Museo de Arte Miguel Ángel Urrutia-MAMU 45
  Museo de Arte Moderno de Bogotá (MAMBO) 86-87
  Museo de la Independencia-Casa del Florero 41
  Museo del Oro 78-79
  Museo Iglesia de Santa Clara 43
  Museo Militar 38
  Museo Nacional 80-81
  NC-Arte 94
  planetario 81
  Quinta de Bolívar 98-99
música en vivo 163, 164, 165, 166, 167

N

niños, viajar con 32-33
nuevo 30

O

ocio y espectáculos 160-167, *véanse también zonas individualmente*
  música en vivo 163, 164, 165, 166, 167
  teatro 163, 165
  webs de entradas 162

P

parque de la 93 74-77
parque de El Virrey 88
parque Nacional
  ocio 165
parque Simón Bolívar 62-63
parques de atracciones 173-175
parques y jardines
  jardín botánico 63
  parque de la 93 74-77
  parque de los Novios 63
  parque del Chicó 77
  parque de El Virrey 88
  parque Jaime Duque 69
  parque principal (Usaquén) 61
  parque Simón Bolívar 62-63
películas 188
periódicos 206
pesos 205
planificación 28-29
plaza de Bolívar 40-43
plazas
  Chorro de Quevedo 37
  plaza de Bolívar 40-43
  plaza de los Artesanos 63

000 Mapas

plazas de mercado 92-95
precauciones 205
presupuesto 28
propinas 148

Q

qué vestir 29
Quinta Camacho **227**
  de compras 137
  dónde beber 153
  dónde comer 114
  ocio 166
Quinta de Bolívar 98-99

R

religión 204
Renault 4 198
Rosales **233**
  de compras 138
  dónde beber 154
  dónde comer 116
  ocio 166

S

sabana 85
salto del Tequendama 85
salud 204
San Felipe 58-59, **228**
  de compras 137
  dónde beber 154
  dónde comer 116
San José de Bavaria
  ocio 167
seguridad 205
seguro de viaje 205
Septimazo 82-83
sistema internacional de unidades 205

T

taxi 29, 208
teatros 165
  Teatro Colón 37, 164
  Teatro El Parque 165
  Teatro Jorge Eliécer Gaitán 164
  Teatro La Candelaria 39, 164
  Teatro La Mama 165
  Teatro Libre de Bogotá 39, 165
  Teatro Mayor Julio Mario Santo Domingo 167
  Teatro Nacional 166
  Teatro Patria 167
  Teatro R101 165
tejo 97
teléfono 205
teléfonos móviles 28, 205
tenis 7, 63, 172
Transmilenio 29, 207
tranvía 39
tren, viajar en 84-85

U

urgencias 205
Usaquén 60-61, **237-238**
  de compras 145
  dónde beber 159
  dónde comer 128
  mercado de las pulgas 140
  ocio 167

V

Valdez, Juan 38, 88, 128, 138
vallenato 152
Violencia 45
Virgen de Guadalupe 53
visados 206

W

webs 28

Z

Zipaquirá 84
Zona G 72-73
Zona M 94-95
Zona T 70-71

El centro histórico.

Planos de Bogotá

La Candelaria 217
Centro Internacional y Las Nieves 220
La Macarena 222
Chapinero 224
Quinta Camacho 227
San Felipe 228
La Cabrera y el Nogal 230
Rosales 233
Chicó 234
Usaquén 237

La Candelaria

Puntos de interés
1. Chorro de Quevedo G3
2. Teatro Colón D4
3. Palacio de San Carlos.............................. D4
4. Hotel de La Ópera D4
5. Plazoleta Rufino Cuervo C3
6. Museo Colonial C4
7. La Puerta Falsa D3
8. Centro Cultural Gabriel García Márquez . D3
9. Iglesia Nuestra Señora de La Candelaria. E4
10. Casa de Poesía Silva............................... G2
11. Teatro La Candelaria F4
12. Fundación Gilberto Álzate Avendaño....... E5
13. El Camarín del Carmen D5
14. Santuario Nuestra Señora del Carmen.... D5
15. Teatro Libre de Bogotá G3
16. Museo Militar D4
17. Espacio Odeón F1
18. Galería Santa Fe H2
19. Revivir el tranvía D2
20. Fragmentos, Espacio de Arte y Memoria A6
21. Plaza de Bolívar C3
22. Museo de la Independencia C3
23. Catedral primada de Colombia C3
24. Palacio Arzobispal C3
25. Colegio Mayor de San Bartolomé............ C3
26. Capitolio Nacional de Colombia B3
27. Palacio de Justicia C2
28. Palacio de Liévano B2
29. Palacio de Nariño B4
30. Museo Iglesia de Santa Clara B3
31. Pasaje Rivas A2
32. Museo Botero.. E4
33. Museo de Arte Miguel Ángel Urrutia......... E4
34. El Parqueadero E4
35. Museo Casa de Moneda E3
36. Restaurante Marcha E4
37. Biblioteca Luis Ángel Arango E3
38. Sala de conciertos E3
39. La Casa Republicana............................... E3
40. El Mural de Obregón E3

Dónde comer
41. Prudencia... G4
42. La Puerta Falsa D3
43. Madre D3
44. Rosita Restaurante Café.......................... G3
45. La Bruja Restaurante Café F3
46. Fulanitos.. G4
47. Casa Mamá Luz F5
48. Home Burgers D3
49. Andante Restaurante................................ F4
50. Casa Vieja H1

De compras
51. Casa Cicuta... F6
52. Olga Piedrahita F6

Ocio
53. Teatro Colón D4
54. Sala de conciertos Luis Ángel Arango E3
55. Teatro La Candelaria................................. F4

Actividades, cursos y circuitos ....
56. Escuela de baristas B2

220 PLANOS DE BOGOTÁ LA CANDELARIA

La Candelaria

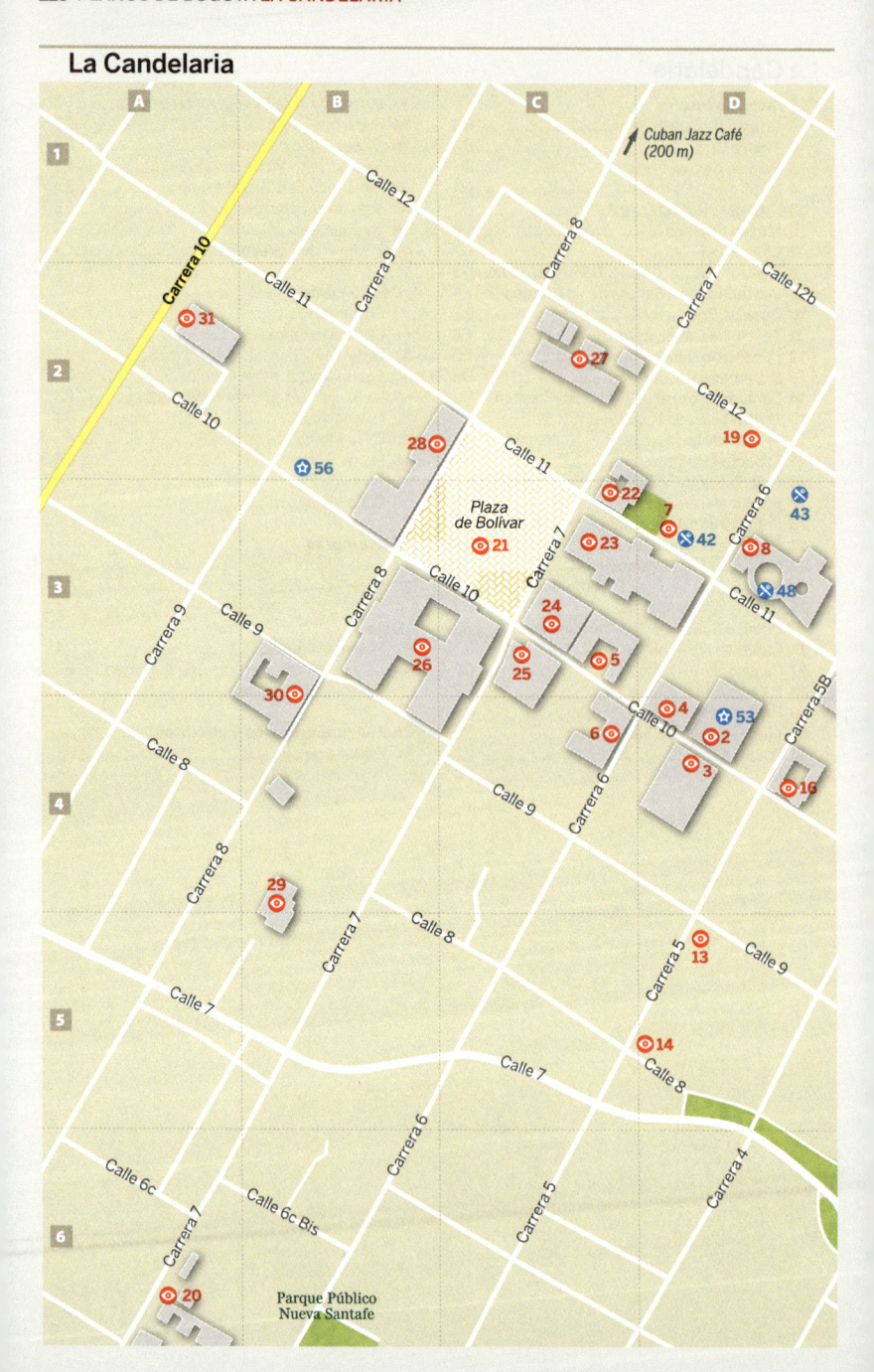

Cuban Jazz Café (200 m)

LA CANDELARIA PLANOS DE BOGOTÁ **221**

Avenida Jimenez de Quesada
Parque de los Periodistas Gabriel García Márquez
Museo Quinta de Bolívar (900 m)
La Media Torta (500 m)

LA CANDELARIA

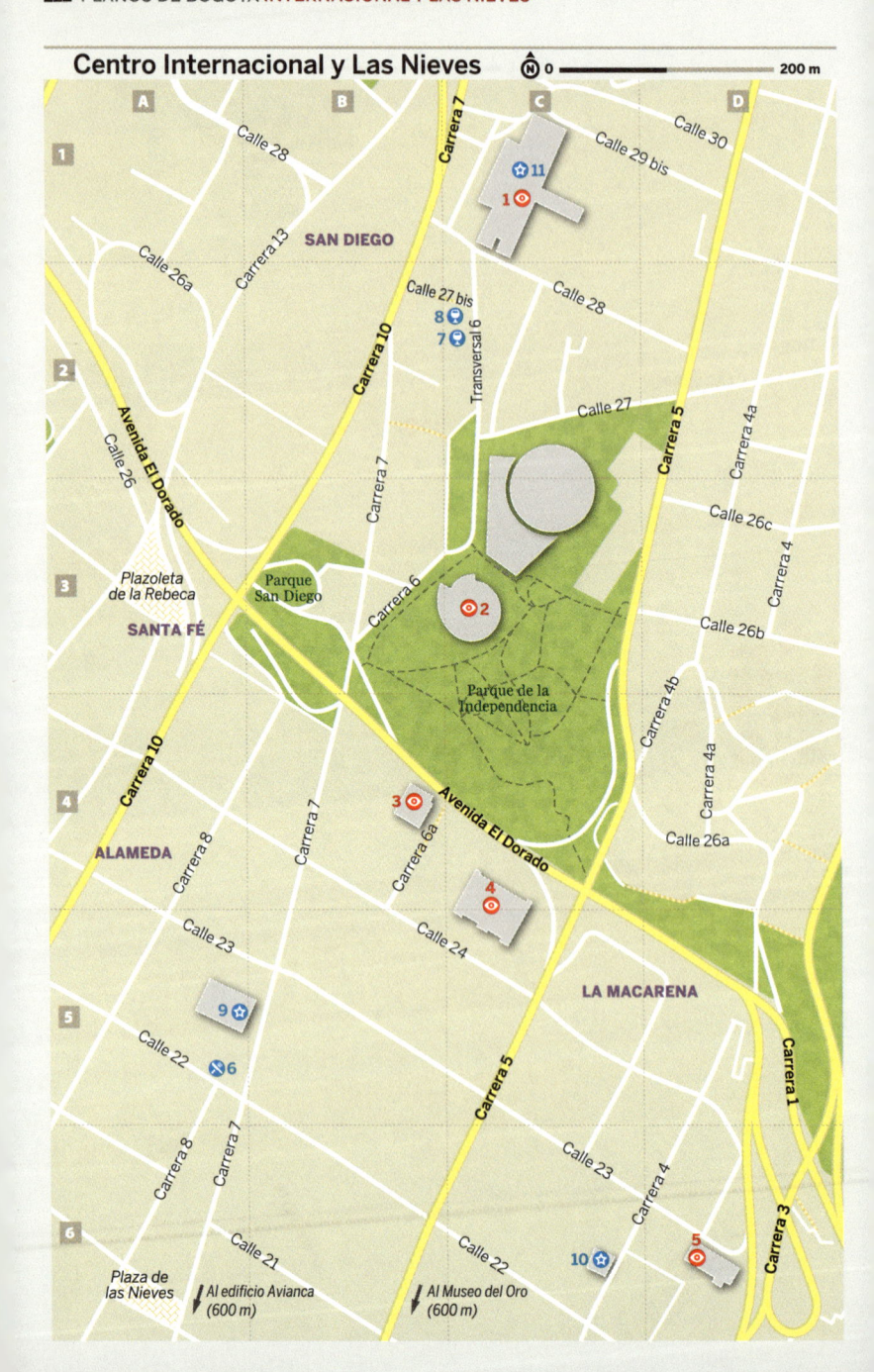

222 PLANOS DE BOGOTÁ INTERNACIONAL Y LAS NIEVES

Centro Internacional y Las Nieves

SAN DIEGO

SANTA FÉ

Plazoleta de la Rebeca

Parque San Diego

Parque de la Independencia

ALAMEDA

LA MACARENA

Plaza de las Nieves

Al edificio Avianca (600 m)

Al Museo del Oro (600 m)

Centro Internacional y Las Nieves

Puntos de interés
1 Museo Nacional C1
2 Planetario Distrital C3
3 Museo de Arte Moderno de Bogotá
   (MAMBO).. B4
4 Biblioteca Nacional C4
5 Edificio de Posgrados
   de la Universidad
   Jorge Tadeo Lozano D6

Dónde comer
6 Compañía Casa de Rey............................. A5

Dónde beber
7 La Piel Roja...C2
8 El Bembé C2

Ocio
9 Teatro Jorge Eliécer Gaitán...................... A5
10 Auditorio de la Jorge Tadeo Lozano.........C6
11 Auditorio Teresa Cuervo Borda C1

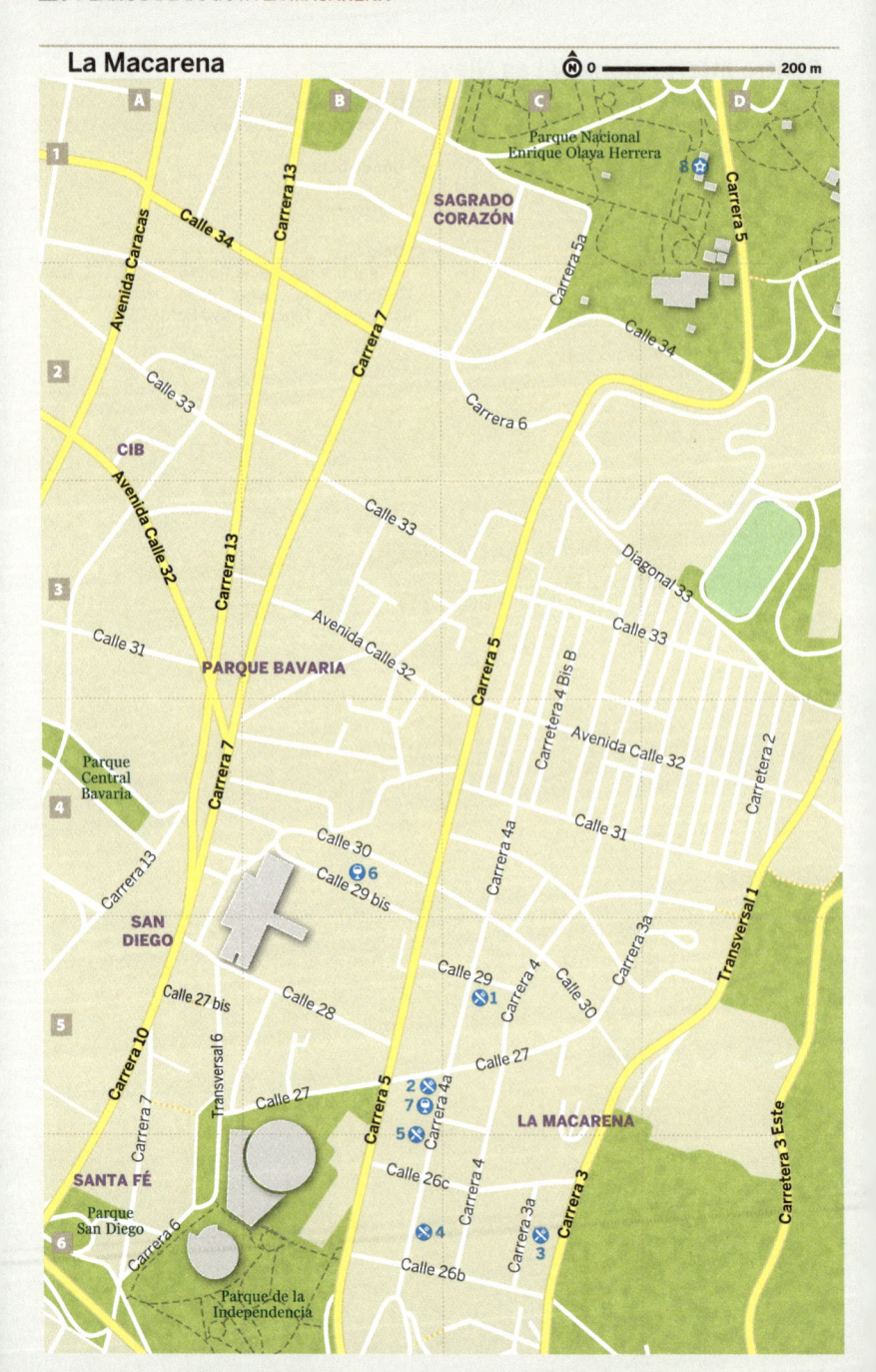

La Macarena

La Macarena

Dónde comer
1 El Patio Café C5
2 La Juguetería B5
3 Agave Azul C6
4 La Monferrina B6
5 Anna & Otto B6

Dónde beber
6 Smoking Molly B4
7 Cervecería irlandesa B5

Ocio
8 Teatro El Parque D1

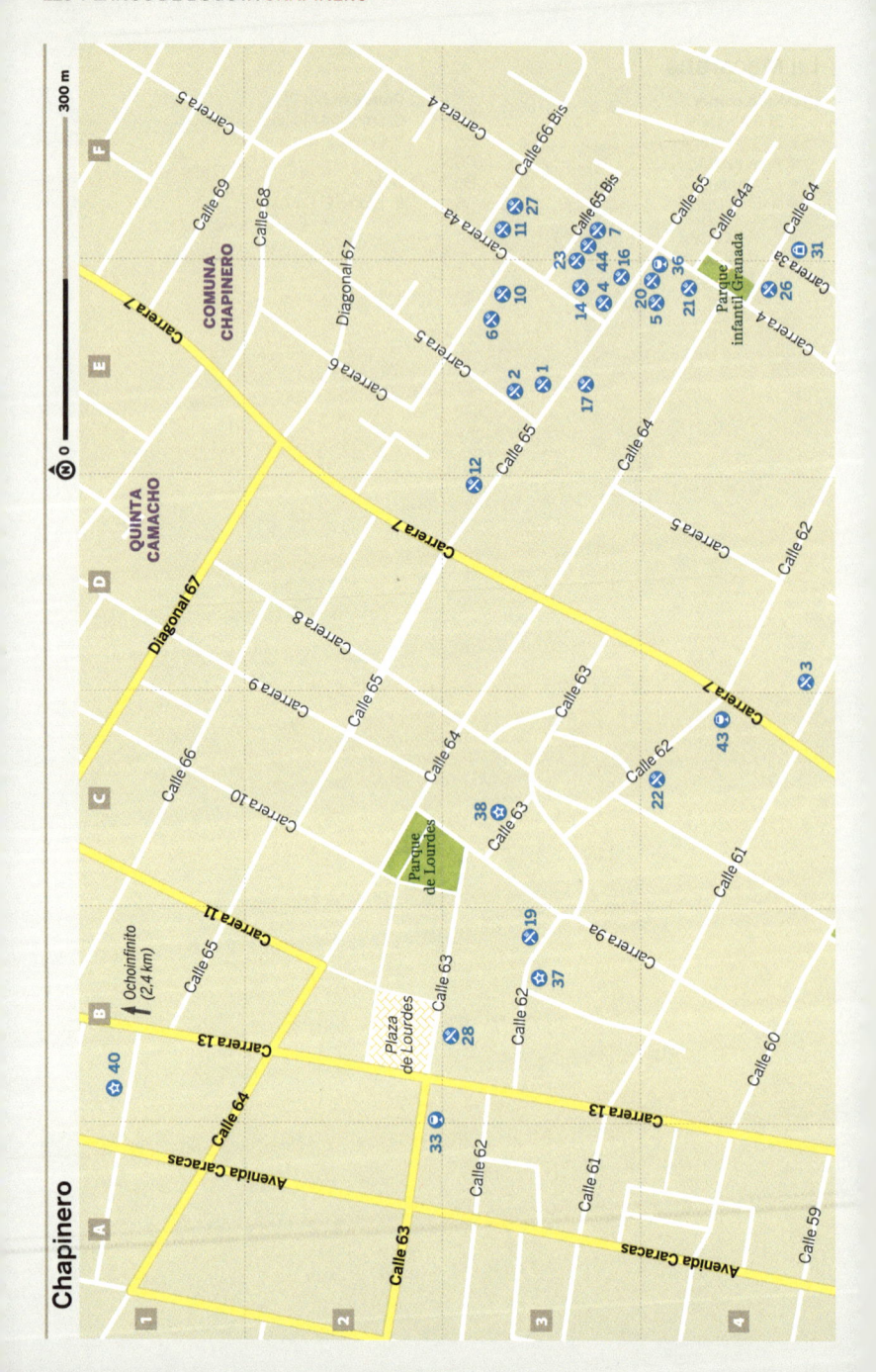

Chapinero

PLANOS DE BOGOTÁ CHAPINERO — 226

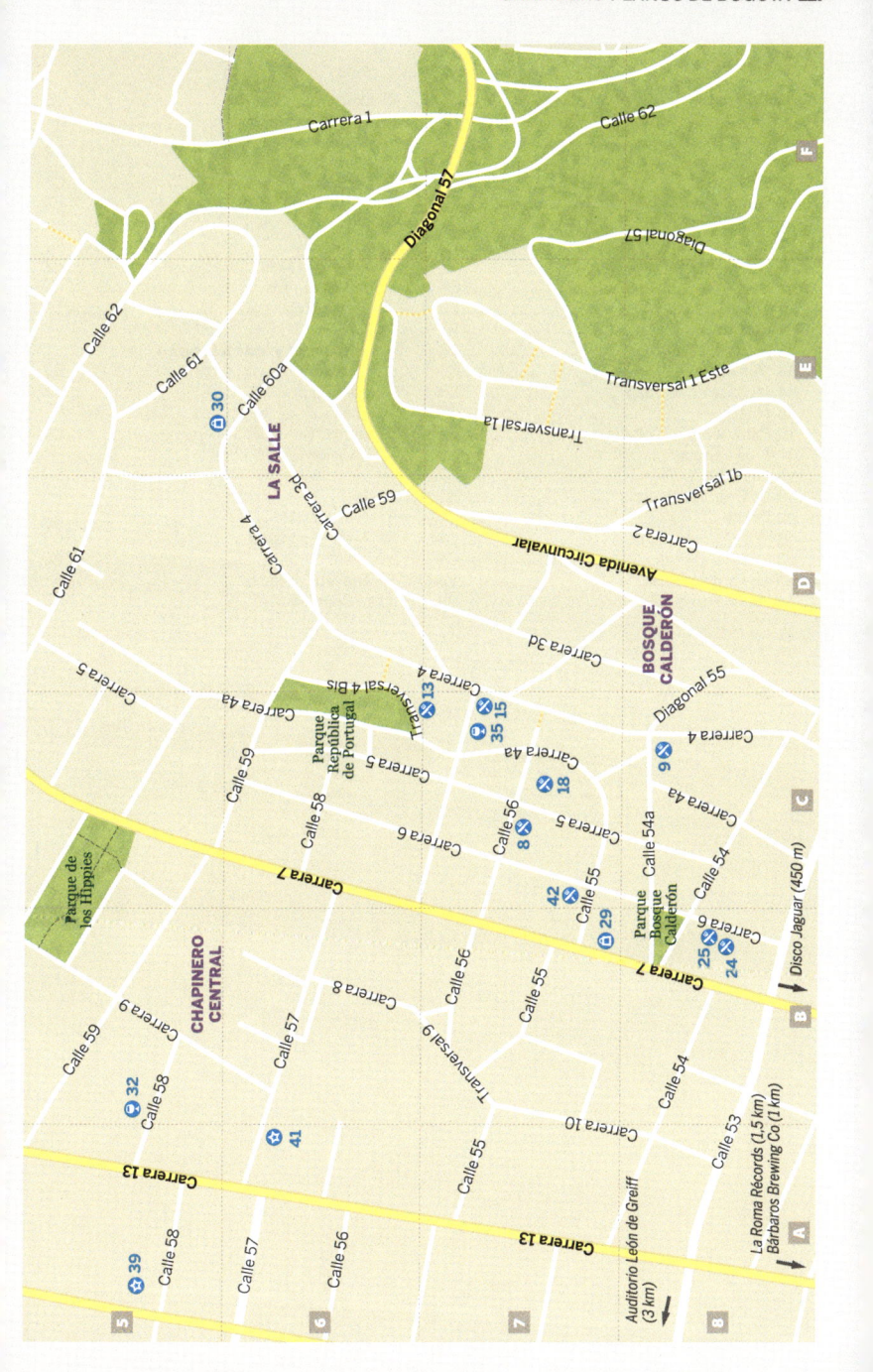

CHAPINERO PLANOS DE BOGOTÁ 227

Chapinero

Dónde comer
1. Café Bar Universal...................................E3
2. Salón Tropical..E3
3. Mesa Franca D4
4. El Chato E3
5. Lorenzo el Griego E4
6. Cantina y Punto..E3
7. Hache de Hamburguesa F3
8. Insurgentes – Taco Bar........................... C7
9. Salvo Patria C8
10. Tierra E3
11. Sorella..F3
12. De Raíz Cocina Café D3
13. Mini Mal C7
14. Mi Casa en tu Casa..................................E3
15. Mistral C7
16. Piqueteadero Doña Nieves E3
17. Emilia Grace E3
18. La Pinta... C7
19. La Cósmica Pollería.................................B3
20. Gordo E4
21. Wakei Sushi-Izakaya E4
22. Las Margaritas..C4
23. La Fama...F3
24. Amen Ramen B8
25. El Chino B8
26. Casa Lélyté... E4
27. Massima Pizza F3
28. Pollos Don Pepe B3
42. El Pantera...C7
44. Leo.. F3

De compras
29. La Rock N Rola B7
30. Laura Laurens E5
31. Hernán Zajar F4

Dónde beber y vida nocturna
32. Theatron..B5
33. Odem...B2
35. Atlas C7
36. Lateral Cervecería Local......................... E4
43. Estación Café Colombia C4

Ocio
37. Teatro Libre B3
38. Teatro La Mama.......................................C3
39. Latino Power A5
40. The Music Hall... B1
41. El Chamán... A6

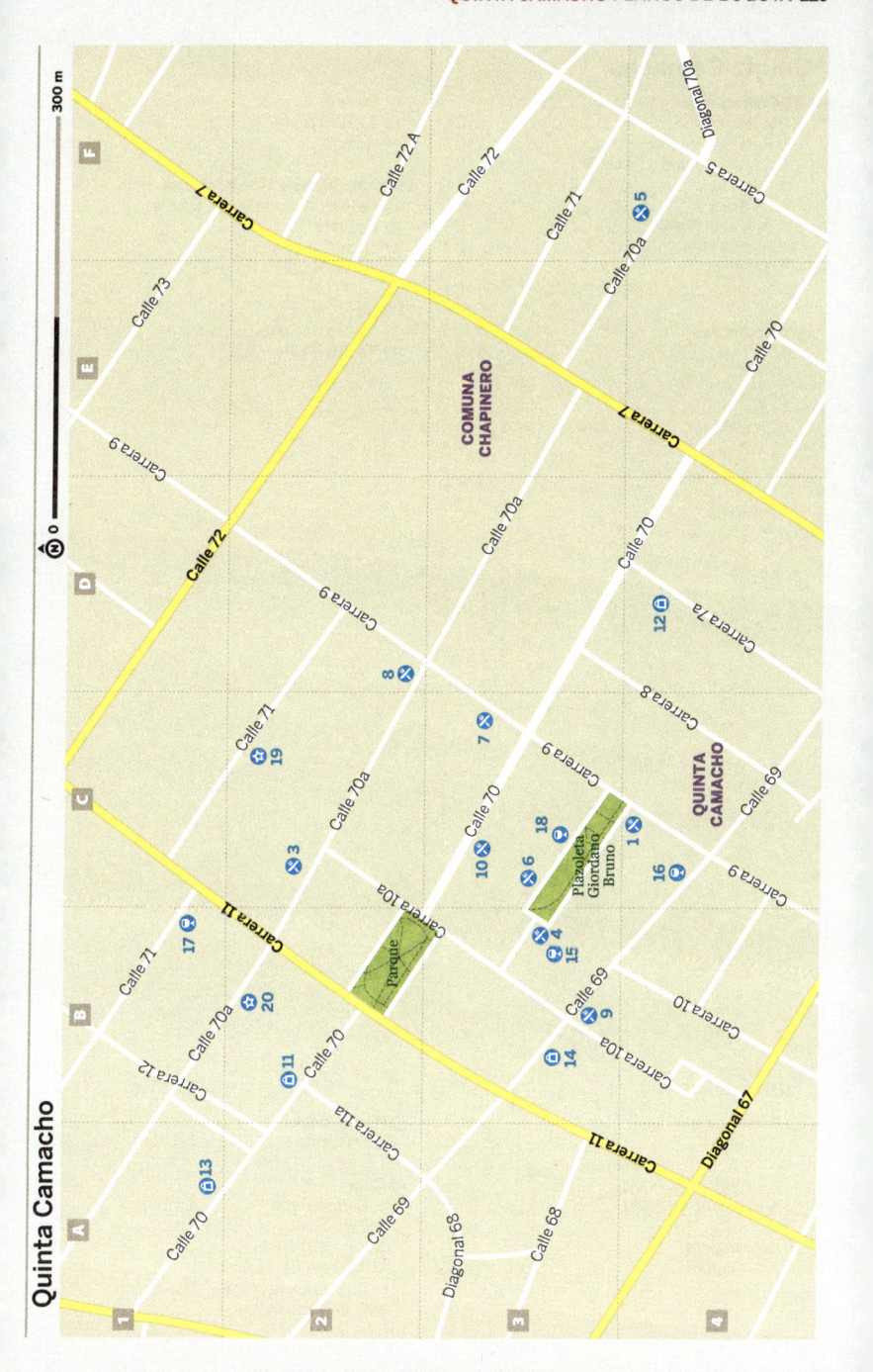

QUINTA CAMACHO PLANOS DE BOGOTÁ

Quinta Camacho

Quinta Camacho

Dónde comer
1 Abasto C4
3 Restaurante Nueve C2
4 OAK Ahumado y Brebajes B3
5 Merci F4
6 La Grande C3
7 Don Abel Pollería C3
8 Rose Pastry Shop D2
9 Sauvage B3
10 Ixcacau C3

De compras
11 Ba Hué B2

12 Becara D4
13 San Librario A1
14 Guay B3

Dónde beber y vida nocturna
15 La Huerta Coctelería Artesanal B3
16 Llorente C4
17 Salsa Camará B2
18 Hanna Hops C3

Ocio
19 Teatro Nacional Fanny Mikey C2
20 Teatro R 101 .... B2

San Felipe

Dónde comer
1 Oculto C3
2 Trattoria de la Plaza A6
3 Tapería de la Plaza A6
4 Chichería Demente C6

De compras
5 Armadura C1

Dónde beber
6 El Guetto D5

Ocio
7 Galería Beta C3
8 Espacio Kb C4
9 Galería Sketch C2
10 Instituto de Visión C3
11 Galería Elvira Moreno B4
12 FLORA ars+natura D3

SAN FELIPE PLANOS DE BOGOTÁ 231

San Felipe

N 0 — 300 m

- Avenida NQS
- Calle 77
- Carrera 29
- JUAN XXIII
- Parque Santa Sofía
- Verdi Design (3,4 km)
- Calle 80
- Carrera 27
- POLO CLUB
- Avenida Carrera 24
- Carrera 22
- Carrera 28
- Calle 77
- Carrera 27
- Carrera 26
- SANTA MÓNICA
- Parque 11 de Noviembre
- Doña Segunda (600 m)
- Calle 75
- Calle 75a
- Calle 74
- Calle 74a
- Carrera 23
- 9
- Calle 77
- 10
- Carrera 22
- Calle 77a
- 12
- SAN FELIPE
- Calle 77
- Calle 72
- Carrera 27
- Calle 74
- Calle 75
- Carrera 23
- Parque La Araña
- 7
- 1
- Calle 75a
- 8
- Carrera 22
- Carrera 20c
- Diagonal 75 Bis
- 11
- Parque La Estación
- Calle 72a
- Calle 73
- Calle 74
- Avenida Caracas
- Calle 71b
- Parque Alcáceres
- ALCÁZARES
- Calle 72
- Calle 71a
- Carrera 25
- Avenida Carrera 24
- Carrera 20
- OLÍMPICA LA CASTELLANA
- Carrera 19
- Carrera 17
- Calle 71a
- Calle 72a
- 6
- Calle 72
- Calle 68
- Calle 69
- Calle 70a
- Calle 70
- LA CONCEPCIÓN
- Calle 69
- Carrera 15
- 4
- Avenida Caracas
- Calle 70a
- Calle 70
- Carrera 23
- Carrera 22
- Calle 68
- Calle 67
- 2
- 3
- Calle 66

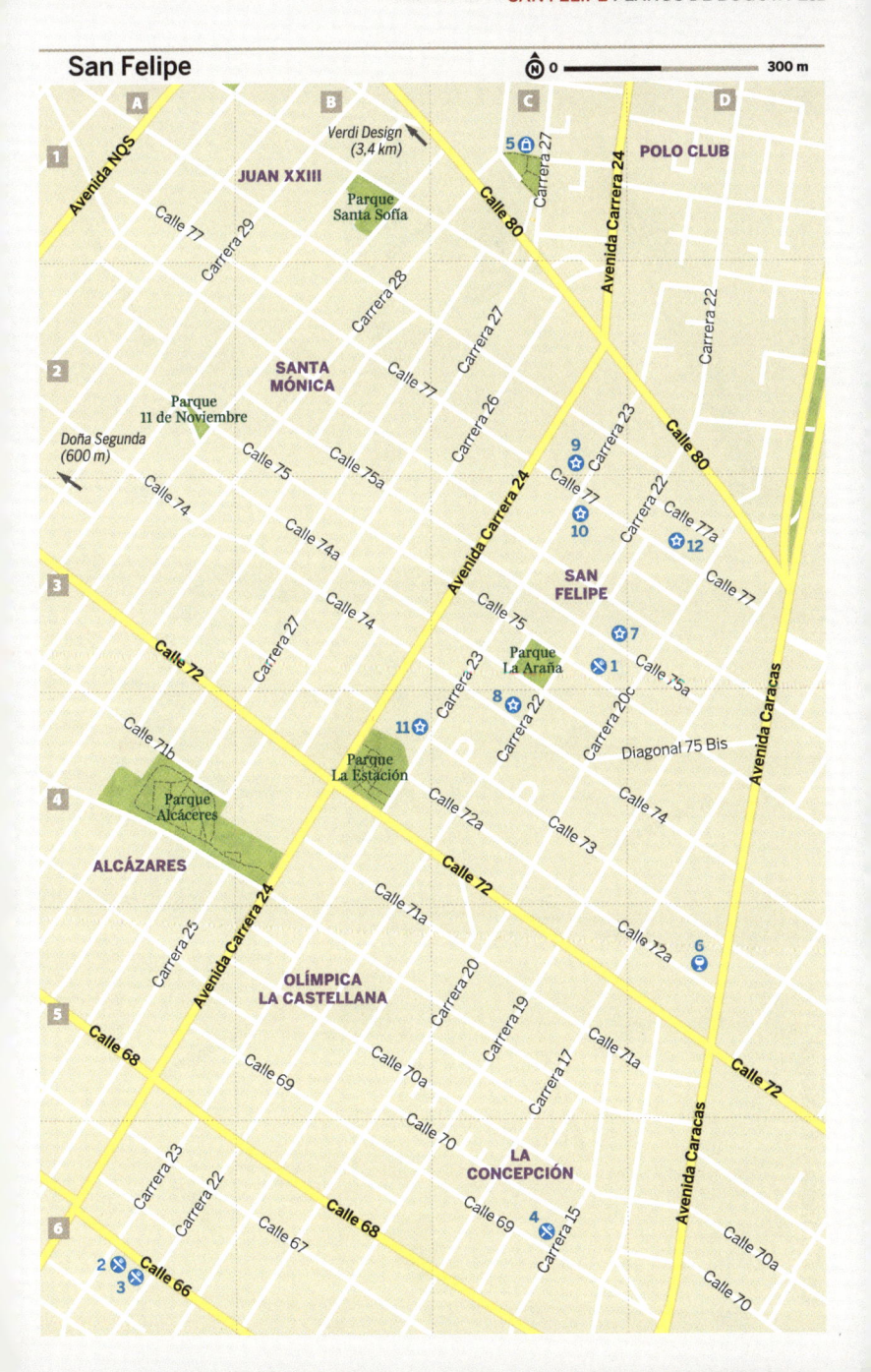

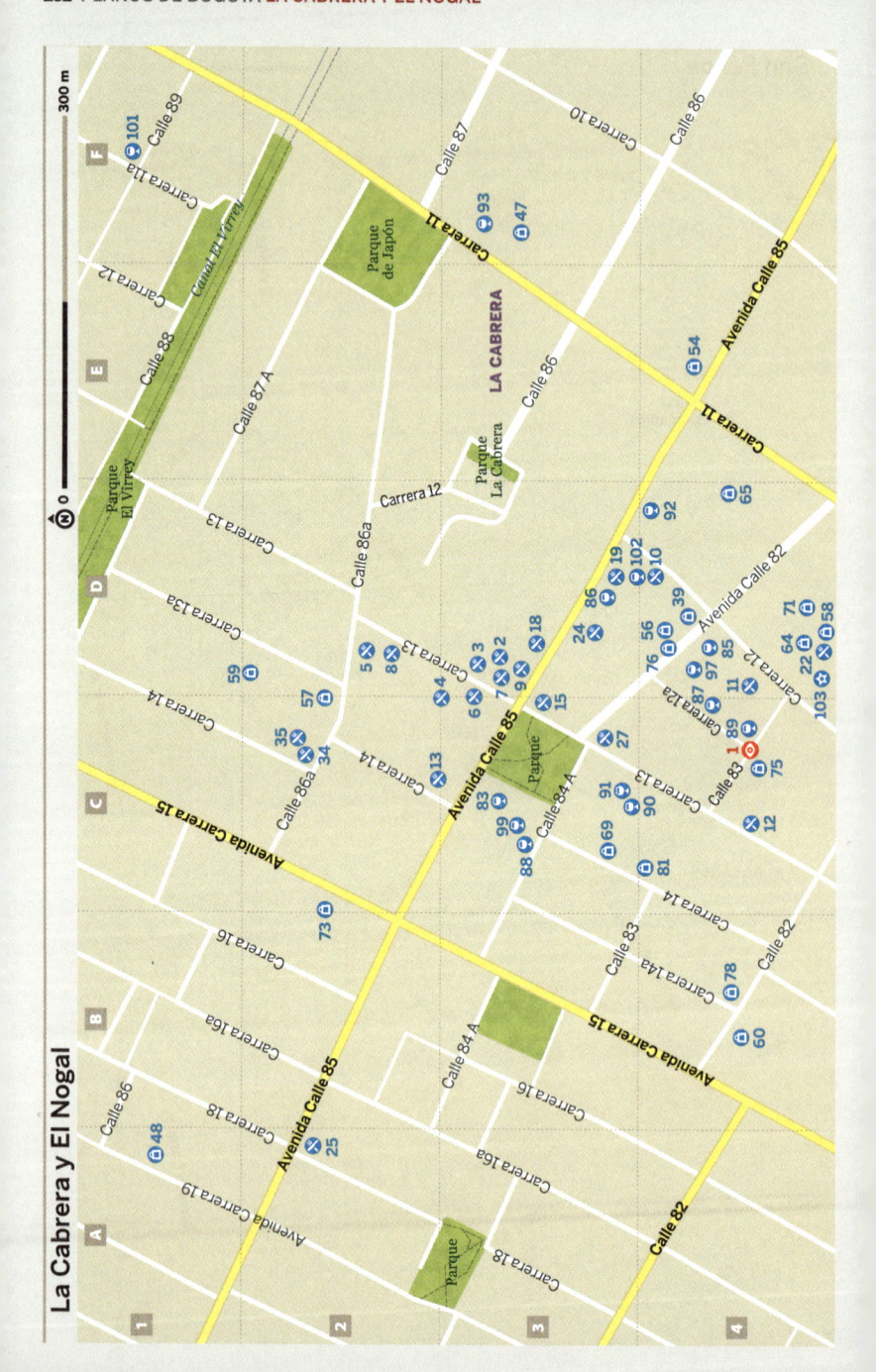

La Cabrera y El Nogal

PLANOS DE BOGOTÁ **LA CABRERA Y EL NOGAL**

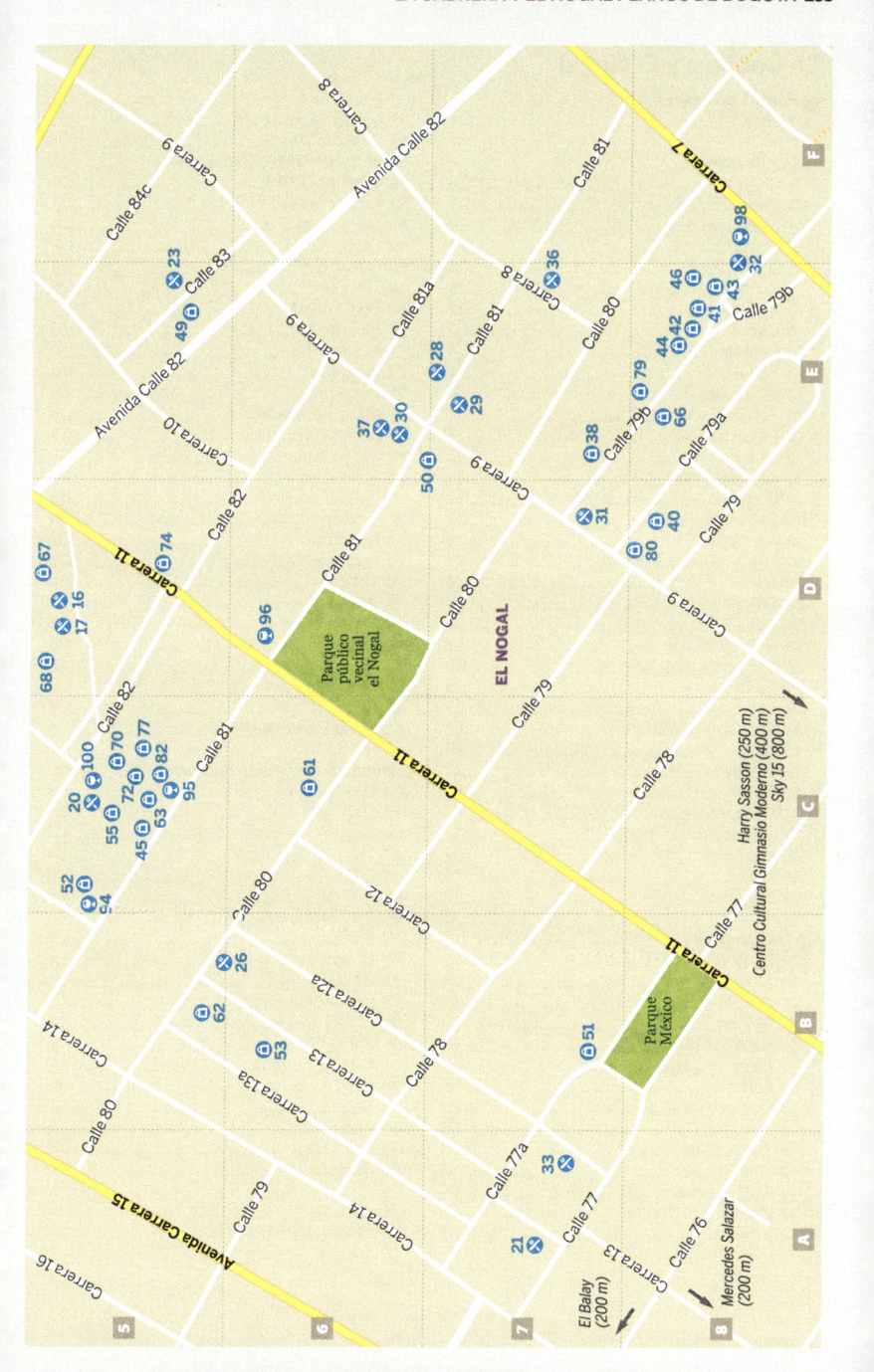

LA CABRERA Y EL NOGAL PLANOS DE BOGOTÁ **233**

La Cabrera y El Nogal

Puntos de interés
- 1 Zona T C4

Dónde comer
- 2 Di Lucca D3
- 3 Restaurante Casa D3
- 4 La Brasserie C2
- 5 Primi D2
- 6 Osaka D3
- 7 Central Cevichería D3
- 8 Agadón D2
- 9 Oficial D3
- 10 Cristóbal D4
- 11 Watakushi D4
- 12 Wok Izakaya C4
- 13 Renata Tacos C2
- 15 La Lucha Sanguchería Criolla C3
- 16 Lina's D5
- 17 Il Pomeriggio D5
- 18 Qun D3
- 19 La Xarcutería D3
- 20 Andrés D.C. C5
- 21 Myriam Camhi A7
- 22 Myriam Camhi Andino D4
- 23 Salvaje E5
- 24 Gaba D3
- 25 Café Monstruo A2
- 26 Gringo Cantina B5
- 27 La Taquería C3
- 28 La Cesta E7
- 29 San Giorgio Trattoria E7
- 30 Ugly American E6
- 31 La Bifería D7
- 32 El Bandido Bistró F8
- 33 Casa Mexicana A7
- 34 Cuarto Frío Gastrobar C2
- 35 Les Amis C2
- 36 Brot E7
- 37 Ugly American E6

De compras
- 38 St. Dom E7
- 39 Silvia Tcherassi D4
- 40 Casa Precis D8
- 41 Bethel E8
- 42 Casa Santa María E8
- 43 Casa San Miguel E8
- 44 Feroz E8
- 45 Diamantina y La Perla C5
- 46 Tucurinca E8
- 47 A Modo Mio F3
- 48 Lina Cantillo A1
- 49 Cachivaches E5
- 50 Zientte E6
- 51 Priscila Lab B7
- 52 Estefanía Turbay C5
- 53 Cavalier Footwear B6
- 54 Carmiña Villegas E4
- 55 Almacén Andrés Carne de Res C5
- 56 Johanna Ortiz D4
- 57 Artesanías de Colombia C2
- 58 Sterling Joyeros D4
- 59 Larome D2
- 60 Quiero un Pérez B4
- 61 Tok Tok C6
- 62 Chaló Chaló B5
- 63 Ricardo Pava C5
- 64 Arturo Calle D4
- 65 Whitman D4
- 66 Hechizoo E8
- 67 Mario Hernández D5
- 68 Inkanta D5
- 69 Pepa Pombo C3
- 70 Pink Filosofy C5
- 71 Lotto del Sur D4
- 72 Lina Hernández C5
- 73 Hebrante C2
- 74 Dulcementa D5
- 75 Totto C4
- 76 Amelia Toro D4
- 77 Renata Lozano C5
- 78 Francesca Miranda B4
- 79 Julieta Suárez E8
- 80 Aysha Bilgrami D8
- 81 RPM Récords C4
- 82 María Elena Villamil C5

Dónde beber y vida nocturna
- 83 El Fabuloso C3
- 85 El Ovejo D4
- 86 Sánchez Cervecería Artesanal D3
- 87 The Pub C4
- 88 El Coq C3
- 89 Pravda C4
- 90 4.40 Music Hall C3
- 91 Bungalow C3
- 92 Chamois D4
- 93 B.O.G. Hotel F3
- 94 Upper Side C5
- 95 El Techo Mexicano C5
- 96 Patria Cervecería D6
- 97 Federal Rooftop D4
- 98 Bar Enano F8
- 99 Solar C3
- 100 Andrés D.C. C5
- 101 Black Bear F1
- 102 Cristóbal D3

Ocio
- 103 Teatros Cine Colombia D4

Rosales

Puntos de interés
1 Tornamesa C2
2 Prólogo A3

Dónde comer
3 El Cielo C3
4 Criterión B2
5 El Árabe B2
6 Vitto C3
7 Masa C2
8 El día que me quieras C3
9 Corral Gourmet C3
10 La Lupita Restorán C3
11 Mister Ribs B2
12 Julia C3
13 Libertario Coffee C2
14 Elektra Punk & Food C3
15 Le Coco Café C3

De compras
16 Tiendas Juan Valdez B2
17 Tornamesa C2

Dónde beber y vida nocturna
18 BBC D1

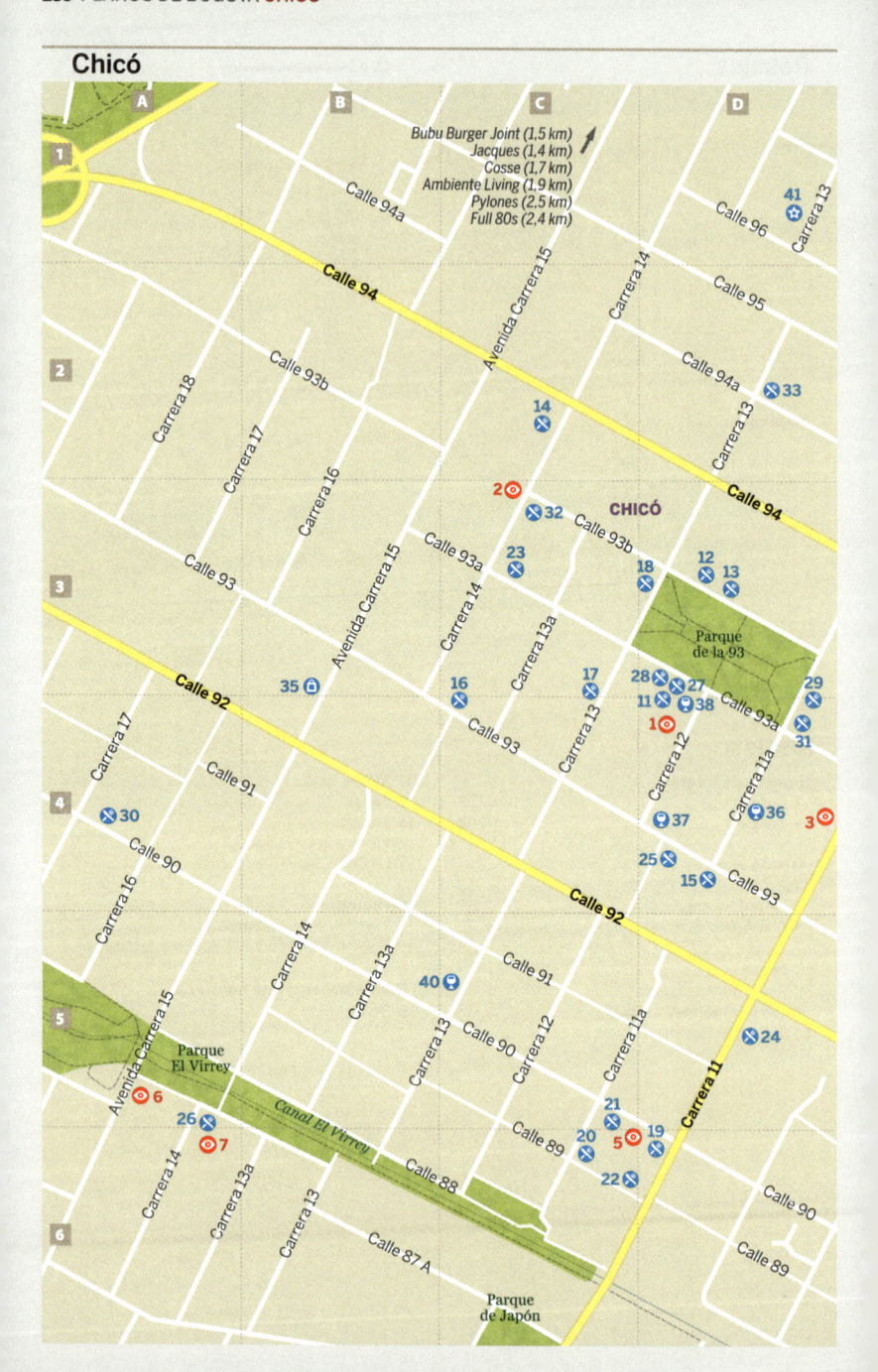

Chicó

Bubu Burger Joint (1,5 km)
Jacques (1,4 km)
Cosse (1,7 km)
Ambiente Living (1,9 km)
Pylones (2,5 km)
Full 80s (2,4 km)

CHICÓ

Parque de la 93

Parque El Virrey

Canal El Virrey

Parque de Japón

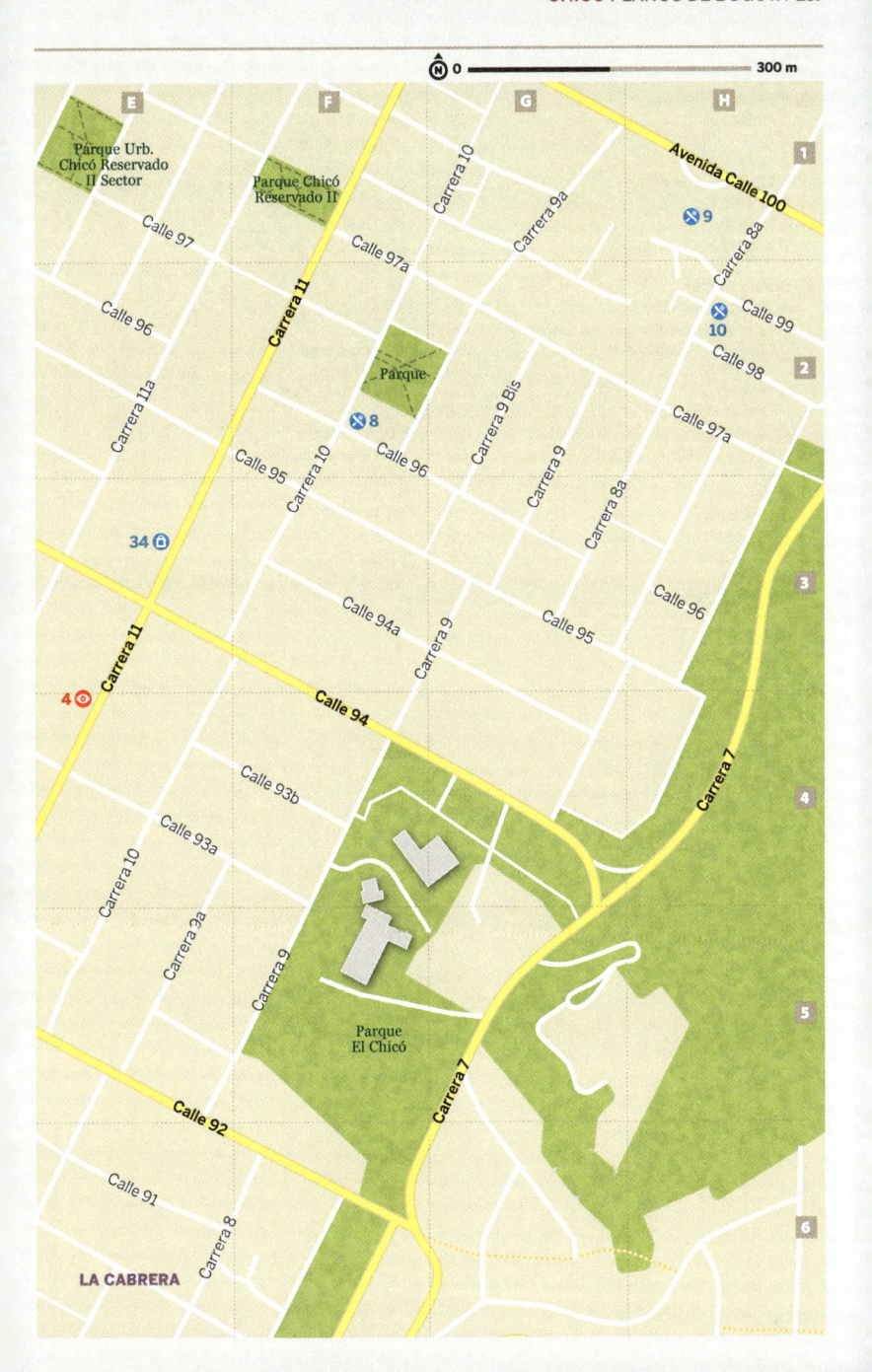

CHICÓ PLANOS DE BOGOTÁ **237**

Chicó

Puntos de interés
1. Hotel Salvio D4
2. Cinemanía C3
3. Hotel Click Clack D4
4. Librería Lerner E4
5. Hotel EK C6
6. Café Illy A5
7. Canasto A6

Dónde comer
8. Pajares Salinas F2
9. La Fragata Giratoria H1
10. Las Cuatro Estaciones H2
11. Ko D4
12. Wok D3
13. Crepes & Waffles D3
14. Sushigozen C2
15. Al Agua Patos D4
16. La Diva C4
17. Teriyaki C3
18. Bagatelle D3
19. Gamberro D6
20. Black Bear C6
21. Toshiro C5
22. Cacio & Pepe C6
23. La Estancia Chica C3
24. Le Grand D5
25. Chef Burger D4
26. Canasto Picnic Bistró A5
27. Brera Italian Restaurant & Wine Bar D3
28. Le Pain Quotidien D3
29. Osaki D3
30. Mercado del Chicó A4
31. Juan Valdez D4
32. Pura Vida C3
33. Vitapas Gastrobar D2

De compras
34. Argenta E3
35. Market Colombina B3

Dónde beber
36. Galería Café Libro D4
37. El Mono Bandido D4
38. Vista Corona D4
40. Hércules C5

Ocio
41. Gaira Café D1

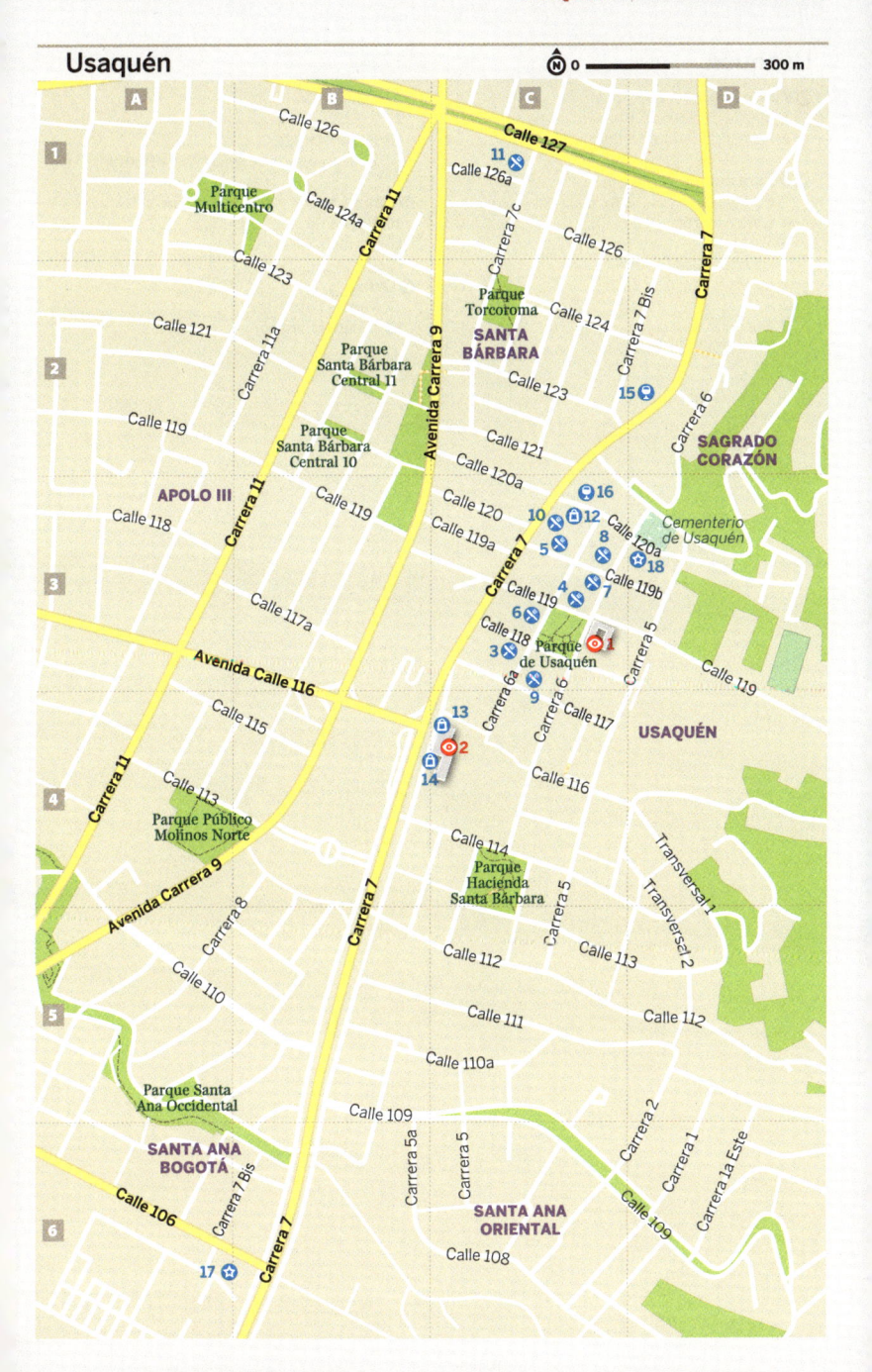

USAQUÉN PLANOS DE BOGOTÁ 239

Usaquén

Usaquén

Puntos de interés
1 Iglesia de Santa Bárbara C3
2 Hacienda Santa Bárbara C4

Dónde comer
3 80 Sillas C3
4 Café Amarti C3
5 Taj Mahal C3
6 Oliveto Pizza Gourmet C3
7 La Mar C3
8 7.16 .... C3
9 Conosur C3
10 Trattoria Sole Rosso C3
11 Chez Jack C1
12 Zula C3
13 Isabel Henao C4
14 C. Comercial Hacienda Santa Bárbara C4

Dónde beber y vida nocturna
15 Brew Pub D2
16 London Calling C3

Ocio
17 Teatro Patria A6
18 Cinema Paraíso D3

Símbolos y leyenda de los mapas

Estos símbolos ayudan a encontrar fácilmente todas las reseñas:

- Puntos de interés
- Actividades
- Cursos
- Circuitos
- Fiestas y celebraciones
- Dónde comer
- Dónde beber
- Ocio
- De compras
- Información y transporte

Estos símbolos aportan información esencial de cada reseña:

- Propuesta sostenible
- GRATIS Gratis
- Teléfono
- Horario
- Aparcamiento
- Prohibido fumar
- Aire acondicionado
- Acceso a internet
- Zona wifi
- Piscina
- Autobús
- Ferri
- Tranvía
- Tren
- Menú en inglés
- Selección vegetariana
- Ambiente familiar

Los iconos de Ideal para... ayudan a encontrar las mejores experiencias

- Económico
- Comida y bebida
- Bebidas
- Ciclismo
- De compras
- Deportes
- Arte y cultura
- Celebraciones
- Momento fotográfico
- Paisajes
- Viajes en familia
- Escapada
- Desvío
- Senderismo
- Vida local
- Historia
- Ocio
- Playas
- Viaje invernal
- Café
- Naturaleza y vida salvaje

Puntos de interés
- Playa
- Reserva de aves
- Templo budista
- Castillo
- Templo cristiano
- Templo confuciano
- Templo hindú
- Templo islámico
- Templo jainita
- Templo judío
- Monumento
- Museo/galería de arte
- Ruinas
- Templo sintoísta
- Templo sij
- Templo taoísta
- Lagar/viñedo
- Zoo/reserva natural
- Otros puntos de interés

Actividades, cursos y circuitos
- *Bodysurf*
- Camping
- Café
- Canoa/kayak
- Curso/circuito
- Buceo con tubo
- Lugar donde beber
- Lugar donde comer
- Ocio
- *Sento* (baños públicos calientes)
- Comercio
- Esquí
- Alojamiento
- Submarinismo
- Surf
- Natación/piscina
- Senderismo
- *Windsurf*
- Otras actividades

Información
- Banco, cajero
- Embajada, consulado
- Hospital/médico
- Acceso a internet
- Comisaría de policía
- Oficina de correos
- Teléfono
- Lavabos
- Información turística
- Otra información

Otros
- Playa
- Puente
- Cabaña/refugio
- Faro
- Puesto de observación
- Montaña/volcán
- Oasis
- Parque
- Puerto de montaña
- Zona de pícnic
- Cascada

Transporte
- Aeropuerto
- BART
- Paso fronterizo
- Estación T Boston
- Autobús
- Teleférico/funicular
- Ciclismo
- Ferri
- Metro
- Monorraíl
- Aparcamiento
- Gasolinera
- S-Bahn/Skytrain
- Taxi
- Tren
- Tranvía
- London Tube
- U-Bahn
- Otros transportes

El autor

Diego Garzón Carrillo

Es periodista bogotano, por supuesto (1974). Actualmente es codirector del certamen de arte Feria del Millón. Fue redactor cultural de la revista *Semana;* editor general de *Plan B,* una guía de Bogotá que reunía todos los planes para hacer en la ciudad; editor y director de la revista *SoHo* y también de la franja de cine del Canal Capital. Ha publicado dos libros de arte contemporáneo colombiano y recibió el Premio Simón Bolívar de Periodismo en el 2013.

geoPlaneta
Av. Diagonal 662-664, 08034 Barcelona
viajeros@lonelyplanet.es
www.geoplaneta.com · www.lonelyplanet.es

Lonely Planet Global Limited
Lonely Planet Global Limited, Digital Depot,
The Digital Hub, Dublín, D08 TCV4, Irlanda
www.lonelyplanet.com
Contacta con Lonely Planet en: lonelyplanet.com/contact

Lo mejor de Bogotá
1ª edición en español – septiembre del 2021
© Lonely Planet Global Limited

Editorial Planeta, S.A.
Av. Diagonal 662-664, 7º, 08034 Barcelona (España)
Con la autorización para la edición en español de Lonely Planet Global Ltd
A.B.N. 36 005 607 983, Lonely Planet Global Limited, Digital Depot,
The Digital Hub, Dublín, D08 TCV4, Irlanda

Aunque Lonely Planet, geoPlaneta y sus autores y traductores procuran que la información sea lo más precisa posible, no garantizan la exactitud de los contenidos de este libro, ni aceptan responsabilidad por pérdida, daño físico o contratiempo que pudiera sufrir cualquier persona que lo utilice.

© Editorial Planeta, S.A., 2021
© Textos: Diego Garzón, 2021
© Fotografías, según se indica en cada imagen, 2021

ISBN: 978-84-08-24232-1
Depósito legal: B. 9.654-2021
Impresión y encuadernación: Egedsa
Printed in Spain – Impreso en España

Reservados todos los derechos. No se permite la reproducción total o parcial de este libro, ni su incorporación a un sistema informático, ni su transmisión en cualquier forma o por cualquier medio, sea este electrónico, mecánico, por fotocopia, por grabación u otros métodos, sin el permiso previo y por escrito del editor. La infracción de los derechos mencionados puede ser constitutiva de delito contra la propiedad intelectual (Art. 270 y siguientes del Código Penal).

Diríjase a CEDRO (Centro Español de Derechos Reprográficos) si necesita fotocopiar o escanear algún fragmento de esta obra. Puede contactar con CEDRO a través de la web www.conlicencia.com o por teléfono en el 91 702 19 70 / 93 272 04 47.

Lonely Planet y el logotipo de Lonely Planet son marcas registradas por Lonely Planet en la Oficina de Patentes y Marcas de EE UU y otros países. Lonely Planet no autoriza el uso de ninguna de sus marcas registradas a establecimientos comerciales tales como puntos de venta, hoteles o restaurantes. Por favor, informen de cualquier uso fraudulento a www.lonelyplanet.com/ip.

El papel utilizado para la impresión de este libro está calificado como papel ecológico y procede de bosques gestionados de manera sostenible.